O GRANDE LIVRO DA Disney

Tradução
Monique D'Orazio

Editora **Melhoramentos**

O GRANDE LIVRO DA Disney

Escrito por Jim Fanning e Tracey Miller-Zarneke

▲ Ver p. 71

Sumário

- 6 Disney e Melhoramentos
- 8 Linha do tempo
- **20 Disney animada**
- 22 Conheça Walt
- 24 Os primeiros anos
- 26 O camundongo que começou tudo
- 28 A magia do Mickey
- 30 O Mickey da era moderna
- 32 Amigos do Mickey
- 34 Curtos, mas sinfônicos
- 36 Uma grande família
- 38 Espelho, espelho meu ▲ Ver p. 26
- 42 Um épico suntuoso
- 44 A descoberta da marionete
- 46 Música em movimento
- 48 A orquestra continua a tocar
- 50 Um pequeno elefante
- 52 Animais delicados
- 54 A virada do relógio
- 56 Voo noturno
- 58 A fada favorita do mundo
- 60 No País das Maravilhas
- 62 Dupla de deleite canino
- 64 Se a rosa tivesse outro nome… ▲ Ver p. 57
- 66 Um grito que perdura
- 68 O caminho depois de Walt
- 70 Ursinho ingênuo
- 72 Passando traços adiante
- 74 Fazendo onda
- 76 Erudição *vs.* músculos
- 80 Um mundo ideal
- 82 Reino animal

▶ Ver p. 75

▲ Ver p. 44

- 86 Ligada à natureza ▲ Ver p. 82
- 88 Vida no campanário
- 89 De zero a herói
- 90 Pela honra da família
- 92 Dinos, duplas e um mergulho
- 94 De aquarela a anime
- 96 Piratas, bovinos e ursos, minha nossa!
- 98 Nova dimensão artística
- 100 Receita de uma princesa perfeita
- 101 Uma aventura dourada
- 104 Confusão no fliperama
- 105 Diversão nas alturas
- 106 Derretendo corações ▲ Ver p. 94
- 108 Rumo ao gelo desconhecido
- 110 Cérebro, robôs e ação sem fim
- 112 Vida na selva de pedra
- 114 Ondas de orientação
- 116 Os dragões e os Druun
- 117 A magia da casa e do lar
- 118 Explorando a fronteira interior
- 120 Desejo a uma estrela…
- 122 Surpresas e saudações
- 124 *Tour* pelo estúdio
- 126 A mesa dos animadores
- 128 Outros ossos do ofício ▲ Ver p. 117
- 130 A maravilhosa multiplano
- 132 Um verdadeiro tesouro
- 134 A modernização
- 136 A arte do som
- 138 *Stop-motion* espetacular
- 140 O início da Pixar
- 142 Novos e mágicos patamares
- 144 Personagens com coração
▲ Ver p. 143

Ver p. 149

- **146** Eras de emoção
- **148** Ao redor do mundo e além
- **150** Amizade, pelos e fogo
- **152** Os *Easter Eggs* da Pixar
- **154** Curtos e fofos
- **156** TV animada

158 Disney em ação

- **160** A ponte entre dois mundos
- **162** Praticamente perfeita
- **164** Um pouco de *storyboards*
- **166** Um bis criativo
- **168** Os mundos coexistem
- **170** Um tesouro de carne e osso
- **172** Oceanos de aventura
- **174** Clássicos favoritos
- **176** Comédias inteligentes
- **178** Feitiços das bruxas
- **180** Iluminando a fronteira digital
- **182** Uma aventura de foguete
- **184** Clássicos animados ganham vida
- **186** Sobre ursinhos e bonecos
- **188** Amados vilões
- **190** Música e magia
- **192** Do campo de batalha ao grande azul
- **194** Aventuras de quatro patas
- **196** Dos parques às telas: vida de pirata
- **198** A expansão das aventuras
- **200** O maravilhoso mundo da televisão
- **202** Magia dos Muppets

▲ Ver p. 150

▲ Ver p. 179

204 Experiências Disney

- **206** Cartazes de atrações
- **208** A arte de *Imagineering*
- **210** O mapa do reino mágico
- **212** O Magic Kingdom de Walt Disney
- **214** Um novo mundo
- **216** Maravilhas da natureza
- **218** O parque de descobertas
- **220** Disneyland global
- **224** Castelo dos sonhos mágicos
- **226** Pequeno coro
- **228** Bem-vindos, reles mortais
- **230** Ei, marujos!
- **232** Atrações favoritas: decolar!
- **234** Um show de luzes
- **236** Magia por terra e por mar
- **238** Terra de "fã-tasia"
- **240** Diversão virtual

242 Disney tudo

- **244** Memorabilia do Mickey Mouse
- **246** Colecionáveis Disney
- **248** Um brinquedo raríssimo
- **250** Peças marcantes

▲ Ver p. 202

▲ Ver p. 251

- **252** Índice
- **255** Créditos
- **256** Agradecimentos

◀ Ver p. 196

▶ Ver p. 192

Disney e Melhoramentos: um legado de magia e inovação

A Melhoramentos é uma das empresas mais tradicionais do Brasil, com uma história de mais de 130 anos. Fundada em 1890, expandiu-se para o mercado editorial em 1915. Desde então, tem sido pioneira, especialmente na publicação de livros infantis, sendo a primeira editora a publicar uma obra colorida no Brasil: *O patinho feio* (1915), adaptação do clássico de Hans Christian Andersen. Ao longo dos anos, a editora lançou inúmeros títulos que se tornaram clássicos, como *Meu pé de laranja lima* (1968), de José Mauro de Vasconcelos, e *O menino maluquinho*, de Ziraldo (1981), entre muitos outros autores icônicos. O vasto catálogo, atento às demandas da sociedade, está alinhado aos Objetivos de Desenvolvimento no Brasil elencados pela ONU.

O pioneirismo é uma característica marcante do grupo Melhoramentos, evidenciado por diversos feitos notáveis ao longo de sua história. Entre suas conquistas, destacam-se: a produção do primeiro papel higiênico do país (1928); a utilização de madeira brasileira na fabricação de papel (1940); a primeira exportação de cadernos escolares (1977); a primeira fábrica planejada para papéis absorventes, além da introdução do processo CTMP (termoquímico-mecânico) na América do Sul (1978), um feito de repercussão mundial. Atualmente, o grupo é reconhecido por seu compromisso com a sustentabilidade, possuindo a certificação FSC (Forest Stewardship Council) desde 2011, o que atesta sua dedicação à preservação ambiental e sua responsabilidade social.

Para expandir seus negócios e incorporar personagens marcantes ao seu catálogo, a editora Melhoramentos acompanhou a evolução da The Walt Disney Company, que nos anos 1930 ganhou notoriedade mundial devido à criação de curtas-metragens. O lançamento de *Branca de Neve e os sete anões* (1937) consolidou a Disney como um estúdio de animação de ponta.

Os anos 1940 trouxeram novos desafios com a Segunda Guerra Mundial, mas também foi um período de expansão para a Disney, que produziu clássicos como *Pinóquio* (1940), *Fantasia* (1940), *Dumbo* (1941) e *Bambi* (1942). Naquela altura, Mickey já era um ícone cultural consagrado, com popularidade inegável. A relação da Disney com o Brasil e outros países da América Latina se fortaleceu nesse período, principalmente devido à política de boa vizinhança promovida pelo governo dos Estados Unidos, visando melhorar as relações diplomáticas e culturais com países aliados.

Uma das produções mais emblemáticos desse intercâmbio cultural foi o filme *Você já foi à Bahia?* (*The Three Caballeros*), lançado em 1944. Esse longa-metragem que combinava animação e *live-action* foi estrelado pelo brasileiríssimo Zé Carioca, e foi a segunda produção da Disney focada na América Latina, após *Saludos amigos* (1942).

Diante desse contexto e observando a consonância entre os personagens Disney e seu catálogo, a Melhoramentos selou o primeiro contrato de licenciamento para publicações com a Disney no Brasil, um dos primeiros no mundo. Em outubro de 1943, o primeiro título dessa parceria foi lançado: *O pato Donald*, na série "Historietas".

Desde então, a Editora Melhoramentos e a The Walt Disney Company têm compartilhado uma parceria que já ultrapassa oito décadas e é marcada por valores comuns, além da proposta de criar experiências inesquecíveis por meio de histórias atemporais e personagens que atravessam gerações.

A Melhoramentos, com sua longa tradição editorial, e a Disney, com sua capacidade incomparável de contar histórias e de criar mundos imaginários, formam uma sinergia que se reflete em cada publicação com inegável qualidade editorial – marca registrada da Melhoramentos.

A missão da Melhoramentos de "fazer crescer para melhorar o amanhã" encontra eco na visão da Disney de "criar felicidade através de experiências mágicas". Juntas, essas duas empresas têm conseguido não apenas entreter, mas também inspirar, tocando a vida de milhões de crianças e adultos. Ao celebrar esta parceria de longa data, a Melhoramentos e a Disney reafirmam seu compromisso de continuar proporcionando experiências mágicas e culturais. Juntas, olham para o futuro com a promessa de continuar encantando novas gerações, mantendo viva a chama da imaginação e da descoberta.

Por fim, a Melhoramentos, em seu percurso de mais de um século, tem sido guiada pelo idealismo por meio de tecnologia, cultura, educação, respeito ao meio ambiente e, principalmente, pelo interesse nas necessidades essenciais das famílias. Com isso, renova, continuamente, a mesma motivação do distante ano de 1890, que é inovar e progredir em benefício do país e de sua gente.

Orgulhosa de sua longeva parceria com a Disney, a editora reafirma seu compromisso em manter viva a magia, expressando gratidão pelo passado e entusiasmo pelo futuro com a publicação desta bela edição comemorativa.

Boa leitura! (Ou, melhor, boa aventura!)

LINHA DO TEMPO

Anos 1920 e 1930

LEGENDA
- ● Eventos importantes
- ● Documentário
- ● Documentário sobre natureza
- ● Animação desenhada à mão
- ● Live-action
- ● Animação digital
- ● Híbrido de *live-action*/animação
- ● *Stop-motion*
- ★ Vencedor de Oscar®

As datas referem-se ao ano de lançamento nos Estados Unidos.

* As obras que não possuem título oficial em português foram mantidas conforme o original.

Quando Walt Disney fundou seu estúdio, em 1923, os filmes mudos em preto e branco faziam parte da vanguarda artística, e os curtas animados eram apenas secundários, utilizados para preencher espaços entre produções consideradas mais importantes. No fim dos anos 1930, a Disney era líder de mercado em som e cor e transformou o humilde desenho animado em uma forma de arte. Ao longo do caminho, Walt e seus artistas desenvolveram um estilo narrativo especial, uma maneira de criar personagens inesquecíveis e princípios de entretenimento que a empresa segue até hoje.

Esta linha do tempo apresenta uma visão ampla, e destaca alguns dos lançamentos que a Disney trouxe ao mundo a cada ano.

1924
Alice Comedies: ●
Alice's spooky adventure

1925
Alice Comedies: ●
Alice in the jungle

1926
Alice Comedies: ●
Alice's spanish guitar

1927
Oswald, o coelho da sorte: ●
Oswald e o bonde

1932
Silly Symphony: ● ★
Flores e árvores

1933
Silly Symphony: ● ★
Os três porquinhos

1934
Silly Symphony: ●
A galinha espertalhona

1935
Mickey Mouse: ●
O concerto da banda

ANOS 1920 E 1930

1920
Walt trabalhando em um jornal em Kansas City

1921
O primeiro Laugh-O-Gram do Newman Theatre

1922
Laugh-O-Gram
João e o pé de feijão

1923
Alice's Wonderland
Fundação do Disney Brothers Cartoon Studio

1928
Mickey Mouse:
O vapor Willie

1929
Silly Symphony:
A dança dos esqueletos

1930
Mickey Mouse:
The fire fighters

1931
Silly Symphony:
O patinho feio

1936
Mickey Mouse:
Através do espelho

1937
Branca de Neve e os sete anões (lançamento inicial)

1938
Silly Symphony:
Filhotes de sereias

1939
Pato Donald:
O caçador de autógrafos

LINHA DO TEMPO

LEGENDA
- ● Eventos importantes
- ● Documentário
- ● Documentário sobre natureza
- ● Animação desenhada à mão
- ● Live-action
- ● Animação digital
- ● Híbrido de *live-action*/animação
- ● Stop-motion
- ★ Vencedor de Oscar®

As datas referem-se ao ano de lançamento nos Estados Unidos.

* As obras que não possuem título oficial em português foram mantidas conforme o original.

Anos 1940 e 1950

Durante a Segunda Guerra Mundial, Walt educou e inspirou as forças Aliadas ao contribuir para filmes de treinamento militar e explorações cinematográficas que elevavam o moral dos soldados. Ele também desenvolvia continuamente novas técnicas de produção cinematográfica. Na década de 1950, após abraçar a tecnologia da televisão, Walt criou uma modalidade inteiramente nova de entretenimento – o parque temático – na forma de um reino mágico, o Disneyland Park, também conhecido como Disneylândia, em português.

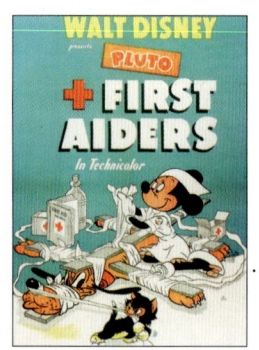

1944
Primeiros socorros ●

1945
Você já foi à Bahia? ●
Roy O. Disney se torna o presidente da 🐭 Walt Disney Productions

1946
Música, maestro! ●

1947
Como é bom se divertir ●

1952
Robin Hood, o justiceiro ●

1953
Peter Pan ●
Entre a espada e a rosa ●
O deserto vivo ● ★

1954
O grande rebelde ●
A planície imensa ● ★
20.000 léguas submarinas ● ★

1955
Inauguração da Disneyland 🐭
Davy Crockett, o rei das fronteiras ●
A Dama e o Vagabundo ●
O leão africano ●
Clube do Mickey Mouse ●
O indomável vagabundo ●

ANOS 1940 E 1950

1940

Pinóquio ● ★
Fantasia ●

1941

O dragão relutante ●
Dumbo ● ★

1942

Bambi ●

1943

Alô, amigos ●
A vitória pela Força Aérea ●

1948

Tempo de melodia ●
Seal Island (lançamento inicial) ●

1949

Meu querido carneirinho ●
As aventuras de Ichabod e Sr. Sapo ●

1950

Cinderela ●
A ilha do tesouro ●

1951

Alice no País das Maravilhas ●

1956

Têmpera de bravos ●
Davy Crockett e os piratas do rio (lançamento no cinema)
Segredos da vida ●

1957

Audácia de um rebelde ●
No coração da floresta ●
O meu melhor companheiro ●

1958

O tratado dos moicanos ●
O Ártico selvagem ● ★
Tonka e o bravo comanche ●

1959

A Bela Adormecida ●
Felpudo, o cão feiticeiro ●
A lenda dos anões mágicos ●
O terceiro homem na montanha ●

LINHA DO TEMPO

LEGENDA
- ● Eventos importantes
- ● Documentário
- ● Documentário sobre natureza
- ● Animação desenhada à mão
- ● Live-action
- ● Animação digital
- ● Híbrido de *live-action*/animação
- ● Stop-motion
- ★ Vencedor de Oscar®

As datas referem-se ao ano de lançamento nos Estados Unidos.

* As obras que não possuem título oficial em português foram mantidas conforme o original.

Anos 1960 e 1970

Walt continuou a inovar, levando sua visão para um público global ao vivo na Feira Mundial de Nova York de 1964-1965, dando vida a novas aventuras e planos de parques temáticos, e a um musical de sucesso sobre uma babá mágica. Cinco anos após o falecimento de Walt (que morreu em 1966), foi inaugurado o novo projeto do Walt Disney World, na Flórida. Esse marco preparou o terreno para uma expressão em constante evolução da forma de arte da *Imagineering*. A Disney continuou a manter vivo o espírito imaginativo de Walt com uma série de longas-metragens animados, cada um mais popular do que o anterior.

1964
- As desventuras de Merlin Jones ●
- Um tigre caminha pela noite ●
- O segredo das esmeraldas negras ●
- Mary Poppins ● ★
- Em busca da aventura ●
- Somente os fracos se rendem ●

1965
- O maravilhoso homem que voou ●
- Aquele gato danado ●

1966
- Um amor de companheiro ●
- Tenente Robin Crusoé, da Marinha ●
- O valente príncipe de Donegal ●
- Nunca é tarde para amar ●
- Morre Walt Disney ●

1967
- Este mundo é um circo ●
- Califórnia, terra do ouro ●
- Quando o coração não envelhece ●
- Eu acredito em gnomos ●
- Mogli: O menino lobo ●
- Charlie, the lonesome cougar ●

1972
- O comedor de biscoitos ●
- Napoleão e Samantha ●
- Os invencíveis invisíveis ●
- Fuja, puma, fuja ●
- Folias na neve ●

1973
- O maior atleta do mundo ●
- Um anjo da guarda muito especial ●
- O pequeno índio ●
- Robin Hood ●
- Super Pai ●

1974
- Os ursos e eu ●
- Um cowboy no Havaí ●
- A ilha do topo do mundo ●

1975
- O homem mais forte do mundo ●
- A montanha enfeitiçada ●
- A gangue da tortinha de maçã ●
- Está faltando um de nossos dinossauros ●
- O pônei selvagem ●

ANOS 1960 e 1970

1960
O mundo fabuloso do circo ●
A espada de um bravo ●
Pollyanna ●
O signo do Zorro ●
O gato da floresta ●
Os dez ousados ●
A cidadela dos Robinson ●
The horse with the flying tail ● ★

1961
101 dálmatas ●
O fantástico Super-Homem ●
Operação cupido ●
Nikki, o cão selvagem do Norte ●
Meu leal companheiro ●
Uma aventura na Terra dos Brinquedos ●

1962
O incrível homem do espaço ●
Bon voyage, enfim Paris ●
Astúcia de um rebelde ●
Viena dos meus sonhos ●
A montanha do lobo solitário ●
As grandes aventuras do capitão Grant ●

1963
O fabuloso criador de encrencas ●
Ao passar do vendaval ●
Na trilha dos apaches ●
Doce verão dos meus sonhos ●
A espada era a lei ●
Um grande amor nunca morre ●

1968
O fantasma do Barba Negra ●
A banda da família Bower ●
Como roubar milhões sem fazer força ●
A sorte tem quatro patas ●

1969
A esperança dos índios ●
Rascal ●
O computador de tênis ●

1970
O gigantesco rei das florestas ●
S.O.S.: gatunos ao mar! ●
Aristogatas ●

1971
Inauguração do Walt Disney World Resort
A vida é um desafio ●
Dinheiro, poder e bananas ●
John escandaloso ●
A pata de um milhão de dólares ●
Se a minha cama voasse ● ★

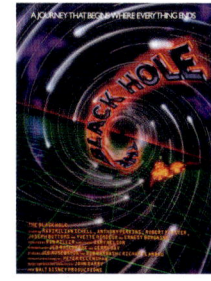

1976
Garotos travessos ●
Gus, uma mula fora de série ●
O tesouro de Matecumbe ●
Felpudo, o cachorro promotor ●

1977
O novo Clube do Mickey Mouse ●
Se eu fosse a minha mãe ●
O pequeno ladrão de cavalos ●
As muitas aventuras do Ursinho Pooh ●
Bernardo e Bianca ●
Meu amigo, o dragão ●
Candleshoe: o segredo da mansão ●

1978
Perigo na montanha enfeitiçada ●
O gato que veio do espaço ●
Chumbo quente e pé frio ●

1979
As malucas da avenida ●
A gangue da tortinha de maçã ataca novamente ●
Um astronauta na corte do rei Artur ●
O buraco negro ●

LINHA DO TEMPO

LEGENDA
- ● Eventos importantes
- ● Documentário
- ● Documentário sobre natureza
- ● Animação desenhada à mão
- ● Live-action
- ● Animação digital
- ● Híbrido de *live-action*/animação
- ● Stop-motion
- ★ Vencedor de Oscar®

As datas referem-se ao ano de lançamento nos Estados Unidos.

* As obras que não possuem título oficial em português foram mantidas conforme o original.

Anos 1980 e 1990

Com a Tokyo Disneyland, o primeiro parque temático fora dos Estados Unidos, a Disney ampliou o reino pelo mundo. Uma nova liderança dinâmica revitalizou as tradições e desafiou o crescimento criativo e empresarial, o que resultou em expansões como a aquisição da rede de televisão ABC, bem como um renascimento da forma de arte criada por Walt, o longa-metragem animado desenhado à mão. A empresa celebrou o lançamento da Disney Cruise Line nos mares e a revolução dos filmes animados por computador nas telonas.

1984
- Fundação da Touchstone Pictures ●
- *Frankenweenie* (curta-metragem) ●

1985
- O mundo fantástico de Oz ●
- O caldeirão mágico ●
- Viagem clandestina ●
- Um Natal mágico ●

1986
- As peripécias do ratinho detetive ●
- O navegador do espaço ●

1987
- Benji: Um cão desafia a selva ●
- *DuckTales: Os caçadores de aventuras* ●

1992
- Extra! Extra! ●
- Inauguração do Euro Disney Resort (agora Disneyland Paris), nos arredores de Paris, França ●
- Querida, estiquei o bebê ●
- Aladdin ●
- Nós somos os campeões ● ★
- O Natal dos Muppets ●

1993
- A incrível jornada ●
- Viagem ao grande deserto ●
- As aventuras de Huck Finn ●
- Abracadabra ●
- Jamaica abaixo de zero ●
- O estranho mundo de Jack ●
- Os três mosqueteiros ●

1994
- Fundação da Disney Interactive ●
- Iron Will: O grande desafio ●
- Cheque em branco ●
- Nós somos os campeões 2 ●
- Caninos brancos 2: A lenda do lobo branco ●
- O rei leão ● ★
- Os anjos entram em campo ●
- O último grande guerreiro ●
- Meu papai é Noel ●
- O livro da selva ●

1995
- Pesos pesados ●
- O homem da casa ●
- Super-heróis do Oeste ●
- Inauguração do parque aquático Disney's Blizzard Beach ●
- Pateta: O filme ●
- Pocahontas ●
- Operação Dumbo ●
- Um garoto na corte do rei Arthur ●
- Pisando na bola ●
- Inauguração do Disney's Vero Beach Resort ●
- Frank e Ollie ●
- Toy Story ● ●
  (a primeira animação por computador da história)
- Tom e Huck: Em busca do grande tesouro ●

ANOS 1980 E 1990

1980
- Loucuras em plena madrugada
- A última viagem da arca de Noé

1981
- Max Devlin e o diabo
- Amy: Uma vida pelas crianças
- O cão e a raposa
- Condorman: O homem pássaro
- Mistério no bosque

1982
- Dramática travessia
- Tron: Uma odisseia eletrônica
- Tex: Um retrato da juventude
- Inauguração do EPCOT Center

1983
- Se viver, mande um postal
- Inauguração do Tokyo Disney Resort e da Tokyo Disneyland, em Urayasu, Japão
- Lançamento do Disney Channel
- No templo das tentações
- Os lobos nunca choram

1988
- Fúria indomável
- Oliver e sua turma

1989
- The all new club do Mickey Mouse
- Inauguração Disney Studios Hollywood
- Inauguração Disney's Typhoon Lagoon
- Querida, encolhi as crianças
- Cheetah: Uma aventura na África
- A Pequena Sereia

1990
- DuckTales: O filme: O tesouro da lâmpada perdida
- Bernardo e Bianca na terra dos cangurus

1991
- Caninos brancos
- Náufragos em luta
- Mergulho em uma paixão
- Rocketeer
- A Bela e a Fera
- Fundação do Disney Vacation Club

1996
- Os Muppets na ilha do tesouro
- Inauguração do Disney's Hilton Head Island Resort
- A incrível jornada II: Perdidos em São Francisco
- James e o pêssego gigante
- O corcunda de Notre Dame
- Enlouquecendo meu guarda-costas
- Nós somos os campeões 3
- 101 dálmatas: O filme

1997
- Aquele gato danado
- Meu filho das selvas
- Hércules
- George, o rei da floresta
- Bud: O cão amigo
- Pirado no espaço
- O urso na casa azul
- O jogo de Geri
- Flubber: Uma invenção desmiolada
- Mr. Magoo

1998
- Os irmãos Id & Ota
- Inauguração do parque temático Disney's Animal Kingdom
- A Disney Cruise Line lança o Disney Magic
- Mulan
- Operação cupido
- Abertura da Castaway Cay
- O mundo redondo de Olie
- Natal em família
- Vida de inseto
- Poderoso Joe

1999
- Meu marciano favorito
- Doug: O filme
- Endurance
- Inspetor Bugiganga
- A Disney Cruise Line lança o Disney Wonder
- A mão por trás do rato: A história de Ub Iwerks
- Uma história real
- Toy Story 2

LINHA DO TEMPO

Entre 2000 e 2011

LEGENDA
- Eventos importantes
- Documentário
- Documentário sobre natureza
- Animação desenhada à mão
- Live-action
- Animação digital
- Híbrido de *live-action*/animação
- Stop-motion
- ★ Vencedor de Oscar®

As datas referem-se ao ano de lançamento nos Estados Unidos.

* As obras que não possuem título oficial em português foram mantidas conforme o original.

Enquanto seguiu inovando em tecnologias como a Disney Digital 3D e a produção cinematográfica interna de CGI (imagens geradas por computador), a Disney também ampliou sua geografia de parques temáticos. Nessa era, a empresa expandiu seu universo de entretenimento com a adição dos Muppets e da Pixar ao seu reino criativo, e também inaugurou um fã-clube oficial chamado D23.

2004
- O cãozinho esperto
- Desafio no gelo
- A Disney adquire a propriedade dos *Muppets*
- Confissões de uma adolescente em crise
- Nem que a vaca tussa
- Planeta sagrado
- Volta ao mundo em 80 dias: Uma aposta muito louca
- America's heart and soul
- O diário da princesa 2: Casamento real
- Os heróis da cidade
- Os Incríveis ★
- A lenda do tesouro perdido

2005
- Extraterrestres nas profundezas
- Operação babá
- Zack & Cody: Gêmeos em ação
- Lançamento do Adventures by Disney
- Super escola de heróis
- O melhor jogo da história
- Mini Einsteins
- O galinho Chicken Little
- As crônicas de Nárnia: O leão, a feiticeira e o guarda-roupa

2006
- Estrada para a glória
- High School Musical
- Roving Mars: Explorando Marte
- Resgate abaixo de zero
- Soltando os cachorros
- Hannah Montana
- Selvagem
- A Disney adquire a Pixar Animation Studios
- A casa do Mickey Mouse
- Carros
- Piratas do Caribe: O baú da morte ★
- Invencível
- Manny, mãos à obra
- O estranho mundo de Jack (em 3D)
- Meu papai é Noel 3

2007
- A família do futuro
- Ponte para Terabítia
- Piratas do Caribe: No fim do mundo
- Ratatouille ★
- Vira-lata
- Phineas e Ferb
- High School Musical 2
- Treinando o papai
- Os feiticeiros de Waverly Place
- Encantada
- A lenda do tesouro perdido: Livro dos segredos

ENTRE 2000-2011

2000
- Fantasia 2000
- Tigrão: O filme
- Dinossauro
- Mano a mana
- Duas vidas
- Duelo de titãs
- O elefantinho de coração valente
- 102 dálmatas
- A nova onda do imperador

2001
- Lizzie McGuire
- Inaug. Disney California Adventure Park
- The Wiggles
- Hora do recreio
- Atlantis: O reino perdido
- O diário da princesa
- Inauguração do Tokyo DisneySea
- As desventuras de Max Keeble
- Monstros S.A.
- Coisas de pássaros

2002
- Neve pra cachorro
- Inauguração do Walt Disney Studios Park (no Disneyland Paris)
- Desafio do destino
- Kim Possible
- Lilo & Stitch
- Beary e os ursos caipiras
- Vivendo na eternidade
- Meu papai é Noel 2
- Planeta do tesouro

2003
- As visões da Raven
- Fantasmas do abismo
- O mistério dos escavadores
- Lizzie McGuire: Um sonho popstar
- Procurando Nemo
- Piratas do Caribe: A maldição do Pérola Negra
- Sexta-Feira muito louca
- O circo da Jojo
- Irmão urso
- Mansão mal-assombrada
- O jovem corcel negro

2008
- Hannah Montana & Miley Cyrus Show: "O melhor dos dois mundos"
- Como viajar com o mala do seu pai
- As crônicas de Nárnia: Príncipe Caspian
- Camp Rock
- WALL·E
- Tinker Bell: Uma aventura no mundo das fadas
- Perdido pra cachorro
- Morning Light: Desafio em mar aberto
- High School Musical 3: Ano da formatura
- Balé vermelho (lançado primeiro na França)
- Bolt: Supercão
- Um faz de conta que acontece

2009
- Jonas Brothers 3D: O show
- Fundação do D23, fã-clube oficial da Disney
- A montanha enfeitiçada
- Hannah Montana: O filme
- Terra
- The Boys: A história dos irmãos Sherman
- Up: Altas aventuras
- Força G
- Walt & El Grupo
- Os fantasmas de Scrooge
- Surpresa em dobro
- A princesa e o sapo

2010
- Alice no País das Maravilhas
- Acordando a Bela Adormecida
- Oceanos
- Príncipe da Pérsia: As areias do tempo
- Toy Story 3
- O aprendiz de feiticeiro
- Secretariat: Uma história impossível
- No ritmo
- Enrolados
- Tron: O legado

2011
- A Disney Cruise Line lança o Disney Dream
- Jake e os piratas da Terra do Nunca
- Marte precisa de mães
- Reino dos felinos
- A melhor festa do ano
- Piratas do Caribe: Navegando em águas misteriosas
- Os guerreiros wasabi
- Carros 2
- O ursinho Pooh
- Inaug. do Aulani, Disney Resort & Spa
- Jessie
- Minnie Toons
- Os Muppets
- Austin & Ally

LINHA DO TEMPO

LEGENDA
- ● Eventos importantes
- ● Documentário
- ● Documentário sobre natureza
- ● Animação desenhada à mão
- ● Live-action
- ● Animação digital
- ● Híbrido de *live-action*/animação
- ● Stop-motion
- ★ Vencedor de Oscar®

As datas referem-se ao ano de lançamento nos Estados Unidos.

* As obras que não possuem título oficial em português foram mantidas conforme o original.

Entre 2012 e 2023

A empresa mergulhou em seu próprio legado para criar novas experiências de entretenimento, incluindo o lançamento de adaptações de contos de fadas em *live-action* e a introdução da plataforma de streaming Disney+. A Disney celebrou um marco especial com seu 100º aniversário em 2023 – refletindo sobre um século de criatividade e *storytelling*, e ansiosa para novas aventuras. Com muitos projetos ambiciosos, a empresa construída por Walt e Roy O. Disney continua avançando... ao infinito e além!

2016
- A guarda do leão ●
- Zootopia: Essa cidade é o bicho ● ★
- Mogli: O menino lobo ● ★
- Alice através do espelho ●
- Procurando Dory ●
- Piper: Descobrindo o mundo ● ★
- O bom gigante amigo ●
- Elena de Avalor ●
- Meu amigo, o dragão ●
- Rainha de Katwe ●
- Moana: Um mar de aventuras ●

2017
- Mickey: Aventuras sobre rodas ●
- A Bela e a Fera ●
- Andi Mack ●
- Amigos de cachorrinhos ●
- Nascidos na China ●
- Piratas do Caribe: A vingança de Salazar ●
- Carros 3 ●
- A casa da Raven ●
- Descendentes 2 ●
- DuckTales: Os caçadores de aventuras ●
- Operação Big Hero: A série ●
- Viva: A vida é uma festa ● ★

2018
- Zombies ●
- Uma dobra no tempo ●
- Muppet Babies ●
- Os Incríveis 2 ●
- Bao ● ★
- Os vizinhos Green ●
- Fancy Nancy Clancy ●
- Christopher Robin: Um reencontro inesquecível ●
- WiFi Ralph: Quebrando a internet ●
- O retorno de Mary Poppins ●
- Aventuras no fundo do mar ●

2019
- Dumbo ●
- Pinguins ●
- Aladdin ●
- T.O.T.S.: Serviço de Entrega de Filhotes ●
- Toy Story 4 ● ★
- O rei leão ●
- Descendentes 3 ●
- Malévola: Dona do mal ●
- Lançamento do Disney+ ●
- A Dama e o Vagabundo ●
- Frozen II ●

ENTRE 2012-2023

2012
A Bela e a Fera (em 3D)
Lab Rats
John Carter: Entre dois mundos
Doutora Brinquedos
A Disney Cruise Line lança o Disney Fantasy
Chimpanzés
Gravity Falls: Um verão de mistérios
Valente
A estranha vida de Timothy Green
Frankenweenie
Detona Ralph
O avião de papel

2013
Princesinha Sofia
Oz: Mágico e poderoso
Universidade Monstros
O cavaleiro solitário
Aviões
Frozen: Uma aventura congelante
Hora de viajar!
Walt nos bastidores de Mary Poppins
Asas da vida

2014
Muppets 2: Procurados e amados
Ursos
Arremesso de ouro
Malévola
Alexandre e o dia terrível, horrível, espantoso e horroroso
Operação Big Hero
O banquete
Caminhos da floresta

2015
Star vs. as forças do mal
Miles do amanhã
McFarland dos EUA
Cinderela
O reino dos primatas
Tomorrowland
Divertida Mente
Acampados
Descendentes
O bom dinossauro

2020
Mira, a detetive do reino
Dois irmãos: Uma jornada fantástica
Artemis Fowl: O mundo secreto
Mulan
O mundo maravilhoso de Mickey Mouse
Soul
A toca

2021
Raya e o último dragão
Cruella
Luca
Monstros no trabalho
Mickey Mouse Funhouse: A casa da diversão
Jungle Cruise
Encanto
Diário de um Banana

2022
Alice na Doceria das Maravilhas
A família Radical: Maior e melhor
Red: Crescer é uma fera
Tico e Teco: Defensores da Lei
Lightyear
A Disney Cruise Line lança o Disney Wish
Pinóquio
Equipe de resgate
Abracadabra 2
Mundo estranho
Desencantada

2023
Super gatinhos
Um pacto de amizade
Peter Pan & Wendy
A pequena sereia
Elementos
Mansão mal-assombrada
Wish: O poder dos desejos

"*Os desenhos animados oferecem um meio para a contação de histórias e para o entretenimento visual e podem trazer prazer e informação a pessoas de todas as idades em todo o mundo.*" WALT DISNEY

Disney
Animada

Conheça Walt

FREELANCER PARA PUBLICIDADE
O jovem Walt Disney trabalhando em sua mesa na Kansas City Film Ad, por volta de 1920.

Assim como Thomas Edison e Charlie Chaplin, Walt teve um começo humilde – cresceu e se tornou um gênio artístico. Nascido em 5 de dezembro de 1901, em Chicago, Illinois, o jovem Walt adorava desenhar cartuns, vestir-se com fantasias e entreter. Ele também fazia desenhos simples que pareciam se mover quando as páginas eram viradas – suas primeiras animações. O fascínio de Walt pelo entretenimento e pelo espetáculo se combinaria com seu amor pelo desenho para criar a base do trabalho de sua vida. Um inovador inquieto, Walt Disney viria a receber continuamente centenas de honras e citações em todo o mundo.

CARTUNISTA NO ENSINO MÉDIO
O jovem artista usou seus talentos no Ensino Médio, desenhando cartuns para a revista do campus da McKinley High School, a *The Voice*, em Chicago, Illinois, 1918.

UM ESBOÇO INICIAL
Outro exemplo do trabalho do jovem artista. Walt desenhou esta mulher no livro escolar de sua irmã Ruth, intitulado *Meus dias dourados de escola*.

ARTISTA RESIDENTE
Na França, Walt serviu como motorista no Corpo de Ambulâncias da Cruz Vermelha por dez meses, imediatamente após a Primeira Guerra Mundial. Era conhecido como o artista residente e decorou seu veículo com ilustrações cômicas desenhadas à mão.

CONHEÇA WALT

CURTAS DO ESTÚDIO
Walt em Kansas City, em 1922, trabalhando em um dos primeiros Laugh-O-grams, *João e o pé de feijão*. O objetivo de Walt para seu primeiro estúdio, o Laugh-O-gram Films, Inc., era ir além dos curtas "tapa-buracos" e produzir filmes animados para cinemas em todo o país. O que se seguiu a isso foi uma série de sete adaptações modernizadas de contos de fadas famosos. O estúdio, no entanto, faliu.

O SONHO COMEÇA
Walt com sua primeira câmera de cinema. Foto tirada em Los Angeles logo após sua chegada, em 1923.

ASSUNTO DE FAMÍLIA
Walt e seu irmão Roy, fotografados no Disney Brothers Cartoon Studio, na Kingswell Avenue, Los Angeles, por volta de 1924. Logo, Roy concluiu que um indivíduo deveria personificar a empresa. A partir daí, o estúdio recebeu o nome de Walt Disney.

Os primeiros anos

Dos primeiros curtas-metragens de Walt com atores ao coelho sortudo chamado Oswald, o futuro parecia promissor para os irmãos Disney.

Ao final de 1923, Walt e Roy, irmãos e parceiros de negócios, já tinham seu primeiro estúdio oficial – um pequeno escritório, alugado por 10 dólares ao mês nos fundos de um escritório imobiliário na 4651 Kingswell Avenue. Também alugaram um pequeno espaço para filmagens ao ar livre e compraram uma câmera de 200 dólares. Foi, como Walt costumava enfatizar, o primeiro estúdio de animação na Califórnia. Walt usou *Alice's Wonderland* – um filme-piloto que o jovem cartunista havia produzido em Kansas City – com o objetivo de firmar um acordo de distribuição para Alice Comedies, série de curtas animados mudos que inseriam uma menina de verdade em um mundo animado.

PRIMEIRO PROJETO

Walt animou várias das primeiras Alice Comedies sozinho e dirigiu as cenas com a atriz real. A primeira das novas Alice Comedies, *Alice's day at sea*, foi entregue em 26 de dezembro de 1923. Com as Alice Comedies aparecendo nos cinemas, Walt convidou seu colega de Kansas City, o animador Ub Iwerks, para se juntar ao novo Disney Studio. Walt desde sempre procurou talentos superiores aos seus, sabendo que tais habilidades melhorariam a qualidade de seus filmes.

UM COELHO DA SORTE

Com Ub Iwerks a bordo, Walt parou de desenhar em junho de 1924. No fim de 1926, a Universal Pictures pediu ao distribuidor de Disney, Charles Mintz, uma nova série de desenhos animados

▲ Alice, interpretada aqui por Virginia Davis, em Cartoonland, do piloto *Alice's Wonderland* para Alice Comedies (1923).

▼ Roy O. Disney (segundo à esquerda) e Walt (quarto à esquerda) posam com os primeiros funcionários, por volta de 1926: (da esq. para a dir.) Rollin "Ham" Hamilton, Roy, Hugh Harman, Walt, Margie Gay (segunda jovem atriz a interpretar Alice), Rudy Ising, Ub Iwerks e Walker Harman.

◄ Imagem de divulgação de Walt dirigindo Alice (Margie Gay) em *Alice's spanish guitar* (1926) para Alice Comedies. A série englobou 56 filmes mudos feitos por Walt entre 1924 e 1927.

estrelada por um coelho. Ele recorreu a Walt, que enviou esboços para um personagem chamado Oswald, o coelho da sorte. O novo personagem era popular, e até gerou o primeiro produto físico da Disney, sinal de boa sorte. O criador de Oswald se sentiu seguro para pedir mais verba e melhorar tanto a história quanto a animação em cada novo curta-metragem. Mais tarde, após uma reunião com Charles Mintz, o jovem produtor soube que Mintz contratara todos os animadores de Walt, com exceção de Ub Iwerks. Também ficou surpreso com a notícia de que ele não era o detentor dos direitos autorais de Oswald, que pertencia à Universal Studios. Em vez de concordar para continuar com Oswald, Walt deixou o personagem e a distribuidora para trás, determinado a criar um novo personagem.

"Meu irmão Walt e eu entramos juntos nesse negócio [em 1923]. E, na minha opinião, ele era realmente um gênio – criativo, com grande determinação, foco no propósito e energia." ROY O. DISNEY

O camundongo que começou tudo

Criado por Walt Disney e Ub Iwerks, Mickey Mouse define a marca Disney. Como disse Walt: "Eu só espero que a gente não perca de vista uma coisa: tudo começou com um camundongo".

▼ O desenhista do Mickey Mouse, Ub Iwerks. Primeiro animador da Disney, Iwerks animou sozinho o primeiro desenho do Mickey.

Esse minissuperastro com orelhas desproporcionais causou bastante furor em som e imagem desde que foi revelado pela primeira vez, em 1928. Walt criou seu novo personagem durante a viagem de trem de volta à Califórnia, depois de descobrir que não era dono dos direitos autorais de Oswald, o coelho da sorte. Ele tirou da imaginação um ratinho vivaz com orelhas grandes e redondas e quis chamá-lo de Mortimer, mas sua esposa, Lillian, achou o nome muito pomposo. Ela sugeriu Mickey.

INSPIRADO POR UM COELHO

Walt consultou seu principal animador, Ub Iwerks, creditado pelo design icônico do Mickey. Eles logo começaram a trabalhar no primeiro desenho animado do Mickey, no qual o personagem emulava o herói da aviação Charles "Lucky Lindy" Lindbergh. Nenhuma distribuidora quis se aventurar com esse personagem arriscado e criado por um produtor independente. Com a mesma determinação típica do Mickey Mouse –

O CAMUNDONGO QUE COMEÇOU TUDO   27

◄ A imagem mais reproduzida na história da Disney: Mickey Mouse alegremente dirigindo um barco em seu desenho de estreia, *O vapor Willie*.

"As pessoas riem do Mickey Mouse, porque ele é muito humano..." WALT DISNEY

◄ Esboço de *storyboard* para o segmento "Mickey e o pé de feijão", de *Como é bom se divertir* (1947), sua segunda aparição em longa-metragem.

▲ A popularidade do Mickey se estendeu para tirinhas de jornal, histórias em quadrinhos e sua revista de banca, a *Mickey Mouse Magazine*. No rodapé da revista: "Uma revistinha divertida para meninos e meninas lerem para os adultos".

seus animadores sempre disseram que a personalidade do Mickey refletia a de seu criador –, Walt lançou-se na produção de outro curta-metragem mudo do camundongo. Reconhecendo que as experiências cinematográficas estavam mudando com o advento dos "filmes falados", Walt então direcionou seus esforços de animação em uma direção inovadora ao produzir seu curta seguinte, *O vapor Willie* (1928), com música e efeitos sonoros sincronizados às travessuras de Mickey a bordo de um barco a vapor. Walt exibiu *O vapor Willie* para donos de cinema de Nova York, porém sem atrair muito interesse no início. No entanto, o gerente do Colony Theatre em Nova York concordou em exibir o filme, e Mickey se tornou uma sensação da noite para o dia.

A PERSONIFICAÇÃO DA DISNEY
O público clamava por mais, e cada filme estrelado pelo personagem era um grande sucesso. Do ponto de vista técnico e artístico, essas animações eram muito superiores às outras contemporâneas, e os estúdios concorrentes não só lutavam para acompanhar, mas também criavam unidades de animação. Os desenhos do Mickey eram anunciados com luzes nos letreiros dos cinemas, muitas vezes acima do título do filme principal e das estrelas de carne e osso. Até hoje, Mickey Mouse é adorado mundo afora. Além de ser a personificação da Disney, esse brilhante personagem permanece como um dos mais duradouros e cativantes de nossa cultura e época.

▲ A pedido de Walt, o artista da Disney John Hench pintou este retrato do Mickey para o aniversário de 25 anos do personagem, em 1953. Hench também pintou o retrato oficial do Mickey para seus 50º, 60º, 70º e 75º aniversários.

A magia do Mickey

O rosto sorridente do Mickey é reconhecido ao redor do mundo, e sua personalidade cativante já perpassa dois séculos fascinando gerações.

▶ Refletindo a personalidade ensolarada do Mickey, esta famosa imagem reluzente abriu a maioria dos seus curtas animados a partir de 1935.

A MAGIA DO MICKEY

Há nove décadas – e não para por aqui – Mickey é retratado como um personagem alegre em todas as mídias, de desenhos animados e quadrinhos a jogos de videogame e aplicativos. Não é surpreendente que Walt Disney tenha recebido um Oscar® especial da Academia pela criação do Mickey em 1932, um testemunho tanto da criatividade de Disney quanto da popularidade avassaladora do Mickey. O que está por trás da paixão pública por Mickey Mouse que perdura por quase um século? Para um sujeito tão modesto, Mickey tem um desenho poderoso. Muitos artistas, designers e comentaristas notaram que o personagem tem um dos designs gráficos que mais nos atraem naturalmente, e o símbolo simplificado dos três círculos de sua cabeça e orelhas é um ícone reconhecido internacionalmente.

ESTRELA MIDIÁTICA GLOBAL

Além dos 121 desenhos animados do Mickey Mouse lançados nos cinemas, ele também apareceu em longas-metragens, como *Fantasia* (1940), que teve sua estreia mundial no mesmo cinema nova-iorquino onde *O vapor Willie* (1928) havia estreado 12 anos antes. Como Walt Disney foi o primeiro grande nome de Hollywood a entrar na emergente mídia da televisão, Mickey foi uma das primeiras estrelas da TV. Inspirado nos Clubes do Mickey Mouse da década de 1930, Walt criou a série de televisão *O Clube do Mickey Mouse*, em 1955. A popularidade do personagem fez do programa um sucesso instantâneo. Em 1956, a audiência era de mais de 14 milhões de pessoas. Os desenhos animados eram exibidos na faixa diária *Mouse cartoon*. Mickey era também uma estrela da música, com um álbum de muito sucesso que ganhou um disco de platina, *Mickey Mouse Disco*, lançado em 1979. O ritmo continuou com um curta-metragem relacionado que reunia momentos musicais de desenhos anteriores, em uma trilha sonora *disco*, em 1980.

◄ Em 13 de novembro de 1978, Mickey tornou-se o primeiro personagem animado a ser homenageado com uma estrela na Calçada da Fama de Hollywood.

▼ Mickey fez sua estreia em um longa-metragem de animação da Disney interpretando o papel do Aprendiz de Feiticeiro no *Fantasia* original (1940).

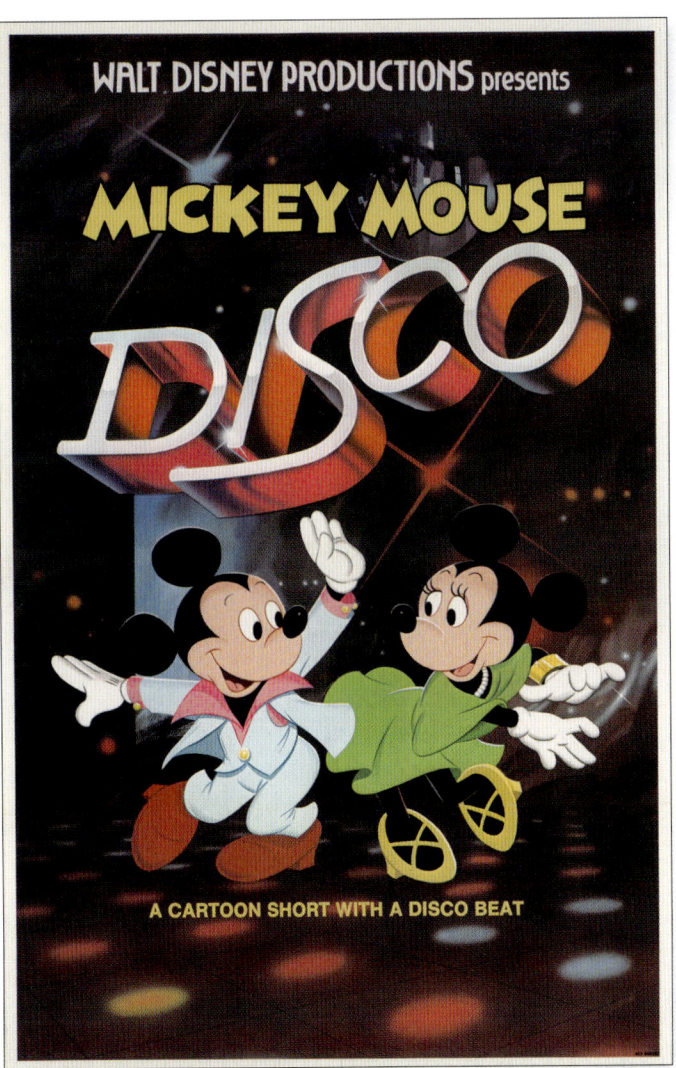

▲ Mickey e Minnie dançam animados pelo salão no cartaz promocional do curta criado para promover o álbum *Mickey Mouse Disco*.

O Mickey da era moderna

Seja qual for a plataforma em que o alegre Mickey Mouse apareça, ele sempre permanece fiel a si mesmo, agradando seu público.

▲ Mickey Mouse apresentado no logotipo de *O Clube do Mickey Mouse* (1989), no The Disney Channel, mirando em audiências mais velhas do que as representações anteriores.

O brilho mágico da estrela de Walt Disney transcende mudanças culturais e tecnológicas ano após ano, programa após programa, trazendo risadas e entretenimento agradável e comovente com a encantadora personalidade do Mickey e suas aventuras.

O CAMUNDONGO DAS MÍDIAS

Em tempos mais recentes, os fãs da Disney têm se deleitado com a série de animação *A casa do Mickey Mouse* (2006), no Disney Channel; *Mickey aventuras sobre rodas* (2017) e *Mickey Mouse Funhouse: A casa da diversão* (2021), no Disney Junior; além da série de curtas *Mickey Mouse* (2013), vencedora do Emmy®, que tem o tom de comédia física do *Mickey Mouse* clássico, combinado com direção e ritmo contemporâneos. Em 2014, Mickey Mouse recebeu sua primeira indicação ao Oscar® em quase 20 anos com o inovador curta-metragem animado em 2D e CG *Hora de viajar!* (2013), dirigido por Lauren MacMullan. Embora sua aparência possa mudar ligeiramente quando em universos 2D ou CG, a inocência alegre e o coração bondoso de Mickey Mouse transparecem em todos os seus divertidos episódios.

"Mickey era apenas uma singela personalidade com o propósito de fazer rir." WALT DISNEY

◄ A cabeça do Mickey é feita de três círculos, tornando-o fácil de animar e também um logotipo perfeito.

◀ Mickey e Donald flutuam pelos céus na série *A casa do Mickey Mouse*.

O RATINHO DO STREAMING

O mundo maravilhoso de Mickey Mouse estreou no Disney+ em 2020. Com ele, os fãs puderam curtir o entretenimento clássico do Mickey na tela de sua preferência, a qualquer hora e em qualquer lugar. Em 2022, o filme-documentário *Mickey: A história de um camundongo* estreou no festival SXSW e mais tarde foi ao ar no Disney+, trazendo a história e a evolução do amado personagem, incluindo o novo curta-metragem animado *Mickey em um minuto*.

▲ Minnie contrata Mickey para manejar um rebanho em movimento no Velho Oeste do Vale do Trovão Grande em "Caubói de queijo", o primeiro episódio da primeira temporada de *O maravilhoso mundo do Mickey Mouse*.

◀ Minnie e Mickey aparecem entusiasmados com este álbum de fotografia de aves no episódio "Observação de pássaros", em *O maravilhoso mundo do Mickey Mouse*.

Amigos do Mickey

Nunca vão faltar amigos a um personagem popular como o Mickey.

▲ A parceira principal de Donald é Margarida, vista neste esboço de *storyboard* para o segmento "Pompa e circunstância", do filme *Fantasia 2000* (2000).

Minnie Mouse encantou tanto Mickey quanto o público quando estreou em *O vapor Willie* (1928). O companheirismo de Minnie e Mickey ao longo dos anos os tornou uma dupla cativante, mas Minnie também brilhou nos holofotes em especiais e séries próprias ao longo das décadas, incluindo *Totalmente Minnie* (1988) e *Minnie Toons* (2011).

O MELHOR AMIGO

O companheiro canino do Mickey, personagem que mais tarde seria conhecido como Pluto, era antes um animalzinho de estimação chamado Rover e pertencia a Minnie, não a Mickey. Ele mais tarde se tornou o animal de estimação do Mickey em definitivo, e o cão provavelmente foi chamado de Pluto em homenagem ao então recém-descoberto planeta Plutão. Foi o mestre animador Norm Ferguson quem fez de Pluto um vira-lata pensante, animando os processos mentais e a vida interior do cãozinho. Pluto estrelou quadrinhos, jogos e seus próprios desenhos animados, apareceu ao lado do Mickey no curta-metragem vencedor do Oscar® *Me dê uma pata* (1941), e também em inúmeros filmes, séries e outros curtas ao longo de seus muitos anos de tela.

PATO FAMOSO

O Pato Donald teve um começo incomum em sua carreira. Ele "saiu do ovo" em 9 de junho de 1934, com o lançamento da Silly Symphony: *A galinha espertalhona*. Walt Disney criou o personagem em torno da distinta voz interpretada por Clarence "Ducky" Nash. Universalmente

◀ Pateta, Mickey e Donald tentam escapar de encrencas em uma animação.

AMIGOS DO MICKEY

◀ Um esboço de *storyboard* mostra Donald, Mickey e Pateta trabalhando juntos como um trio de comédia.

▼ Desde o início, Minnie Mouse tocou, se apresentou e se apaixonou ao lado de seu amor e protagonista, Mickey.

"Mickey é [...] um produtor de cinema, dividindo o holofote com novas personalidades. Algumas delas [...] acabaram se tornando estrelas por mérito próprio." WALT DISNEY

aclamado, o pato mal-humorado angariou fãs de cinema em 76 países, leitores que acompanhavam suas tirinhas em uma centena de jornais internacionais, amigos que liam suas revistas em quadrinhos publicadas em 47 nações e famílias que se reuniam em frente à TV para assisti-lo em 29 países.

CÃO DESAJEITADO

Assim como o Pato Donald, o magrelo e adorável Pateta começou com uma voz – ou, nesse caso, uma risada. Pinto Colvig, desenhista da Disney, criou uma risada inusitada que inspirou Walt Disney a criar um cão em *Mickey's revue* (1932). Além de ajudar Mickey em suas aventuras nos quadrinhos e nas tirinhas, Pateta também estrelou mais de cinquenta desenhos animados próprios. Ele se juntou a Mickey e Donald para formar um dos trios mais engraçados da tela em muitos curtas, longas e jogos no decorrer dos anos.

▼ O leal animal de estimação de Mickey, Pluto, frequentemente tinha um papel de estrela em seus filmes, como em *A sociedade de cachorros* (1939).

Curtos, mas sinfônicos

Uma orquestra de cores cintilantes, personagens encantadores e músicas inesquecíveis, as Silly Symphonies elevaram a arte da animação a novos e harmoniosos patamares.

▲ As superestrelas das Silly Symphonies de Walt Disney – os porquinhos Prático, Heitor e Cícero –, de um dos desenhos animados mais populares já produzidos.

"Usamos [as Silly Symphonies] para testar e aperfeiçoar as técnicas de cor e imagem que usaríamos mais tarde em longas-metragens de animação […]." WALT DISNEY

As Silly Symphonies nasceram do desejo de Walt Disney de melhorar e inovar. Mickey Mouse foi uma sensação instantânea, mas o produtor não estava satisfeito em apenas surfar na onda da popularidade do Mickey. Ele começou a pensar em uma nova série de desenhos animados que lhe desse a liberdade artística para criar um número infinito de personalidades animadas, sem ficar preso a um único personagem contínuo.

NOVAS POSSIBILIDADES
O primeiro diretor musical de Walt, Carl Stalling, que mais tarde

◀ Os três porquinhos são um estudo em contrastes – e casas contrastantes de palha, madeira e tijolos – nestes esboços.

ficaria famoso por suas composições para os desenhos animados *Looney Tunes*, sugeriu uma nova série de curtas na qual a música seria o principal ingrediente. Os curtas deveriam apresentar objetos inanimados ganhando vida ao ritmo das melodias da trilha sonora, mas logo evoluíram para algo mais. A primeira Silly Symphony – série cujo título foi fruto da imaginação do próprio Walt – foi *A dança dos esqueletos* (1929), um musical animado único em sua categoria. Esses primeiros minimusicais, como *Outono* (1930), foram bem recebidos, mas a série acertou mesmo a nota a partir da adição de cor. A produção de *Flores e árvores* (1932) coincidiu com a melhoria do processo de coloração total em três tiras de Technicolor. Muitos em Hollywood não se interessaram, mas Walt entusiasmava-se com as possibilidades. O trabalho concluído em *Flores e árvores* foi descartado e o filme foi refeito em uma cor deslumbrante, o que rendeu a Walt Disney seu primeiro Oscar®.

TRIUNFOS EM PRÊMIOS

As Silly Symphonies alcançaram a excelência quando *Os três porquinhos* (1933) se tornou um fenômeno. Exibindo uma música de sucesso, "Who's afraid of the Big Bad Wolf?" ("Quem tem medo do Lobo Mau?") e três personalidades distintas, o curta deu início a uma empolgação só comparada a Mickey. Outros sucessos se seguiram, apresentando músicas cada vez mais sofisticadas, como em *Os gafanhotos e as formigas* (1934) e *O elefante Elmer* (1936). A série dominou os Academy Awards®, vencendo o Oscar® de Melhor Curta-Metragem de Animação ano após ano até o fim das Silly Symphonies, que foram descontinuadas em 1939. Muitas inovações foram introduzidas e aperfeiçoadas nesses curtas animados, que tornariam possíveis os futuros triunfos de animação de Walt.

▲ Este esboço feito para *A deusa da primavera* (1934), precursor de *Branca de Neve e os sete anões*, mostra as primeiras tentativas de Disney de representar a forma humana.

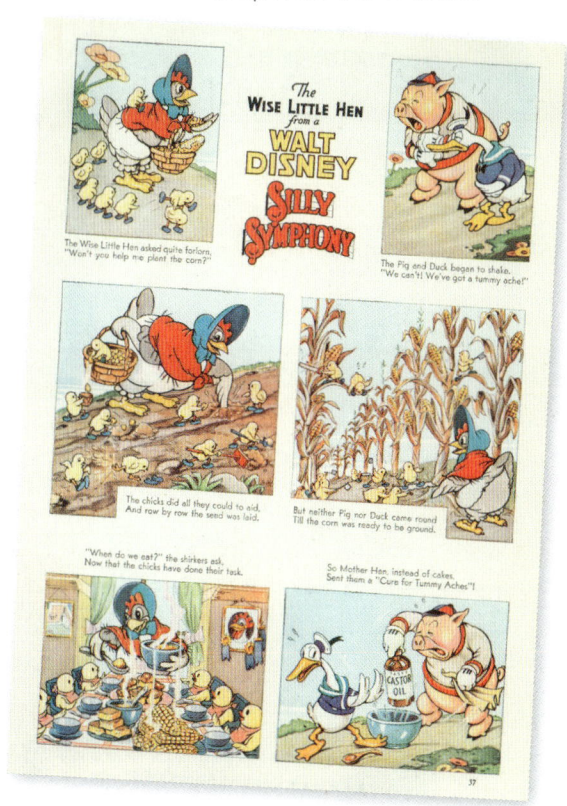

▲ Como visto nesta adaptação da revista *Good Housekeeping*, *A galinha espertalhona* (1934) criou uma nova estrela – o Pato Donald.

◀ Um dos episódios de Silly Symphonies mais elaborados, *O velho moinho* (1937) foi um poema cinemático e o primeiro filme animado a utilizar a revolucionária câmera multiplano da Disney.

DISNEY ANIMADA

Uma grande família

Com o enorme sucesso de Mickey e seus amigos, os animadores da Disney ampliaram toda a turma.

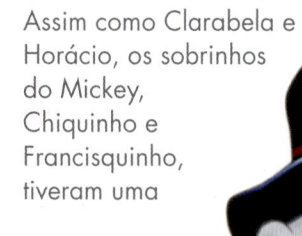

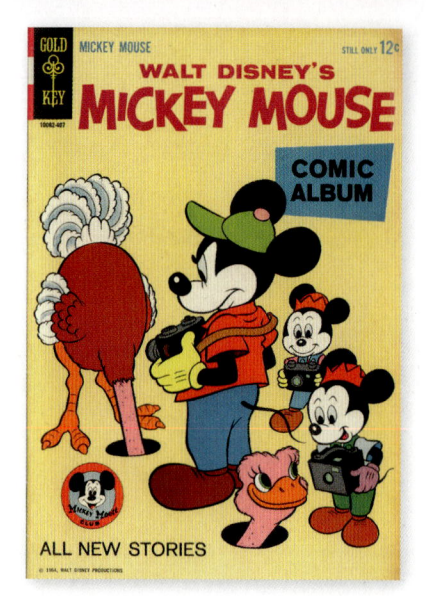

▲ Os sobrinhos do Mickey, Chiquinho e Francisquinho, apareciam sempre nos quadrinhos, como nesta capa de *Mickey Mouse* #95 (1964), desenhada por Paul Murry.

Toda estrela precisa de coadjuvantes – e a popularidade não apenas do Mickey, mas também de Minnie Mouse, Pato Donald e Pateta, inspirou Walt e seus artistas a criarem uma turma de novos personagens. Antes de Donald e Pateta, Mickey tinha dois amigos que evoluíram a partir das origens rurais de alguns de seus primeiros sucessos na tela. A fofoqueira Clarabela, a vaca, rapidamente se tornou confidente do Mickey e, em especial, da Minnie. Clarabela era frequentemente associada a Horácio, o cavalo, que começou como um simples equino de fazenda, mas logo se tornou o amigo confiável do Mickey. Clarabela e Horácio estão presentes quando os amigos do Mickey se reúnem em desenhos animados como *A festa de aniversário do Mickey* (1942), mas é nos quadrinhos que esses amigos do interior fazem a maioria de suas aparições amigáveis.

OS SOBRINHOS DO MICKEY

Assim como Clarabela e Horácio, os sobrinhos do Mickey, Chiquinho e Francisquinho, tiveram uma carreira limitada na tela em comparação com suas aparições nos quadrinhos. Sua única aparição foi em *O rolo compressor do Mickey* (1934), mas eles deram as caras pela primeira vez na tirinha *Mickey Mouse*, em 18 de setembro de 1932.

AS AVENTURAS DE UM PATO

Como Mickey tinha dois sobrinhos, Donald teve que ir mais longe. Huguinho, Zezinho e Luisinho estrearam na faixa dominical das Silly Symphonies em 17 de outubro de 1937. Depois, os patinhos apareceram em seu próprio desenho animado, *Os sobrinhos do Donald* (1938), e têm sido parte da vida do pato briguento desde então. Com os sobrinhos de Donald, Tio Patinhas estrelou a série de TV *DuckTales: Os caçadores de aventuras*

▼ Os companheiros frequentes de Donald em suas aventuras incluem seu tio incrivelmente rico, Tio Patinhas, e seus sobrinhos astutos, Huguinho, Zezinho e Luisinho.

UMA GRANDE FAMÍLIA   37

▲ Tico e Teco em um *clean-up* feito por Bill Justice para *As pastas de nozes do Donald* (1949).

"*Uma das maiores satisfações do nosso trabalho aqui no estúdio é o relacionamento caloroso que existe dentro de nossa família de desenhos animados.*" WALT DISNEY

em 1987 e, novamente, em 2017. Ele foi apresentado pela primeira vez como um antagonista de Donald em uma história em quadrinhos de 1947, intitulada *Christmas on Bear Mountain*. Em muitos quadrinhos, Tio Patinhas, Donald e os sobrinhos formam um bando de aventureiros viajantes. Embora tenham aparecido pela primeira vez com Mickey e Pluto em 1943, Tico e Teco se tornaram a dupla perfeita para irritar o Pato Donald. Os esquilos protagonizaram sua própria série de TV, *Tico e Teco: Defensores da lei*, que estreou em 1989, além de um longa-metragem híbrido no Disney+ em 2022.

▲ Um esboço de dois dos primeiros e mais cômicos parceiros do Mickey, Clarabela e Horácio.

◀ Versões femininas de Huguinho, Luisinho e Zezinho, as sobrinhas de Margarida são Lalá, Lelé e Lili, vistas aqui em uma história de uma edição de 1961 da revista em quadrinhos *Daisy Duck's Diary*, desenhada por Carl Barks.

Espelho, espelho meu

Com o sucesso do Mickey Mouse e das Silly Symphonies, Walt se propôs a criar uma forma inteiramente nova de cinema: o longa-metragem de animação.

▲ A arte conceitual inicial explorou diferentes desenhos para a primeira princesa da Disney.

Por mais bem-sucedidos que fossem os curtas animados de Walt, eles não o satisfizeram artisticamente por muito tempo. Ao decidir produzir um longa-metragem de animação, ele imaginou não apenas um "desenho animado" longo, mas também uma experiência de entretenimento que superaria o que até mesmo o melhor filme com atores de carne e osso poderia conquistar. Com o romance de Branca de Neve e do Príncipe, a ameaça da Rainha disfarçada e os simpáticos e cômicos anões, *Branca de Neve e os sete anões* (1937), segundo Walt, era a história perfeita. Os personagens humanos apresentavam aos animadores seu maior desafio. Como o artista da Disney Woolie Reitherman observou mais tarde, ninguém na Disney havia animado uma menina realista, mas Walt estava determinado a criar uma princesa de conto de fadas crível. Ele foi pioneiro em um método inovador de treinamento e preparação de seus animadores, enviando-os a aulas de arte em que pudessem estudar a forma e o movimento humanos. Ele também contratou artistas formados em pintura e escultura tradicionais. Os artistas buscavam continuamente maneiras de dar vida à princesa: um toque sutil, mas eficaz, é o rubor nas bochechas de Branca de Neve.

▼ No conto de fadas original dos Irmãos Grimm, os anões eram figuras anônimas, mas Walt deu a cada um de seus anões um nome que explicaria sua personalidade: (da esquerda para a direita) Atchim, Dunga, Dengoso, Feliz, Soneca, Zangado e Mestre, o líder do grupo.

ESPELHO, ESPELHO MEU

"Minha personagem preferida dos contos de fadas era a Branca de Neve, e quando planejei meu primeiro longa-metragem, claro, ela se tornou a heroína." WALT DISNEY

▲ Uma cabana pitoresca na floresta é mostrada nesta pintura de *background* de Samuel Armstrong.

DESENHANDO ANÕES
Walt se propôs a retratar seus anões como sete personagens distintos e vívidos. Os cineastas passavam horas discutindo tudo sobre os anões – como eles se moveriam e agiriam, e até como moveriam as mãos. Simplesmente variando a forma do corpo e a postura, os animadores conseguiram transmitir personalidade e atitude aos personagens.

MÁGICA DE CINEMA
Walt e sua equipe cumpriram o prazo do Natal de 1937 por pouco, e duas cópias de *Branca de Neve e os sete anões* finalizadas foram entregues ao cinema apenas algumas horas antes da estreia. Após quatro anos de trabalho meticuloso e um orçamento recorde na época, de US$ 1,5 milhão, o ambicioso filme de Disney foi revelado em 21 de dezembro de 1937. Os críticos elogiaram e o público invadiu os cinemas para ver *Branca de Neve*, tornando-a o maior sucesso de bilheteria até então.

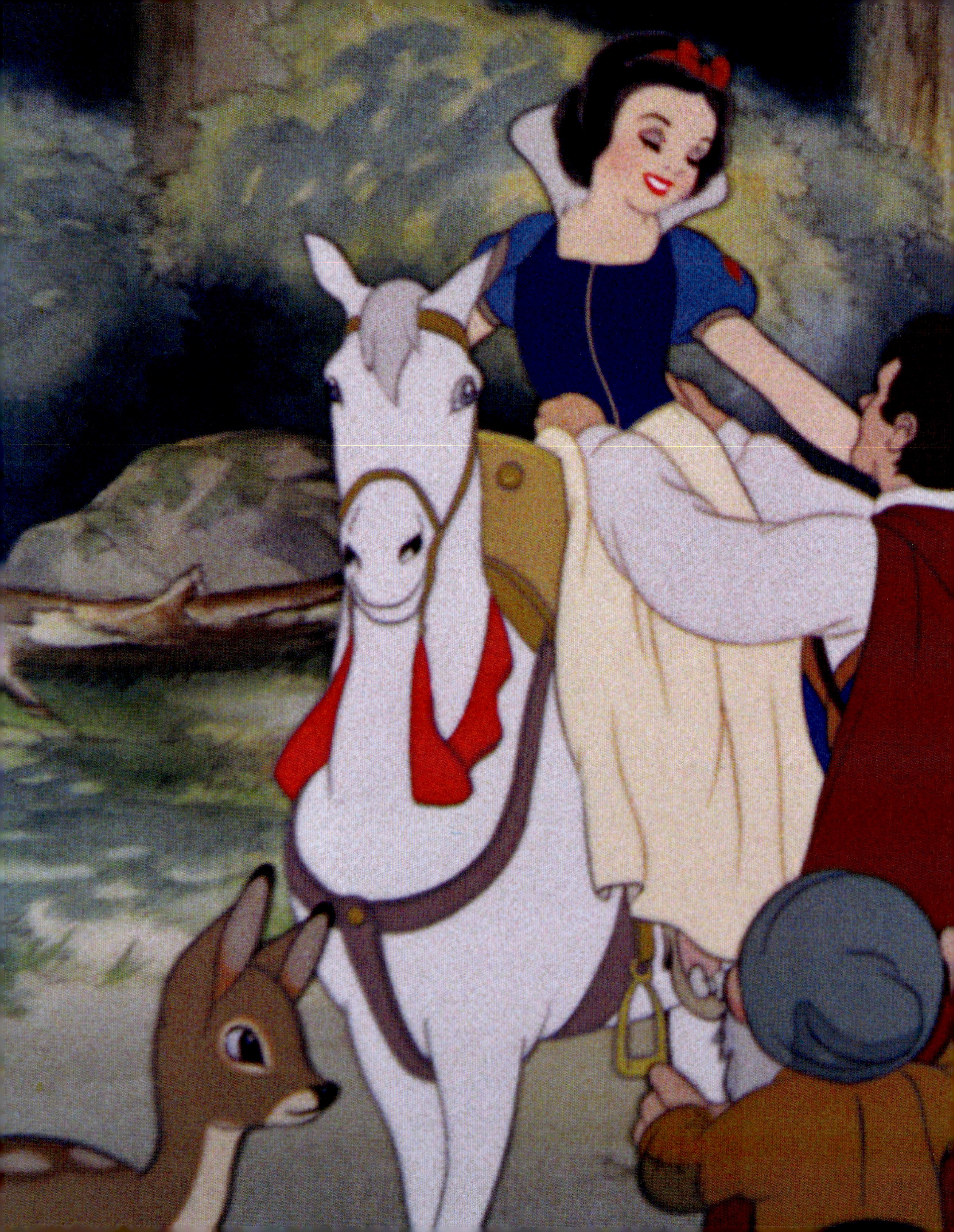

As cenas finais de *Branca de Neve e os sete anões* incluem um príncipe bonito, o beijo do verdadeiro amor, um castelo magnífico e o triunfo do bem sobre o mal. Walt Disney estava convencido de que a magia e o romance de *Branca de Neve e os sete anões* tornavam-na a história perfeita. Cada um desses elementos continuaria a aparecer em muitos filmes de sucesso da Disney por décadas.

DISNEY ANIMADA

Um épico suntuoso

Pinóquio conta a história de um pequeno boneco de madeira que ganha vida em um mundo maravilhosamente entalhado. Na época de seu lançamento, foi o filme animado mais elaborado já feito.

▲ A pintura da pré-produção em aquarela, feita por Gustaf Tenggren, mostra as primeiras versões do bondoso Gepeto e da mágica Fada Azul.

▼ Pintura da pré-produção em aquarela feita por Gustaf Tenggren.

Com *Pinóquio* (1940), Walt Disney e seus artistas buscaram superar o sucesso do primeiro longa e, ao fazer isso, criaram o que muitos consideram ser o ápice da arte da animação. A ambientação encantadora, ao estilo de um livro de histórias, inspirou muitos detalhes intrincados no luxuoso design de produção desse filme, desde os relógios ornamentados e brinquedos na oficina de Gepeto até as pedras de paralelepípedo nas ruas tortuosas da vila de Pinóquio. Walt investiu nesse filme uma parte considerável dos lucros de *Branca de Neve*. O cineasta procurou um nível sem precedentes de extravagância animada, pois foram

UM ÉPICO SUNTUOSO

Albert Hurter, Gustaf Tenggren e outros mestres celebrados da fantasia os responsáveis por criarem o estilo visual de *Pinóquio*, com ênfase na atmosfera do Velho Mundo. Escultores criaram modelos tridimensionais dos personagens e de muitos dos objetos de cena, incluindo a carruagem da Ilha dos Prazeres, a gaiola de pássaro de Stromboli e a caixa torácica de Monstro, a baleia.

UM MENINO DE VERDADE E SUA CONSCIÊNCIA

A busca de Walt pela perfeição era tamanha que ele descartou seis meses de trabalho porque sentia que o projeto ainda carecia de emoção e calor. O principal problema era o próprio Pinóquio. Refletindo o personagem como retratado no livro original de Carlo Collodi, a primeira versão era um menino magricela, antipático e desobediente, com mãos que pareciam remos e uma personalidade arrogante. Em fevereiro de 1939, o animador Milt Kahl desenhou um personagem bonitinho e arredondado – mais um menino inocente do que uma marionete. Feito isso, foi simples adicionar as articulações de madeira e os pregos que o transformaram em uma marionete. Walt sabia que seu protagonista ingênuo precisava de um guia e, assim, ele pegou um grilo falante (esmagado no livro original pela marionete mal-humorada) e o transformou na consciência de Pinóquio. A instrução de Walt para o animador

▲ Quadro final mostrando o pequeno boneco de madeira e sua consciência-grilo.

Ward Kimball foi para que desenhasse um grilo fofo chamado Grilo Falante. Depois de cerca de 15 versões diferentes, o artista eliminou muitas de suas características de inseto e criou um personagem pequeno, careca e humanoide, vestindo um fraque, que sugeria asas dobradas, e dois fios de cabelo, que evocavam antenas. *Pinóquio* é considerado uma obra-prima essencial da Disney.

> "... em termos técnicos e artísticos, [Pinóquio] era superior. Indicava que tínhamos evoluído como artesãos..." **WALT DISNEY**

DISNEY ANIMADA

MARIONETE PARA DIVULGAÇÃO
Criada para ser um boneco real e funcional, esta marionete de Pinóquio poderia ser articulada pelos artistas da Disney em fotos publicitárias com algumas das técnicas ensinadas pelo modelador Bob Jones, que também era um marionetista.

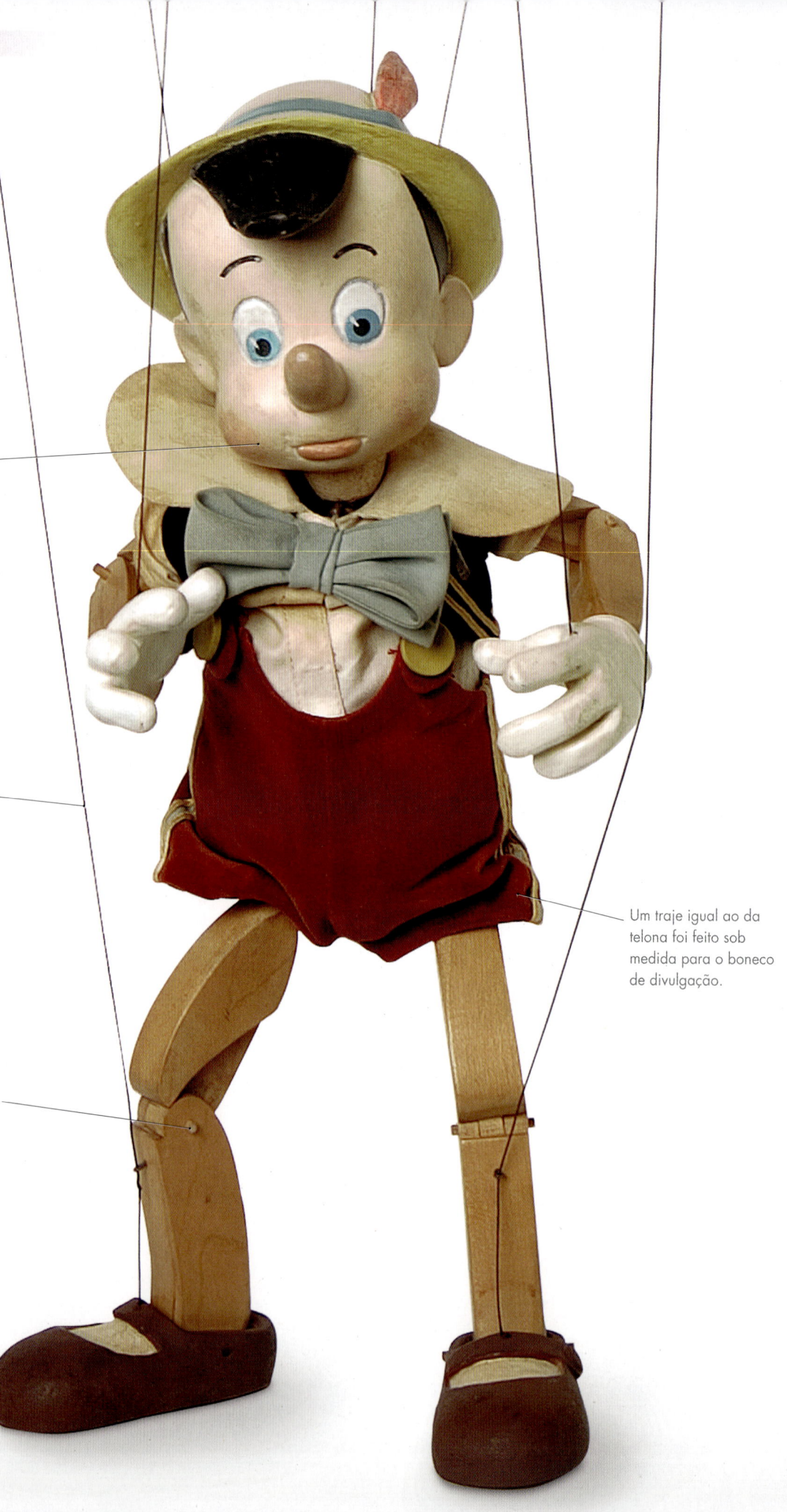

Os artistas de contorno e pintura da Disney aplicaram cores autênticas ao rosto da marionete de Pinóquio.

O habilidoso marionetista Bob Jones ajudou a determinar exatamente onde colocar os fios, garantindo que a marionete pudesse ser movida em uma infinidade de ações.

Um traje igual ao da telona foi feito sob medida para o boneco de divulgação.

Tão real quanto um boneco em qualquer espetáculo de marionetes, Pinóquio tinha articulações de madeira em seus braços e pernas que lhe permitiam acenar, caminhar e dançar.

A descoberta da marionete

Ao criar *Pinóquio*, Walt queria que seus artistas capturassem o movimento de um verdadeiro boneco de madeira. Os artistas do Departamento de Modelagem de Personagens – Wah Ming Chang, Charles Cristadoro e Bob Jones – criaram um modelo 3D do astro marionete, que foi então trazido à vida em cores pela pintora Helen Nerbovig. Jones era um habilidoso marionetista, e treinou o animador e diretor Frank Thomas para manipular o boneco. Jones também criou um Pinóquio totalmente funcional para ajudar a divulgar o novo filme.

Em 2003, a marionete foi descoberta em quase perfeitas condições em um armário caseiro de compensado – coberto ao longo dos anos por cabos telefônicos – construído no porão da The Walt Disney Studios, em Burbank. Hoje, o boneco inestimável tem um novo lar na Biblioteca de Pesquisa de Animação Walt Disney.

WALT E PINÓQUIO
Próximo à estreia de *Pinóquio*, em 1940, Walt Disney testou para as câmeras da divulgação a marionete funcional criada pelo modelador Bob Jones e pela artista de contorno e pintura Helen Nerbovig. Por muitos anos, esta fotografia foi a única evidência de que a marionete havia existido.

▲ *Fantasia* utilizou novas técnicas, incluindo pinturas especiais e dispositivos mecânicos, para criar mundos como o reino subaquático na "Suíte quebra-nozes".

Música em movimento

A animação clássica e a música clássica se fundem para formar *Fantasia*, um filme envolvente de habilidade artística atemporal.

Uma celebração de som e imagem da música e da arte, *Fantasia* (1940) teve sua produção iniciada no fim de 1937, quando Walt primeiro considerou transformar o poema sinfônico "O aprendiz de feiticeiro", de Paul Dukas, em um luxuoso curta-metragem estrelado por Mickey Mouse. O conceito desse ambicioso curta logo evoluiu para um longa-metragem inteiro, que consistiria em peças clássicas interpretadas pelos artistas da Disney em uma mistura de estilos de arte intrigantes, segundo a trilha sonora sinfônica singular de cada peça. O projeto ficou conhecido como "Concert Feature", mas posteriormente teve seu título trocado para *Fantasia*, que significa literalmente "uma peça de música não convencional".

ANIMAÇÃO INOVADORA

Walt e seus artistas ouviram as peças de música erudita mais aclamadas do mundo, e então selecionaram sete peças adicionais. Desde a abstração inovadora em "Tocata e fuga em ré menor" até o hilário corpo de balé de hipopótamos e elefantes em "A dança das horas", de Ponchielli, *Fantasia* transborda com um talento artístico sem igual. Na "Suíte quebra-nozes", de

◀ *Fantasia* estreou em 1940 no Broadway Theatre, apenas doze anos após o debute de *O vapor Willie* naquele mesmo teatro, em 1928.

MÚSICA EM MOVIMENTO

Tchaikovsky, flores tombam, deslizam e dão piruetas pela superfície da água como um grupo de bailarinas. A "Sinfonia pastoral", de Beethoven, é uma interpretação da vida na mítica Grécia antiga. Apresenta unicórnios e centauros brincando à sombra do Monte Olimpo – temas perfeitos para a capacidade inigualável de animação da Disney de dar vida a qualquer coisa. Walt foi ousado ao escolher "A sagração da primavera", de Stravinsky. A composição vanguardista inspirou nele imagens que mostravam nada menos do que a formação da terra e a chegada dos dinossauros. Os artistas de efeitos especiais animaram tanto o real quanto o fantástico. Na combinação climática de "Uma noite no Monte Calvo", de Moussorgsky, e "Ave Maria", de Schubert, há sombras rastejantes e espectros fantasmagóricos, bem como velas brilhantes em uma floresta envolta em névoa.

RUMO AO FUTURO

Esse magnífico longa-metragem animado recebeu as honras de um Oscar® especial por seu som, que reconheceu *Fantasia* como uma obra que ampliou o escopo do filme como uma forma de arte.

> "Em uma profissão que tem sido uma infindável viagem de descoberta por reinos de cor, som e movimento, Fantasia representa nossa aventura mais empolgante." WALT DISNEY

▶ Os artistas da Disney estudaram *prima ballerinas* para criar o conceito de "A dança das horas", incluindo este estudo de hipopótamos e elefantes dançantes.

A orquestra continua a tocar

Walt tinha a intenção de transformar *Fantasia* em um evento contínuo, relançando-o todos os anos com novos segmentos. Seu desejo se realizou com *Fantasia 2000*, uma continuação liderada pelo sobrinho de Walt, Roy E. Disney.

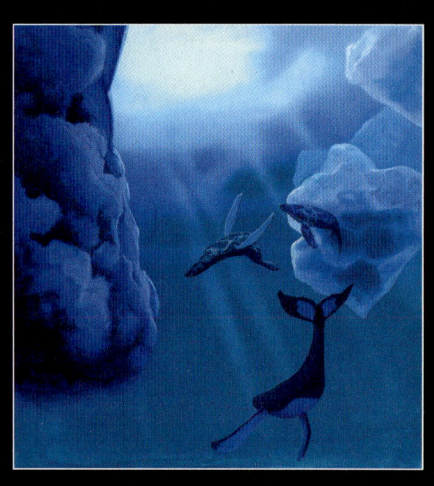

▲ A beleza do Ártico, tanto na água quanto no céu, é destacada com essa arte que mostra a paleta de cores de "Os pinheiros de Roma", para *Fantasia 2000*.

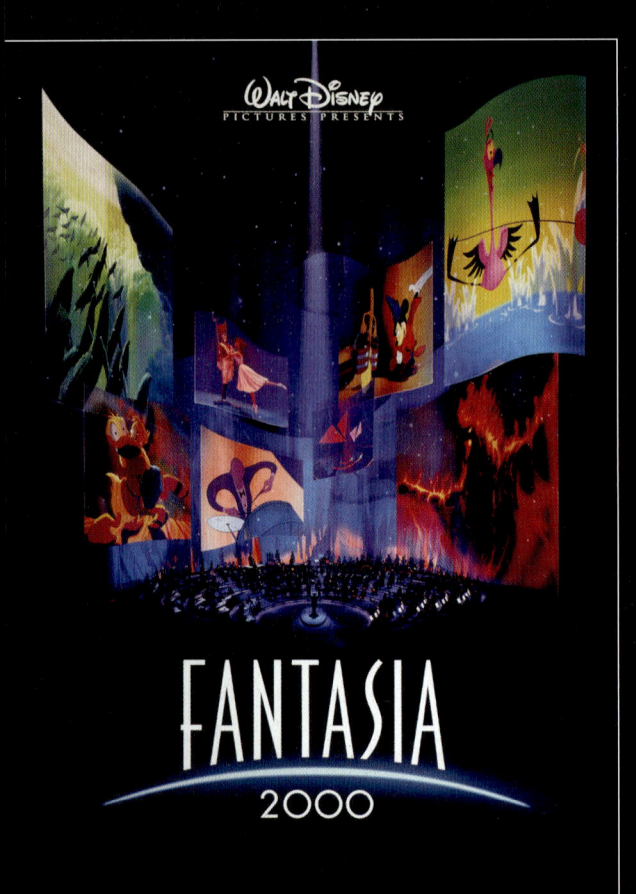

Dando prosseguimento ao caminho criativo nos passos de seu tio, Roy E. Disney tornou-se vice-presidente do Conselho da Disney em 1984, supervisionando a Walt Disney Feature Animation. Desde jovem, ele sabia que queria dar continuidade ao experimento *Fantasia*. Depois de nove anos em produção, *Fantasia 2000* (2000) estreou com sete novos segmentos musicais, bem como "O aprendiz de feiticeiro" do filme original, entrelaçados com a jornada sinfônica e cinematográfica. O filme capturou a variação artística emocional e a experimentação do *Fantasia* original, enquanto também celebrava os novos talentos artísticos, estilos, inovação e entusiasmo do novo século. *Fantasia 2000* prestou homenagem às raízes do espírito criativo da Disney ao colocar Mickey Mouse como estrela central no mesmo filme que lhe deu tanta popularidade na década de 1940.

UM *ENCORE* CINEMATOGRÁFICO

O filme começa com a "Sinfonia nº 5", de Beethoven, apresentando animação abstrata em 3D que imerge a audiência em um mundo de cor, e uma luta entre luz e escuridão. Em seguida, entra em cena "Os pinheiros de Roma", de Ottorino Respighi, oferecendo um aspecto mais atenuado gerado por computador, materializado na animação majestosa de baleias. Depois, temos "Rapsódia em azul", de George Gershwin, uma aventura visual em 2D inspirada no estilo ilustrativo de Al Hirschfeld; logo, temos "Concerto para Piano nº 2, Allegro, Op. 102", de Dimitri Shostakovich, que retrata a história dramática de um soldado de brinquedo com a perna quebrada, a bela bailarina que ele ama e uma batalha com um boneco maligno de caixa de música.
"O carnaval dos animais", de Camille Saint-Saëns, traz humor na figura de um flamingo brincando de ioiô, que se rebela contra seu bando; em seguida, temos o clássico "O aprendiz de feiticeiro", de Paul Dukas, estrelado por Mickey Mouse em uma verdadeira animação *vintage*. A aventura sinfônica continua com "Pompa e circunstância", marchas 1, 2, 3 e 4, de Edward Elgar, apresentando o Pato Donald como assistente de Noé em sua Arca, em um segmento que faz uma homenagem às animações dos anos 1940. O filme termina com

▲ *Fantasia 2000* foi exibido em telas IMAX com até oito andares de altura, proporcionando uma experiência cinematográfica ainda mais grandiosa.

▲ Arte abstrata e música em movimento se combinam para um curta-metragem cheio de suspense no segmento "Sinfonia n° 5", de Fantasia 2000.

▲ Uma supernova permite que baleias realizem seu gracioso nado a novas alturas no segmento "Os pinheiros de Roma", em Fantasia 2000.

▲ O diretor Eric Goldberg adaptou um conceito inicial sobre avestruzes e ioiôs do lendário artista da Disney Joe Grant para uma versão mais colorida com flamingos em "O carnaval dos animais", para Fantasia 2000.

▲ O Pato Donald teve uma grande responsabilidade em um barco ainda maior, e seu trabalho árduo valeu a pena quando ele reencontra Margarida no segmento "Pompa e circunstância", de Fantasia 2000, dirigido por Francis Glebas.

a "Suíte do pássaro de fogo" (versão de 1919), de Igor Stravinsky, retratada em uma aventura espirituosa na natureza.

EXPERIÊNCIA COM ORQUESTRA AO VIVO

Lançado como o 38º longa-metragem animado da Disney, Fantasia 2000 estreou com uma apresentação ao vivo no Carnegie Hall, em Nova York, e tornou-se global com uma turnê internacional de concertos em Londres, Paris, Tóquio e Los Angeles. O público também pôde desfrutar do filme em formato supertela IMAX em locais selecionados.

FANTASIA CONTINUADA

Os artistas da Disney também concluíram o trabalho em diferentes segmentos musicais, antecipando outro projeto de Fantasia, mas as peças foram lançadas como curtas-metragens independentes, em vez de serem guardadas por anos para um novo longa-metragem. Os curtas musicais incluem "One by one" (2004), "A pequena vendedora de fósforos" (2006), "Destino" (2003, mas a produção durou 58 anos) e "Lorenzo" (2004, iniciado em 1943).

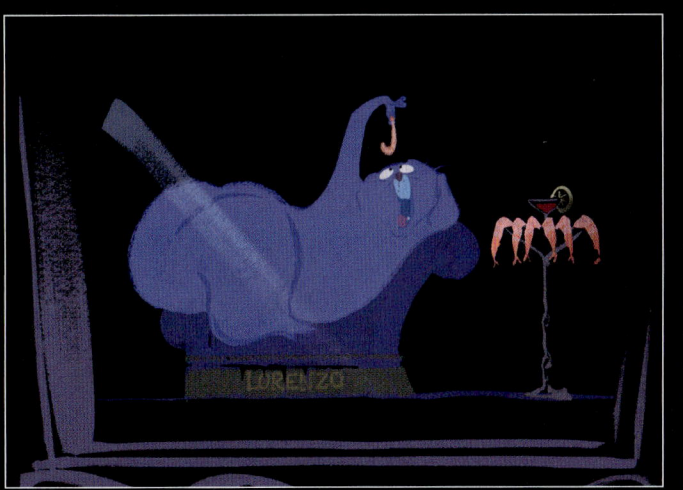

◀ O talento artístico de Salvador Dalí foi traduzido para um curta-metragem da Disney por John Hench, que trabalhou diretamente com Dalí em 1946 e enfim recebeu sinal verde para terminar Destino 57 anos depois. O curta foi ambientado com música escrita pelo compositor Armando Domínguez.

◀ O diretor Mike Gabriel deu vida ao conto de Joe Grant sobre um gato que dança tango com sua cauda, coreografado para a trilha sonora de "Bordoneo y 900", de Juan José Mosalini, em Lorenzo.

Um pequeno elefante

Dumbo conta a emocionante história do único elefante voador do mundo.

Um dia, em 1940, Walt Disney parou Ward Kimball no estacionamento do estúdio para lhe contar a história de um elefante bebê de orelhas enormes que é excluído do bando – e o animador imediatamente soube que aquela simples história tinha um grande potencial afetivo para virar desenho animado, unido à fantasia de um elefante voador. Para criar o colorido cenário de circo, Walt recorreu aos aficionados por circo Bill Peet (desenhista de *storyboard*) e Herb Ryman (artista de pré-produção), pois ambos já haviam pintado cenas de circo. Todos os artistas de *Dumbo* (1941) fizeram uma excursão ao célebre Circo Cole Bros., onde estudaram os artistas e os animais.

▲ O circo oferece um cenário vibrante para *Dumbo*.

▶ Dumbo alça voo com Timóteo a bordo.

▲ Esboço de Dumbo e seu amigo Timóteo, de 1941.

CRIANDO FOFURA

O animador John Lounsbery foi o primeiro a desenhar o elefante de orelhas grandes com feições caricatas de bebê. Muitos ficaram surpresos quando Walt designou Bill Tytla como o diretor de animação do bebê paquiderme, já que Bill era mais conhecido por animar personagens poderosos, como o demoníaco Chernabog, em *Fantasia*. O animador trancou-se em seu escritório por duas semanas e emergiu com o charmoso personagem, cujos maneirismos e expressões sinceras havia observado em seu próprio filho de dois anos de idade.

UM COMPANHEIRO TAGARELA

Para guiar o oprimido Dumbo por seus percalços e tribulações, os artistas da Disney criaram o encantador conceito de um rato – tradicionalmente visto como inimigo do elefante – para ser o melhor amigo de Dumbo. Timóteo, o rato de circo falante, tagarelava o suficiente por si só e

UM PEQUENO ELEFANTE 51

por seu amigo sem voz. Os artistas da Disney tiveram dificuldade para encontrar a voz perfeita de Timóteo, até que Walt aconselhou-os a simplesmente procurar por uma voz que os fizesse rir. Os cineastas escolheram o ator de Hollywood Ed Brophy, conhecido por interpretar criminosos cômicos, que também serviu como modelo na vida real para Timóteo: durão, mas de coração mole.

UM VERDADEIRO TRIUNFO
Um dos destaques do filme é a sequência inovadora e concebida de modo brilhante, "Elefantes cor-de-rosa em desfile". Anos à frente de seu tempo em cor, forma e imagens surreais, esse número musical empregou com muita imaginação a natureza ilimitada da arte da animação – por exemplo, um elefante feito inteiramente de cabeças e outro feito apenas de trombas. Produzido no período notavelmente curto de apenas um ano e meio, *Dumbo* refletiu a confiança que Walt e toda a sua equipe depositaram no projeto. O mestre contador de histórias sentiu que a alegria irradiante do filme era um reflexo da felicidade que ele e seus artistas experimentaram ao criá-lo.

"Dumbo foi um filme divertido de fazer, e o resultado é um filme divertido de assistir." WALT DISNEY

▼ O trem do colorido circo Casey Jr. transportando Dumbo e companhia.

Animais delicados

A história dramática e os gentis personagens animais de *Bambi* desafiaram Walt Disney e seus artistas a elevar a arte da animação a novos patamares impressionantes de maravilha e beleza.

▲ Arte conceitual de Tyrus Wong, de 1942.

▼ O artista Rico Lebrun guia os artistas de *Bambi* enquanto esboçam um cervo vivo.

Adaptada do romance *Bambi: A história de uma vida na floresta*, de Felix Salten, a sublime animação de Walt Disney conta a história do amadurecimento de um jovem cervo e seus amigos, o coelho Tambor e a gambá Flor. Quando o desenvolvimento de *Bambi* (1942) teve início, em 1936, Walt começou a preparar uma equipe de artistas selecionados a dedo, que passaram seis anos trabalhando no filme. Ele também trouxe o especialista em desenho de animais, Rico Lebrun, para treinar os artistas de *Bambi* em anatomia e locomoção animal. Um par de filhotes de cervo foi trazido para viver no estúdio, para que os animadores o estudassem. Outras criaturas, incluindo pássaros, esquilos e coelhos, também serviram como modelos vivos.

POESIA VISUAL

Para criar um ambiente de floresta realista, porém estilizada, Walt recrutou Tyrus Wong, que criou centenas de esboços inspiradores, sutis e evocativos. Walt reconheceu que o estilo poético de Wong teve grande influência em todo o filme, especialmente na encenação, nos cenários e na imagética de cores. Ele trouxe uma sensibilidade poética para a direção de arte do filme com suas pinturas impressionistas e esboços estilizados. O objetivo de Wong era criar a atmosfera da floresta.

"Havia a necessidade de sutileza em nossa animação, e de um tipo de animação mais realista." — WALT DISNEY

▲ A bela arte conceitual em pastel de Tyrus Wong sugere o tom e o aspecto geral do filme.

▲ *Frame* final do filme, com Bambi, Flor e Tambor na floresta.

ANIMAIS QUERIDOS

Dois dos astros mais queridos de *Bambi* não estavam no livro original. Flor, a gambá, foi introduzida no filme por Walt durante uma reunião inicial de *storyboard*. Tambor originalmente deveria ser apenas um dos filhos de um personagem central chamado Sr. Lebre. No entanto, o papel de Tambor como melhor amigo de Bambi foi se expandindo, e a história foi adaptada para se adequar ao apelo do novo personagem. A personalidade do jovem coelho decolou quando Peter Behn, de apenas quatro anos, foi escalado para dar-lhe voz, ajudando a transformar o coelho entusiasmado em uma estrela que roubava a cena. Tambor não só desbancou o Sr. Lebre, mas também se tornou o guia do jovem cervo para as maravilhas naturais da floresta, assumindo o papel da mãe de Bambi. Walt Disney sentiu que as personalidades em *Bambi* eram, como ele disse, "ouro puro". Segundo dois dos supervisores de animação do longa, Frank Thomas e Ollie Johnston, *Bambi* era o favorito de Walt entre todos os seus filmes.

DISNEY ANIMADA

A virada do relógio

Cinderela prova que a esperança e a bondade triunfam sobre o mal.

▲ Ilene Woods, a voz de Cinderela, ensaia antes de uma sessão de gravação.

Desde o momento em que acorda em seu quarto no sótão e canta para seus adoráveis amigos animais, Cinderela conquista corações com sua graça e bondade. Ela é uma moça solitária, de fala suave e gentil, mas há mais nela do que pode ser notado à primeira vista. Apesar do péssimo tratamento que recebe de suas invejosas meias-irmãs e de sua madrasta malvada, Cinderela está longe de ser fraca e ousa enfrentar a madrasta, insistindo que também quer ir ao baile real.

DO SONHO À REALIDADE
Para criar uma personagem pela qual o público torceria, os animadores Marc Davis e Eric Larson sabiam que *Cinderela* (1950) tinha que fazer com que cada emoção, expressão e movimento de sua protagonista fossem críveis. Eles filmaram cenas de ação ao vivo da atriz Helene Stanley, com 18 anos à época, interpretando toda a história de Cinderela, e utilizaram as filmagens como inspiração. Os tons profundos na voz de Ilene Woods, que Walt uma vez descreveu como uma "voz de conto de fadas", deram à personalidade de Cinderela um aspecto caloroso e confiante.

VESTINDO O VESTIDO
Walt e sua equipe sabiam que o figurino era uma parte importante da atuação de um personagem, e grandes detalhes foram dedicados à representação de Cinderela tanto em sua vestimenta cotidiana quanto nos trajes para o baile. Marc Davis, Mary Blair e outros artistas contribuíram para o desenvolvimento do guarda-roupa diversificado de Cinderela.

UMA DANÇA DELICADA
Animadores que foram alocados para desenvolver cenas realistas de personagens humanos aprenderam muito sobre como retratar movimentos precisos ao assistir a filmagens de atores reais. Para o animador Eric Larson, era importante expressar um movimento humano autêntico, a fim de transmitir o charme romântico

▲ A arte conceitual de 1948 de Marc Davis mostra diferentes ângulos de Cinderela em seu vestido de trabalho.

A VIRADA DO RELÓGIO 55

entre Cinderela e seu príncipe, especialmente em suas cenas de dança arrebatadoras.

A HORA DA ABÓBORA

Apesar de a ideia de uma fada madrinha transformando uma abóbora em uma carruagem de vidro ser um conceito mágico perfeito para a animação, a realidade artística de fazê-la acontecer foi um desafio assustador que o talento da Disney superou de maneira majestosa. O artista de *layout* Ken O'Connor esculpiu um modelo físico da carruagem, que servia como referência para desenhar o veículo de qualquer ângulo. Então, os artistas de tinta e pintura criaram uma carruagem fechada de vidro – e a beleza de seu esférico interior. O resultado é uma história da qual qualquer fada madrinha (e equipe de animação) deveria se orgulhar.

▲ Mary Blair traz seu olhar romântico e fantasioso para o mundo palaciano de *Cinderela* em arte conceitual.

"Embora Cinderela tenha tido seus momentos tristes, ela se manteve forte durante toda a jornada." MARC DAVIS

◀ A pintura conceitual etérea transmite a magia de conto de fadas de *Cinderela*.

Voo noturno

Walt Disney reconheceu que a animação seria o meio perfeito para retratar *Peter Pan*, a peça de J. M. Barrie sobre o menino que nunca cresce.

Extensas filmagens com pessoas foram feitas para inspirar os animadores. A fantasia da história exigia que os artistas animassem os personagens voando. Para indicar o poder de voo de Peter Pan, Milt Kahl, artista veterano da Disney, animou o personagem como se estivesse flutuando no ar. *Peter Pan* (1953) foi a prova de que os artistas da Disney haviam se tornado especialistas em animar personagens humanos.

Até mesmo o vilão Capitão Gancho passou de personagem de livro de histórias a vilão lendário, ganhando vida por meio dos talentos de animação de Frank Thomas e das habilidades vocais do ator de rádio veterano Hans Conried.

E LÁ VAMOS NÓS

Peter Pan era uma das histórias favoritas de Walt Disney, mas, quando finalmente obteve os direitos para fazer o filme, ele teve dificuldade em decidir como Peter deveria ser retratado tanto em termos de aparência quanto de caráter.

▲ O desenvolvimento de *Peter Pan* começou no final da década de 1930, como visto nesta arte conceitual preliminar.

◄ A arte conceitual de Mary Blair usa formas leves e abstratas para trazer magia ao mundo de Peter Pan e à Terra do Nunca.

▼ A bela Lagoa das Sereias é retratada na pintura de Mary Blair nesta arte conceitual.

VOO NOTURNO   57

"A fantasia, se for mesmo convincente, não pode envelhecer, pelo simples fato de que representa um voo para uma dimensão além do alcance do tempo." WALT DISNEY

◀ Jake está pronto para uma aventura cheia de ação em *Jake e os piratas da Terra do Nunca*.

◀ Peter Pan e Capitão Gancho estão em conflito novamente em *Peter Pan: De volta à Terra do Nunca*.

▼ O eternamente jovem Peter Pan continua a diversão com Jane, filha de Wendy, em *Peter Pan: De volta à Terra do Nunca*.

Walt optou por um indivíduo alegre, mas travesso, que poderia voar. Os espectadores ficariam fascinados ao ver Peter Pan, com seu jeito de elfo, levar Wendy, João e Miguel Darling, voando sobre os pináculos de Londres, em direção à Terra do Nunca.

A DIVERSÃO DE VOAR CONTINUA
Embora algumas das cenas de *Peter Pan* tivessem um aspecto mais sombrio do que os filmes de animação anteriores da Disney, a fantasia e o drama agradaram muito ao público da época. Nos últimos anos, o público curtiu a sequência *Peter Pan: De volta à Terra do Nunca* (2002), a série *Jake e os piratas da Terra do Nunca* (2011) e o live-action *Peter Pan & Wendy* (2023).

A fada favorita do mundo

De uma simples luz cintilante a uma personalidade completa, Tinker Bell (Sininho) conquistou os corações de gerações de fãs.

◀ O espírito travesso de Tink brilha em um *clean-up* feito pelo animador Marc Davis.

Desde o seu início como uma luz cintilante na peça de teatro de J. M. Barrie até sua inesquecível presença como a fadinha atrevida em *Peter Pan* (1953) de Walt Disney e seu papel como uma amiga obstinada, mas leal, em *Disney Fadas*, Tinker Bell é uma das personagens mais icônicas e amadas da Disney. Sua aparência encantadora e personalidade ardente foram criadas pelo mestre animador Marc Davis. Com apenas o som cristalino de sinos tilintantes como voz, Davis valeu-se somente dos movimentos de Tinker Bell para dar vida à personalidade da bela fadinha. Ela gira, brinca, se irrita e cruza os braços na frente do corpo, bate o pé e fica extremamente vermelha quando está zangada. Tink caiu de tal modo nas graças do público que logo passou a personificar a magia da Disney. Ela espalha seu pó mágico na abertura dos programas semanais de TV, aparece no início dos lançamentos

▶ A Árvore do Pozinho Mágico, coração do Refúgio das Fadas, estende seus galhos protetores nesta ilustração da Disney Publishing.

A FADA FAVORITA DO MUNDO   59

em DVD e voa sobre o Disneyland Park durante os espetáculos de fogos de artifício.

TINK GANHA UMA VOZ
No início dos anos 2000, começaram os planos de expandir o mundo de Tink, e ela ganhou uma voz pela primeira vez em *Tinker Bell* (2008), dublada em inglês pela atriz Mae Whitman. No entanto, a capacidade de falar não foi a única mudança. Tinker Bell também ganhou um lar todo seu, o Refúgio das Fadas na Terra do Nunca, e um grupo de amigas fadas, cada uma com seu talento único – desde criar coisas com luz e água até cuidar de animais e plantas. Tinker Bell é mestra na arte de consertar coisas metálicas e inventar engenhocas, como o "*tinker*" (funileiro, em português) em seu nome sugere. Ela é o coração irresistível do grupo em cada um dos sete filmes lançados em DVD e para a televisão até o momento. Em *Tinker Bell: O segredo das fadas* (2012), descobrimos que ela tem uma irmã, e em *Tinker Bell e o monstro do Nunca* (2015), Tink e suas amigas se preocupam com um novo companheiro peludo que chega ao Refúgio das Fadas. Impulsiva, impaciente e determinada, Tinker Bell continua sendo a encantadora fada amada por tantos desde sempre. Ela pode ter apenas 15 cm de altura, mas muitos se identificam com suas grandes emoções.

◄ Tink e suas amigas da *Disney Fadas*. No sentido horário a partir de Tinker Bell: Periwinkle, Rosetta, Iridessa, Silvermist, Fawn e Vidia.

ARTE CONCEITUAL DA FESTA DO CHÁ
A pintura conceitual fantasmagórica de Mary Blair – retratando Alice perdida à frente de uma mesa repleta de uma variedade desconcertante de itens de chá – ajudou a tornar a Festa do Chá do Chapeleiro Maluco uma das sequências mais loucas da animação da Disney.

No País das Maravilhas

Desde a década de 1930 até os dias de hoje, a fonte imaginativa da animação da Disney tem sido alimentada pelo trabalho inspirador dos artistas conceituais. Esses ilustradores inventivos estimularam o surgimento de ideias, personagens e até mesmo sequências inteiras com seus esboços e suas pinturas. As artes de pré-produção da influente estilista e designer Mary Blair chamaram a atenção de Walt Disney e inspiraram os artistas de *storyboard* em filmes como *Cinderela* (1950) e *Peter Pan* (1953). Sua visão exuberante do mundo fantástico de *Alice no País das Maravilhas* exerceu uma influência forte na adaptação de 1951 que Walt fez do clássico literário de Lewis Carroll. As muitas artes de Mary Blair, cheias de cores contrastantes e piruetas geográficas, ajudaram a formar esse cenário feliz e excêntrico de sonhos animados.

A CENA FINALIZADA
Walt Disney estava decidido a traduzir para a tela as visões inigualáveis de Mary Blair. O cenário surreal de *Alice no País das Maravilhas* foi o ambiente ideal para as criações peculiares da artista, como visto neste belo *frame* finalizado do filme.

Dupla de deleite canino

O melhor amigo do homem também é um dos temas favoritos do mundo da animação, como visto desde os primeiros dias de Pluto até os filmes clássicos que seguiram suas pegadas.

▼ Os animadores estudaram animais reais para criar os personagens principais em *A Dama e o Vagabundo*, ao mesmo tempo que lhes conferiam traços humanos reconhecíveis.

O nostálgico longa-metragem animado *A Dama e o Vagabundo* (1955) gira em torno do encantador romance entre uma cadela mimada e um vira-lata astuto. O filme marca uma série de primeiras vezes da Disney – o primeiro longa animado do estúdio a retratar um cenário norte-americano cotidiano e o primeiro longa animado a ser fotografado no novo formato *widescreen* do CinemaScope®.

Os artistas estudaram animais reais para dar vida ao elenco canino, e o modelo que inspirou Vagabundo foi na verdade uma vira-lata encontrada pelo roteirista Ed Penner. Nomes alternativos considerados para Vagabundo (chamado Tramp no original) incluem Homer, Rags e Bozo, mas é difícil imaginar chamar aquele malandro de outra coisa senão Vagabundo, mesmo quase setenta anos depois de ele ter pulado na tela.

MELHOR DO QUE LATIDOS

A Dama e o Vagabundo foi baseado no conto "Happy Dan, the cynical dog", de Ward Greene, adaptado como um longa-metragem musical e canino. A popular artista Peggy Lee deu voz a vários personagens e também proporcionou momentos memoráveis de canto para transmitir a história desses cães apaixonados. O filme tem se mantido popular geração após geração, e inspirou uma sequência animada e uma releitura em *live-action*.

◄ Dama, Vagabundo, sua prole e seus amigos peludos compõem uma mistura divertida de personagens caninos.

DUPLA DE DELEITE CANINO

> *"Os animais têm personalidades como as pessoas, e devem ser estudados."* WALT DISNEY

MANCHAS POR TODA PARTE

101 Dálmatas (1961) é a história de Pongo e Pepita, os orgulhosos pais dálmatas que resgatam 99 filhotes da malvada Cruella De Vil. O longa-metragem foi pioneiro no uso da câmera fotocopiadora da Xerox, que economizava tempo, eliminava o processo de contorno a tinta e transferia direto os desenhos dos animadores para as células de animação. As manchas dos cães foram desenhadas como uma constelação para manter a continuidade quadro a quadro. A direção de arte incorporou o visual manchado da máquina Xerox, dando ao filme o estilo contemporâneo de um desenho feito com bico de pena.

A pintura das manchas e outros efeitos de cor exigiram cerca de 800 galões (cerca de 3 mil litros) de tinta, misturados para criar mil tons personalizados.

ADICIONANDO CONFUSÃO ANIMAL

Adaptado do romance *Os cento e um dálmatas*, de Dodie Smith, o filme foi tão amado que deu origem a múltiplas sequências animadas, duas séries de animação e dois filmes *live-action*. Cruella inspirou um filme que conta sua história fictícia e até mesmo a produção real do programa de TV ao qual a família manchada assistia, *As maiores aventuras de Thunderbolt*, no formato de um curta *spin-off*.

▲ Os olhos de Pongo eram desenhados apenas com um centro escuro, mas tomadas especiais em close apresentavam uma íris colorida para expressar emoções adicionais. Pongo tem 72 manchas, enquanto Pepita tem 68.

▼ Esboço do clã de dálmatas desenhado por Bill Peet. De acordo com o departamento de publicidade da Disney, há um total de 6.469.952 manchas nos dálmatas em 113.760 quadros do filme finalizado.

Se a rosa tivesse outro nome...

Em *A Bela Adormecida*, a animação da Disney traz à vida a princesa secreta, com sua graça e estilo sutil.

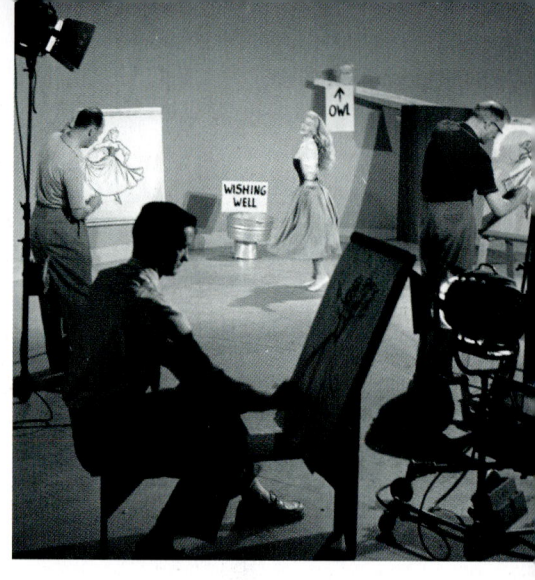

▲ A atriz Helene Stanley retratou Aurora em filmagens ao vivo como referência para os animadores (da esquerda para a direita: Marc Davis, John Lounsbery e Milt Kahl).

Amaldiçoada ao nascer pela maléfica fada Malévola, a princesa Aurora é renomeada como Rosa e escondida na floresta pelas três boas fadas até o seu 16º aniversário. O designer de personagens de *A Bela Adormecida*, Tom Oreb, baseou o estilo de Aurora nos cenários do artista Eyvind Earle, inspirados na Idade Média, que utilizava fortes linhas verticais tanto para as roupas camponesas de Aurora quanto para seu vestido cor-de-rosa, e criou redemoinhos estilizados em seu cabelo. A estrela de cinema Audrey Hepburn também serviu de inspiração para a postura elegante de Aurora, e a princesa se move com delicadeza graças ao talento do animador Marc Davis.

▼ A bela voz melodiosa de Aurora captura a atenção do príncipe Filipe, e o par se apaixona instantaneamente, como visto nesta montagem de células de animação.

MÚSICA MONUMENTAL
A trilha sonora de *A Bela Adormecida* foi uma tarefa complicada para George Bruns, encarregado de retrabalhar a música do balé russo homônimo de quatro horas (escrito por Pyotr Tchaikovsky) para se encaixar na estrutura do filme. A canção clássica "Once upon a dream" foi escrita pelo compositor Sammy Fain e pelo letrista Jack Lawrence, e outras canções foram elaboradas por Tom Adair, Winston Hibler e Ted Sears.

VOZ DOCE
Aurora recebeu o "dom do canto" ao nascer, então sua voz doce era parte de sua personalidade. Encorajada

SE A ROSA TIVESSE OUTRO NOME... 65

▲ Eyvind Earle retrata a batalha entre o príncipe Filipe e Malévola nesta obra de arte conceitual. Malévola desde então conquistou a atenção do público com dois filmes *live-action* e vários projetos de televisão sobre seus próprios descendentes.

> *"A partir do momento em que comecei a fazer filmes, sonhei em dar vida a Bela Adormecida por meio da animação."* WALT DISNEY

por Walt Disney a "pintar com sua voz", a cantora Mary Costa ajudou a dar vida à personalidade da princesa secreta. Seus movimentos graciosos, desenho elegante e emoções matizadas fazem o público sentir como se também tivesse conhecido Aurora em um sonho.

RIQUEZA ARTÍSTICA

A Bela Adormecida foi um empreendimento artístico ambicioso de Walt Disney, cujo desejo contínuo por inovação em produção cinematográfica não foi surpresa para sua equipe. Em um esforço cuidadoso a fim de dar vida ao estilo gráfico do artista Eyvind Earle, alguns desenhos de animação eram tão complicados que levavam até cinco horas para serem feitos. Além disso, o nível de detalhe e precisão artística necessários para projetar arte numa tela gigantesca em filme 70 mm exigia um trabalho intensivo. Isso significava que *A Bela Adormecida* era o filme animado mais caro até aquele momento na história do cinema, com um orçamento estimado em US$ 6 milhões.

▶ A representação estilizada de Eyvind Earle de um final de conto de fadas para *A bela adormecida* nesta arte de livro reluz com encanto medieval em tons românticos de rosa.

Um grito que perdura

Um safári de música, diversão e brilhante animação, *Mogli: O menino lobo* acabaria sendo a despedida de Walt para o mundo.

Desde meados da década de 1930, Walt vinha considerando a famosa coleção de histórias de Rudyard Kipling, com suas muitas personalidades animais vivazes, tema ideal para uma animação da Disney. Walt finalmente comprou os direitos de adaptação cinematográfica em 1962. No entanto, o grande contador de histórias sentiu que os contos de Kipling eram muito sombrios. Ele atribuiu aos irmãos Sherman a composição de algumas canções descontraídas – "The bare necessities" já havia sido escrita por Terry Gilkyson – para ajudar a tornar o filme uma brincadeira divertida, e os irmãos compuseram canções em estilos tão díspares quanto jazz e *a capella*.

▲ Um esboço a lápis de cor representa a confrontação entre Shere Khan e Kaa.

▶ Urso e menino: Balu e Mogli são o centro do filme.

◀ Baguera descobre uma criatura estranha que se revela um filhote de humano.

"Ele está comigo, não está? E eu vou ensinar a ele tudo o que eu sei." BALU, O URSO

Balu, o respeitável e sábio urso do livro original, foi transformado em um personagem despreocupado, e o relacionamento entre ele e Mogli, o menino-lobo, tornou-se o coração do filme. Walt inspirava sua equipe de animadores de elite simulando a caminhada alegre de Balu para o animador Ollie Johnston e agitando loucamente os braços para cima e para baixo enquanto encenava as palhaçadas dos abutres de cabelos compridos para o animador Eric Larson.

OS PERSONAGENS SÃO A HISTÓRIA

Walt buscou uma abordagem original para a vilania de Shere Khan, o arrogante antagonista do filme. Quando o designer de personagens Ken Anderson adicionou um ar de superioridade ao seu esboço do poderoso tigre, Walt deu uma olhada nessa interpretação e soube que era exatamente a atitude que desejava para o principal vilão do filme. O diretor de animação Milt Kahl então desenhou o tigre desdenhoso como uma caricatura do sofisticado ator George Sanders. Desde a ampliação dos papéis de Balu e Kaa, a serpente sinistra, até a ordem de mudanças no desenho dos personagens, Walt foi, como sempre, o catalisador criativo.

DEPOIS DE WALT

No meio da produção, em 15 de dezembro de 1966, morre Walt Disney, o grande showman, para o choque de sua equipe criativa de longa data. Sem Walt, Woolie Reitherman – o primeiro a receber um crédito único de diretor de animação de Walt em *A espada era a lei* (1963) – passou a orientar o filme até sua conclusão. Trinta anos após o triunfo do primeiro longa-metragem animado de Walt, *Branca de Neve e os sete anões*, *Mogli: O menino lobo* estreou no famoso Grauman's Chinese Theatre, em Hollywood, em 18 de outubro de 1967. O novo longa-metragem animado foi um enorme sucesso internacional, reafirmando a animação como uma forma de arte criada por Walt Disney para ficar na história. Também gerou sucessores, incluindo a série animada *Filhotes da selva* e múltiplas releituras em *live-action*.

O caminho depois de Walt

Após o falecimento de Walt, a divisão de animação teve que traçar uma rota sem seu capitão original no comando.

▲ Thomas O'Malley bem arrumadinho ao ser recebido no refinado mundo de Duquesa e seus filhotes Berlioz, Toulouse e Marie.

Os cineastas da Disney Studios se perguntavam "O que Walt faria?" depois que seu fundador e chefe inspirador não estava mais disponível para responder diretamente. No fim da década de 1960, não apenas a ausência de Walt era sentida, mas também alguns dos principais talentos de animação da Disney – referidos de forma reverente como os "Nove anciões" – moviam-se para outras áreas de interesse. Os primeiros filmes dessa era representaram um momento interessante de redescoberta para o estúdio, compartilhando histórias antigas e novas com personagens de todas as espécies.

GATOS GLAMOROSOS

Aristogatas (1970) conta a história de uma chique mãe gata e seus três filhotes que são inesperadamente levados de sua vida mimada e se encontram perdidos no campo sem ter ideia do que fazer. Duquesa e seus filhotes têm a sorte de encontrar O'Malley, um gato de rua gentil que os ajuda a voltar a Paris, com algumas aventuras divertidas e outros personagens vibrantes pelo caminho, incluindo os cães da roça Napoleão e Lafayette. *Aristogatas* foi o último filme a receber sinal verde do próprio Walt, e é musicalmente enriquecido pelas deliciosas melodias dos irmãos Sherman. Em vários momentos do desenvolvimento da história, o filme foi considerado como um possível projeto de televisão em duas partes e também como um longa-metragem *live-action*. Sua criação final como um filme animado incorporou mais de 325 mil desenhos feitos por 35 animadores – representados em 20 sequências que exigiram 1.125 cenas separadas e 900 *backgrounds* pintados. Cinco dos lendários Nove Anciões trabalharam em *Aristogatas*, e uma voz familiar também aparece neste filme: Phil Harris – que Walt Disney escolheu pessoalmente para dar voz a Balu em *Mogli* – dublou Thomas O'Malley.

◀ Arte conceitual de *Aristogatas*, por Ken Anderson, retratando os bons momentos celebrados na música "Ev'rybody Wants to Be a Cat".

O CAMINHO DEPOIS DE WALT   69

▲ Donzela Marian, Robin Hood, João Pequeno e todo um grupo de personagens alegres compartilham um divertido momento de música.

> *"Você não é um fora da lei. Um dia, você será chamado de grande herói."*
>
> FREI TUCK

▶ A arte conceitual de *Robin Hood*, de Ken Anderson, representa o astuto raposo.

UMA ANTIGA HISTÓRIA

Robin Hood (1973) é uma recontagem animada da famosa lenda. As figuras conhecidas, como Frei Tuck e o Xerife de Nottingham, são "interpretadas" por um elenco de animais encantadoramente caricaturizados. Os elementos de *country* e *western* da trilha sonora diferenciam o filme de outros recursos de animação tradicionais da Disney – assim como o conto original, que é ambientado na Inglaterra.

Ursinho ingênuo

A animação da Disney dá vida aos cativantes personagens e à sabedoria dos livros originais de A. A. Milne, *Ursinho Pooh*.

▲ Esboço do Ursinho Pooh com seu pote de mel.

Quem é o urso mais adorável que existe por aí? Não é necessário pensar e pensar para chegar à resposta: o Ursinho Pooh. Apresentado aos fãs da Disney pela primeira vez em *Ursinho Pooh e a árvore de mel* (1966), o adorável ursinho amante de mel e seus cativantes amigos foram criados pelo autor britânico A. A. Milne, em 1924, inspirado pelos ursos de pelúcia de seu filho, Christopher Robin. Desde 1937, Walt queria animar as espirituosas histórias de Milne.

Quando adquiriu os direitos de produção cinematográfica, em 1961, o grande showman buscou manter a delicada fantasia da obra literária. O artista de *storyboard* Bill Justice se lembrou das instruções de Walt para manter o encanto da escrita e dos personagens. Walt também queria que seus artistas fossem fiéis ao espírito e à integridade dos desenhos feitos a bico de pena de E. H. Shepard ao adaptar as imagens para a animação da Disney. Ao elaborar esses personagens pitorescos, os desenhistas do estúdio deram um polegar a Pooh, para que ele pudesse segurar objetos (principalmente potes de mel) e também bochechas a Leitão, para tornar seu rosto mais expressivo, mas mantiveram o apelo dos desenhos originais.

UMA ESTRELA DO CINEMA E DA TV

A princípio, Walt imaginou o Ursinho Pooh como um longa-metragem, mas conforme a história se desenvolvia, decidiu produzir curtas-metragens seguidos por um longa. *Ursinho Pooh e o dia chuvoso* (1968), que apresentou tanto Leitão quanto Tigrão, foi desenvolvido ao mesmo tempo que *Ursinho Pooh e a árvore de mel*. Ao ser lançado, foi vencedor do Oscar® de Melhor Curta-Metragem de Animação. Esses primeiros curtas foram combinados com o indicado ao Oscar® *Ursinho Pooh e o tigre saltador* (1974) e se tornaram o longa-metragem *As muitas aventuras do Ursinho Pooh* (1977). O urso adorável e fofinho tornou-se uma estrela da TV em 1988 com *As muitas aventuras do Ursinho Pooh*, que ganhou dois Daytime Emmy® Awards de Melhor Programa Animado e foi seguido por outras séries e especiais. O longa *Tigrão: O filme* (2000) levou a mais filmes, incluindo *Leitão: O filme* (2003), *O Ursinho Pooh* (2011) e o filme híbrido de *live-action*/animação *Christopher Robin: Um reencontro inesquecível* (2018).

◄ Arte conceitual baseada nos desenhos de E. H. Shepard. Tigrão acabou ficando muito diferente disso nos filmes e séries finalizados.

URSINHO INGÊNUO 71

▶ Os curtas-metragens começavam com um mapa da Floresta dos Cem Acres baseado nas ilustrações das folhas de guarda feitas por E. H. Shepard.

◀ Desenho de animação de Tigrão, por Milt Kahl.

"*A beleza reside na ternura e no afeto dos personagens.*" WOOLIE REITHERMAN (DIRETOR DE ANIMAÇÃO)

▼ Pintura de *background* de produção, representando a Floresta dos Cem Acres.

Passando traços adiante

Quando o último dos Nove Anciãos se aposentou, na década de 1980, seu legado foi transmitido para uma nova geração de animadores. A variedade de longas-metragens desta época abriria caminho para novos fãs por gerações futuras.

▲ O talento lendário de animação aqui retratado inclui (na frente, da esquerda para a direita): Woolie Reitherman, Les Clark, Ward Kimball e John Lounsbery; (atrás, da esquerda para a direita) Milt Kahl, Marc Davis, Frank Thomas, Eric Larson e Ollie Johnston.

O *cão e a raposa* (1981) foi o 24º longa de animação da Disney. Contava a história de dois improváveis amigos animais: uma raposa vermelha chamada Dodó e um cão de caça chamado Toby. Foi o último filme em que a dinâmica dupla de animadores Frank Thomas e Ollie Johnston trabalharam juntos, com coprodução de Woolie Reitherman e Eric Larson atuando como consultor. Esse foi o primeiro filme da Disney em que trabalharam futuras lendas da animação, incluindo Brad Bird, Tim Burton e John Musker, ao lado de uma equipe inteira de nomes que ganhariam notoriedade mais tarde. A popularidade dessa aventura levou à criação de *O cão e a raposa 2*, em 2006.

▶ Dodó, a jovem raposa, e Toby, o cão, brincam na floresta conforme retratado na arte conceitual de Mel Shaw.

PASSANDO TRAÇOS ADIANTE   73

MAGIA E CAOS
O caldeirão mágico (1985) foi o primeiro filme de animação da Disney a receber uma classificação PG (orientação parental sugerida) e também o primeiro a ser ouvido através do sistema de som Dolby. Os fãs ainda debatiam sobre que tipo de criatura Gurgi era, enquanto o filme ocupava seu lugar na história da Disney como o primeiro longa de animação a incluir imagens geradas por computador.

CANÇÕES GATÁSTICAS
Oliver e sua turma (1988), o 27º longa da Walt Disney Animation Studios, acompanha a história do órfão Oliver, que lembra *Oliver Twist*, de Charles Dickens, mas este conto tem como protagonista um felino e uma trilha sonora pop que inclui os estilos vocais de artistas dos anos 1980, como Billy Joel, Huey Lewis, Bette Midler e Ruth Pointer. Foi também nesse filme que o talento da Broadway Howard Ashman escreveu letras para um filme da Disney pela primeira vez.

▲ A arte conceitual de Mel Shaw retrata Dodó e Toby já adultos, refletindo sobre sua amizade e suas vidas.

▼ Um esquema de comparação de tamanhos de personagens mostra o tamanho de Oliver em relação a seus amigos caninos.

Fazendo onda

A pequena sereia, a história de uma princesa fascinada pelo mundo humano, fez a animação da Disney renascer.

Primeira princesa da Disney a aparecer na tela desde a princesa Aurora, em *A Bela Adormecida* (1959), Ariel, de *A pequena sereia* (1989), é diferente de suas três antecessoras. A alegre sereia é uma adolescente curiosa e rebelde que sonha em se transformar completamente e deixar para trás o mundo onde vive. Quando Ariel salva o príncipe Eric do mar, seu desejo de estar com ele se torna uma das influências que a impulsiona a agir conforme seus sonhos.

DEMOROU, MAS CHEGOU

O desenvolvimento de uma versão animada para o conto de fadas de Hans Christian Andersen teve início na Disney na década de 1930, mas foi deixado de lado para ser redescoberto nos arquivos somente cinquenta anos mais tarde, quando o conceito foi finalmente aprovado.

▲ O espírito jovial de Ariel brilha neste esboço de personagem a lápis de cor, feito por Glen Keane.

A popularidade de *A pequena sereia* inspirou uma série de trabalhos adicionais, incluindo uma sequência e um prelúdio lançados diretamente em VHS e DVD, uma produção da Broadway, uma transmissão ao vivo na televisão, atrações em parques temáticos e um filme *live-action*.

▼ Colorida e iluminada, esta arte conceitual de Andy Gaskill ajudou a influenciar a paleta de cores inspirada no Caribe para *A pequena sereia*.

◀ Sebastião e seus amigos marinhos exaltam a vida no oceano na canção "Under the sea".

> *"O que torna Ariel real e alguém com quem podemos nos identificar é a sua luta para ser livre e a dificuldade de seu pai em deixá-la crescer."* GLEN KEANE (ANIMADOR)

CARACTERÍSTICAS CURIOSAS

A voz jovem de Ariel (emprestada de Jodi Benson) é tanto um encanto para o público quanto um presente atraente que a malvada bruxa do mar, Úrsula, mal pode esperar para agarrar com seus tentáculos e cordas vocais. Por sua vez, o cabelo de Ariel deu aos animadores da Disney um desafio criativo: retratar um estilo crível e gerenciável enquanto estivesse submerso na maior parte das cenas. Para criar o movimento fluido do cabelo debaixo d'água, os animadores estudaram imagens da astronauta Sally Ride no espaço. No entanto, talvez a característica mais marcante de Ariel seja sua coragem, pois ela arrisca tudo para ser dona do próprio destino, pavimentando o caminho de uma nova era de princesas empoderadas.

◀ Úrsula parece estar cantarolando maliciosamente neste modelo colorido concebido pelos artistas da Disney Studios.

MAIOR E PIOR

Úrsula, a vilã de muitos tentáculos e gestos teatrais, ganhou nas telas um papel maior do que a bruxa do mar tinha no conto de fadas original. O desenvolvimento inicial de seu papel no filme sugeriu que ela poderia ser irmã de Tritão e, portanto, tia de Ariel. A versão final do filme, que trazia uma Úrsula independente, caiu nas graças do público, apresentando sua postura imponente, porém cômica. Os talentos vocais de Pat Carroll deram vida a Úrsula em uma mistura cativante e estrondosa de arrogância e musicalidade.

UM MAR DE MÚSICA

A pequena sereia foi uma colaboração pioneira entre a equipe do compositor Alan Menken e o letrista Howard Ashman. Seu trabalho foi honrado com dois Oscars® – Melhor Trilha Sonora Original e Melhor Canção Original para "Under the sea".

Erudição vs. músculos

Leitora e sonhadora, Bela busca aventuras como a heroína de sua própria história.

A inteligência, a compaixão e a sinceridade de Bela são a força motriz em *A Bela e a Fera* (1991), uma história atemporal sobre o poder redentor do amor. Bela sonha em viver aventuras fora do vilarejo provinciano onde mora com seu pai, e descobre mais do que estava esperando quando encontra a Fera e aqueles que residem com ele no ambiente mágico, embora um tanto ameaçador, do castelo.

▲ Uma atração inicial vai crescendo entre os dois dançarinos, retratada neste esboço conceitual a grafite, feito por Glen Keane.

▲ Bela, leitora ávida, percorre as ruas de seu vilarejo.

▶ Gaston tem orgulho de exibir sua força.

BELA INTELIGÊNCIA

O amor de Bela pela leitura a destaca dos outros aldeões, fato que os artistas da Disney reforçaram visualmente na cena de abertura do filme, tornando-a a única personagem vestida de azul. Apesar de seus devaneios, Bela também é prática e pé no chão. Sua aparência relaxada e natural foi inspirada na atriz e cantora Judy Garland. Além disso, os animadores escolheram a atriz Paige O'Hara para ser a voz de Bela, porque os lembrava dos tons profundos e calorosos de Judy. Bela parece não notar como é bonita – para ela, é a pessoa por dentro que conta. Não é sua beleza que afeta e muda o coração da Fera, mas sua bondade, paciência e compaixão. Enquanto Bela está lhe ensinando etiqueta e como ler, também está lhe ensinando como amar. Ao mesmo tempo, Bela aprende a olhar além de uma aparência rígida para enxergar a humanidade e a bondade enterradas dentro da criatura monstruosa – uma lição que se relaciona com sua paixão pela literatura, provando que "não se deve julgar um livro pela capa".

▶ Um elenco de utensílios domésticos e louças ganha vida para apresentar a alegre canção "Be our guest".

UMA ILUSTRAÇÃO DO AMOR

A Bela e a Fera, um filme de animação tradicional, foi apresentado ao público de uma maneira bastante não tradicional: estreou como "trabalho em andamento" no Festival de Cinema de Nova York de 1991, com quase um terço da edição bruta contendo cenas ainda nas fases de *storyboard* e teste de animação. Aparentemente, sua estreia incomum foi o início de um caminho de sucesso: *A Bela e a Fera* foi o primeiro filme animado a ganhar um Globo de Ouro de Melhor Filme Musical ou Comédia, bem como o primeiro longa-metragem de animação a ser indicado ao Oscar® de Melhor Filme.

▶ Um esboço de Chris Sanders conjura a magia do amor.

TOCADOS PELA MÚSICA

A magia da narrativa musical foi mais uma vez criada pela equipe de escrita do compositor Alan Menken e o letrista Howard Ashman. A canção "Beauty and the Beast" ganhou tanto um Globo de Ouro quanto um Oscar® de Melhor Canção Original, e sua versão pop, gravada por Celine Dion e Peabo Bryson, também ganhou dois Grammy Awards.

A MAGIA CONTINUA

O público pôde contar com várias outras obras inspiradas no filme animado, incluindo um espetáculo da Broadway que permaneceu em cartaz por uma longa temporada, uma reedição em IMAX que incluía a música "Human again", várias sequências lançadas diretamente em VHS e DVD, um filme *live-action* e um especial de televisão celebrando seu 30º aniversário.

▼ Evocando a arte em vitral do início do filme, esta arte conceitual de Brian McEntee, Mac George e Vance Gerry conclui a história.

"As lições de A Bela e a Fera são verdadeiramente atemporais: você não pode julgar um livro pela capa, e a beleza é apenas superficial."

LINDA WOOLVERTON (ROTEIRISTA)

Alguns dos personagens mais queridos de *A Bela e a Fera* são os habitantes mágicos do castelo, incluindo Madame Samovar, Lumière e Horloge. Os animadores enfrentaram o desafio de conferir movimento e personalidade para objetos domésticos; assim, focaram em uma impressão de movimento e uma ampla variedade de expressões faciais. Como resultado, conseguiram fazer os objetos cotidianos realmente ganharem vida! Os habitantes do castelo são essenciais para guiar o público pela história e adicionam afeto e humor a um conto que poderia ser sombrio.

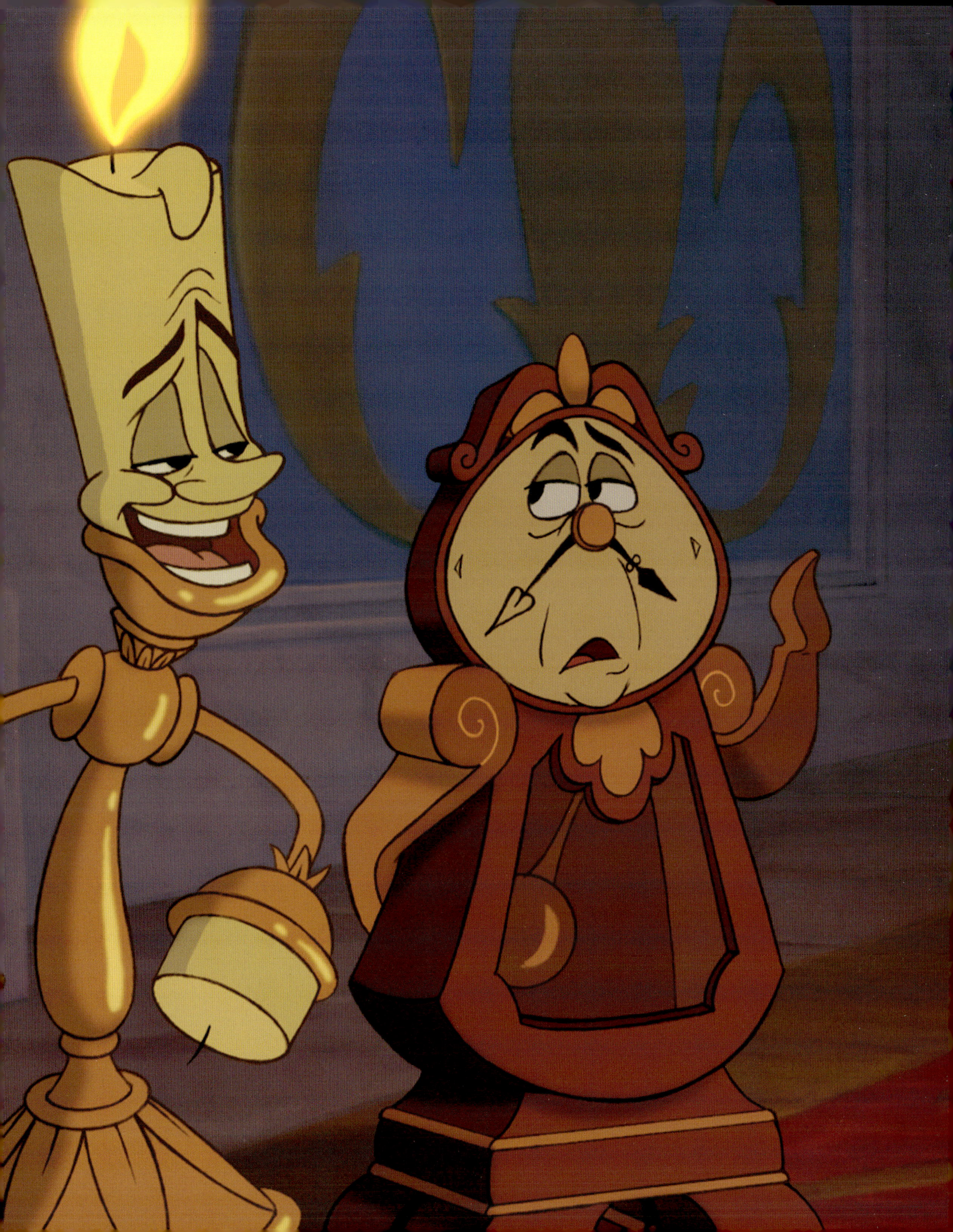

Um mundo ideal

Como um tesouro reluzente descoberto na Caverna das Maravilhas, *Aladdin* brilha como uma joia com seu estilo singular.

▲ Um desenho do Gênio, por Eric Goldberg. As linhas graciosas e curvilíneas do lendário caricaturista Al Hirschfeld influenciaram os desenhos de todos os personagens.

Tecendo uma tapeçaria de romance, aventura e encantamento, *Aladdin* (1992) é uma adaptação animada do conto de *As mil e uma noites* sobre um rapaz e sua lâmpada mágica. Na cidade lendária de Agrabah, um jovem "diamante bruto" se junta a um Gênio metamorfo extravagante para conquistar o coração da princesa Jasmine, enquanto tenta enganar o malvado vizir Jafar.

▶ De acordo com a diretora de cenários Kathy Altieri, as cores e o design dos cenários afetam as emoções do público. Esta pintura de *background* do palácio do Sultão ao pôr do sol tem um tom vermelho, o que indica um futuro ruim para Aladdin e Jasmine.

CORES MARCANTES

Em uma produção na qual cor e forma definiam personalidades, a equipe de design buscou tecer uma unidade entre personagens e ambientes, utilizando uma paleta de cores vívida com um nível de saturação reminiscente dos clássicos animados iniciais da Disney. Os artistas se esforçaram para criar o estilo que é a marca registrada do filme. O supervisor artístico do

UM MUNDO IDEAL

▲ Este roteiro de cores foi desenvolvido pelo designer de produção Richard Vander Wende para mapear o impacto emocional das cores ao longo de *Aladdin*, sequência a sequência.

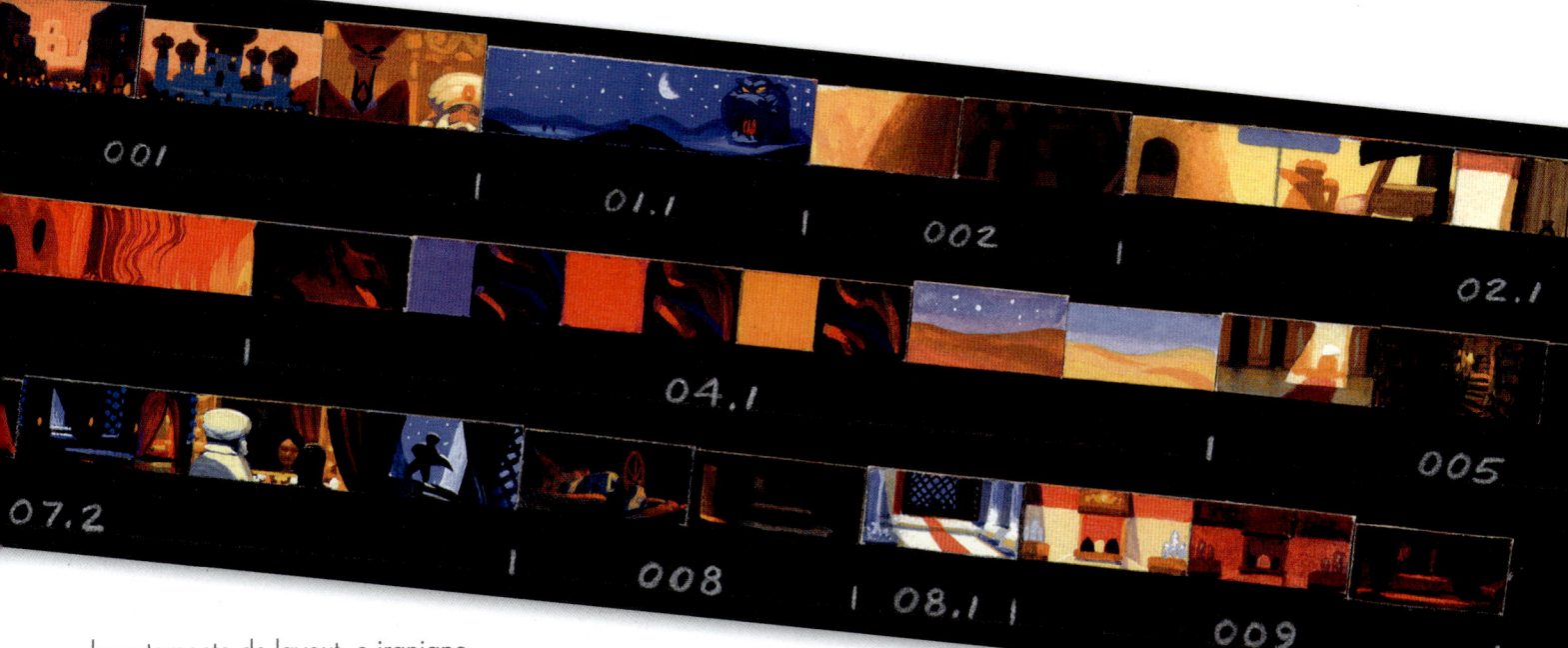

departamento de layout, o iraniano Rasoul Azadani, voltou à sua cidade natal de Isfahan para fazer mais de 1.800 fotos a fim de ajudar os artistas na criação de um mundo inspirado na Bagdá do século XV. O designer de produção Richard Vander Wende recorreu a miniaturas persas antigas, incorporando no filme muitos de seus elementos de design, como suas cores vibrantes. A diretora de cenários Kathy Altieri explicou que, como o azul é associado à água, uma força vital no deserto, os heróis do filme são retratados em faixas de cores mais frias, enquanto os vilões estão na faixa de tons de vermelho. Isso pode ser visto no Gênio, muito azul, e em Jafar, paramentado de vermelho e preto.

MOLDANDO OS PERSONAGENS

Vander Wende instruiu os artistas de *Aladdin* a utilizar a curva "S" grossa e fina vista na caligrafia árabe. Os desenhos são baseados em ilustrações caricaturizadas que enfatizam essas curvas e formas, em que uma forma leva organicamente a outra. O estilo fluido foi incorporado em tudo, em especial ao Gênio. O diretor de arte Bill Perkins enfatizou as relações de forma dos personagens principais e dos locais internos/externos que melhor se adequariam às suas personalidades. A postura aberta de Aladdin, a cintura estreita e os ombros largos são visualmente distintos da forma em "T", cheia de arestas, de Jafar, que por sua vez contrasta com o Gênio, representado por Perkins como uma máquina antigravidade por causa de sua massa flutuante que se afina até desaparecer. A sala do trono do Sultão reflete sua forma arredondada com o motivo de ovo visto em colunas, no trono e em lamparinas. Quando Jafar ganha o controle do reino, as formas na sala do Sultão se transformam para ecoar a silhueta pontiaguda do feiticeiro ardiloso.

UMA NOVA HEROÍNA IDEAL

A atitude e a confiança de Jasmine foram ilustradas por Mark Henn, supervisor de animação da Disney. Henn examinou vários modelos ao vivo antes de perceber que a inspiração estava na sua frente – na forma de uma foto de formatura de sua irmã mais nova, Beth. Foi então que Jasmine se tornou realidade. Ela é uma jovem corajosa, pronta para descobrir a vida do seu jeito.

◄ Um *clean-up* de animação de uma cena animada por Mark Henn transmite a emoção e o romance de Aladdin e Jasmine no emocionante passeio de tapete mágico.

DISNEY ANIMADA

Reino animal

Na grande tradição das animações da Disney com histórias de animais, O *rei leão* explora verdades universais sobre honrar a ancestralidade e viver de maneira responsável – e se torna um fenômeno mundial.

▲ A ilustração com a paleta de cores mostra Simba jovem e Mufasa observando as Terras do Reino.

O *rei leão* (1994) conta, de maneira audaciosa, a épica história de um filhote de leão chamado Simba e sua jornada de autodescoberta seguindo as pegadas de seu pai, o grande rei Mufasa. Enorme sucesso internacional, que também inspirou uma versão teatral muito popular, esta alegoria musical animal celebra o "ciclo da vida".

INSPIRAÇÃO ÉPICA
A primeira versão da história ambientada no Serenguéti, originalmente intitulada *King of the Jungle* ("Rei da selva", em tradução livre), surgiu em 1989, quando considerou-se pela primeira vez a ideia de criar um longa de animação sobre leões. A história foi inspirada em parte por alegorias e histórias espirituais, como os relatos de José e Moisés no Antigo Testamento. Com temas como responsabilidade e amadurecimento, os cineastas sentiram que havia uma certa qualidade épica religiosa nesta história de formação.

"O rei leão é essencialmente uma história de amor entre um pai e um filho." DON HAHN (PRODUTOR)

▼ Estudo de cores para a sequência de abertura mostra a paleta do filme.

REINO ANIMAL

▶ Esboço de Burny Mattinson mostrando Simba e seus amigos cuca-fresca Timão e Pumba.

FAZENDO UM SAFÁRI

Leões reais, incluindo um filhote, dois jovens e um macho e uma fêmea adultos, foram levados aos estúdios da Disney para que os animadores os estudassem. Em novembro de 1991, seis dos cineastas embarcaram em um safári de duas semanas no Quênia. Com câmeras e cadernos de desenho, os artistas viajaram pela savana africana, observando leões e hienas de perto. Os guias do safári amarravam uma corda ao veículo que os transportava e dirigiam lentamente, enquanto os filhotes de leão corriam atrás da corda, brincando com ela como gatos domésticos. Os artistas fotografaram a paisagem para ajudá-los a capturar uma savana africana autêntica em sua arte, incluindo uma tempestade avançando pelas planícies.

OBRA-PRIMA MUSICAL

Com uma poderosa trilha sonora vencedora do Oscar®, assinada por Hans Zimmer, o filme apresenta canções escritas por *Sir* Elton John e *Sir* Tim Rice. "Can you feel the love tonight" ganhou o Oscar® de Melhor Canção Original em 1994. "Circle of life" e "Hakuna matata" também foram indicadas nessa mesma categoria.

O rei leão foi o filme mais bem-sucedido de 1994 e o longa de animação com maior bilheteria até então. O musical homônimo da Broadway acabou se tornando a produção de maior bilheteria da história na época de seu 25º aniversário de lançamento. Os fãs puderam contar com uma série de projetos subsequentes inspirados em *O rei leão*, incluindo duas sequências para VHS e DVD, duas séries de televisão e uma releitura em animação digital, em 2019.

▲ Simba e Nala crescidos na sequência de "Can you feel the love tonight".

A cena de abertura de *O rei leão* é uma das mais memoráveis na história do cinema tanto visual quanto musicalmente. A sequência originalmente incluía diálogos, mas quando os diretores Roger Allers e Rob Minkoff ouviram a versão final de "Circle of life" decidiram que palavras não seriam necessárias. A combinação entre essa canção poderosa, a bela animação e a apresentação de um importante filhote de leão envolve os espectadores na história antes mesmo de os créditos de abertura do filme serem exibidos.

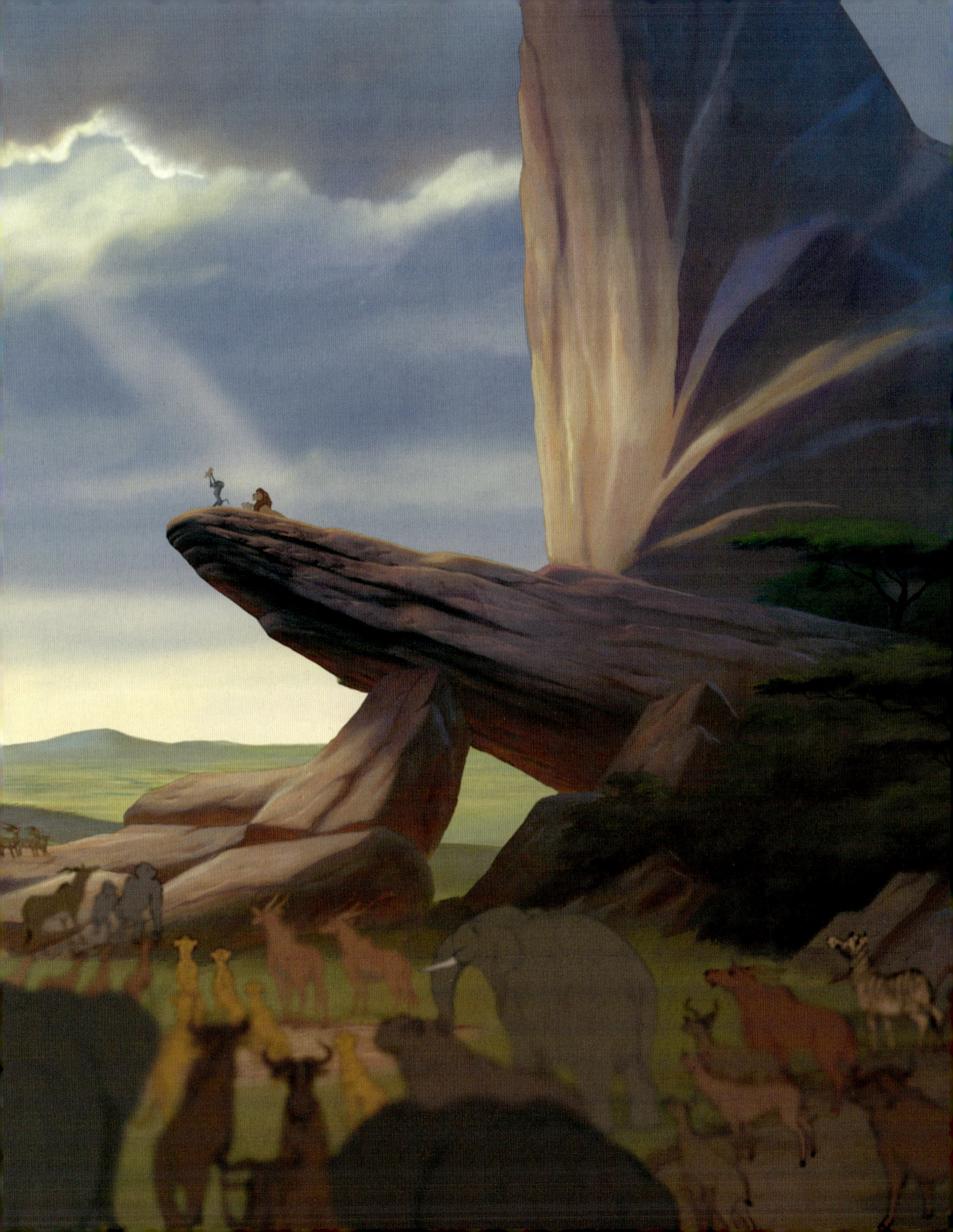

DISNEY ANIMADA

Ligada à natureza

Pocahontas foi a primeira princesa da Disney baseada em uma pessoa real.

▲ O peludo Meeko e o emplumado Flit, companheiros de floresta de Pocahontas, foram trazidos à vida pela animação de Nik Ranieri e Dave Pruiksma.

Pocahontas (1995) é inspirado na figura histórica conhecida como Pocahontas, que viveu há mais de quatrocentos anos e fazia parte do povo Powhatan. A Pocahontas verdadeira era mais jovem que a personagem da Disney quando encontrou John Smith, e esse era na verdade seu apelido – ela se chamava Amonute, e também era conhecida como Matoaka.

◀ Arte de desenvolvimento visual em aquarela, retratando Pocahontas e as "cores do vento".

▲ A majestosa beleza da natureza pode ser vista por meio de panorâmicas deslumbrantes em *Pocahontas*.

FORTE E CORAJOSA
Os artistas da Disney enxergavam Pocahontas como uma jovem curiosa e intrépida, tentando unir dois mundos diferentes e encontrar seu próprio caminho entre eles. Animada por Glen Keane e dublada por Irene Bedard, de ascendência Inupiaq e Métis, Pocahontas exala confiança em sua postura atlética. Uma das princesas mais fortes da Disney tanto física quanto espiritualmente, ela é uma personagem complexa – corajosa, ousada e compassiva, com uma profunda conexão espiritual com a natureza. Em *Pocahontas*, a Disney criou uma heroína cujo coração é pintado com todas as cores do vento.

CANÇÕES DO CORAÇÃO DA FLORESTA
Enquanto a composição visual deslumbrante retrata a beleza da paisagem, a música oferece uma rica experiência auditiva como trilha sonora para a aventura. As canções de *Pocahontas* são interpretadas pela estrela da Broadway Judy Kuhn e foram elaboradas pelo compositor Alan Menken e o letrista Stephen Schwartz, que juntos pesquisaram a história de Jamestown, Virgínia. Seus esforços musicais foram agraciados com dois Oscars®: Melhor Trilha Sonora Original e Melhor Canção Original por "Colors of the wind".

▶ A Disney sediou um evento de estreia do filme *Pocahontas* que quebrou recordes, atraindo um público de mais de 100 mil pessoas para assistir a um show ao vivo, a exibição do filme e fogos de artifício no Central Park, em Nova York, em 10 de junho de 1995.

Vida no campanário

O 34º longa-metragem de animação da Disney emocionou o público com uma história de drama e música sobre um herói desconhecido.

Inspirado na clássica história de Victor Hugo, *O corcunda de Notre Dame* (1996) da Disney foi estabelecido sobre uma fundação musical elaborada pela equipe de composição de Alan Menken e Steven Schwartz. Artistas nos estúdios da Disney na Flórida, Burbank e Paris colaboraram para animar o épico conto de Quasímodo, Esmeralda, Febo e um trio cativante de gárgulas, cuja amizade com Quasímodo poderia transformar a mais fria pedra em um acolhedor feixe de amor.

MEDIEVAL, PORÉM MODERNO

Os artistas da Disney buscaram criar um mundo cinematográfico que canalizasse as próprias ilustrações góticas de Hugo e interpretasse seu universo de três estamentos sociais em suas versões do Céu (os céus) e do Inferno (as ruas de Paris), com a torre do sino da catedral servindo como ponte entre os dois extremos. A equipe de tecnologia contribuiu para completar a experiência cinematográfica fornecendo uma técnica inovadora na animação de multidões.

▲ Arte conceitual de Quasímodo resgatando Esmeralda, de Peter de Sève.

▼ As gárgulas Hugo, Victor e Laverne tecem comentários cômicos nesta arte conceitual de Kathy Zielinski e Lisa Keene.

As ações heroicas de Quasímodo exigiram um trabalho de câmera inovador, que incluiu muitos movimentos verticais e aéreos. A conexão de Quasímodo com o público foi tão verdadeira que a Disney apresentou um musical do filme em 1999. Um longa-metragem *live-action* está em desenvolvimento.

◄ O esboço retrata Quasímodo na catedral, por Kelly Wightman.

DISNEY ANIMADA   89

De zero a herói

O célebre semideus iluminou as telonas com canções e fanfarras do tamanho do Monte Olimpo.

Hércules, personagem da lenda greco-romana, era perfeito para ser retratado como um super-herói animado – grandioso, mas de fácil identificação por ser meio humano. Para *Hércules* (1997), os cineastas da Disney escolheram o nome romano do personagem (Héracles, em grego), já que é mais reconhecido na cultura moderna, mas se inspiraram nos gregos em outros personagens e na arquitetura, bem como no estilo geral, que foi elaborado pelo designer de produção Gerald Scarfe.

> *"Ele tem um poder, uma força nas suas falas, uma energia e uma vitalidade incríveis, às quais demos uma tradução Disney."*
>
> ALICE DEWEY (PRODUTORA), SOBRE GERALD SCARFE

VISÕES E SONS CELESTIAIS
O público ainda foi presenteado com uma maravilha tecnológica: a monstruosa Hidra, trazida às telas por computação gráfica. As musas narram a epopeia de Hércules por meio de canções, feitas por Alan Menken e David Zippel. A versão teatral de Hércules estreou em 2019 e uma versão revisada retornou aos palcos em 2023. Uma espiada no passado de Hércules foi apresentada em uma série de televisão de 1998 e na prequel *Hércules: De zero a herói* (1999), lançada em VHS e DVD.

▲ Arte conceitual de Hércules cavalgando Pégaso, de Gerald Scarfe.

▼ Hades enfurecido, nesta arte conceitual de Gerald Scarfe.

Pela honra da família

Inspirada por uma lenda chinesa, a história de Mulan a torna única na Disney.

Primeiro longa da Disney ambientado na China, *Mulan* (1998) apresenta uma jovem que se disfarça de homem guerreiro e assume em segredo o lugar de seu pai no Exército Imperial. O supervisor de animação Mark Henn teve um desafio, pois animaria não apenas Mulan, mas também sua *persona* soldado, Ping. Mulan tem mais mudanças de figurino do que qualquer heroína da Disney antes dela. Com a ajuda do designer de personagens e figurino Chen-Yi Chang, Henn criou um design enraizado na arte tradicional chinesa, no qual o contorno não é excessivo, e que se fundamenta mais na ideia de deixar os detalhes subentendidos, com referências do folclore chinês. A cor base do traje de Mulan é verde para refletir sua conexão com a natureza e seu desejo de estar ao ar livre, mesmo quando deveria estar dentro de casa.

ENCONTRANDO SEU LUGAR

Seja qual for sua aparência, a força motriz de Mulan é seu desejo de trazer honra à família, enquanto permanece

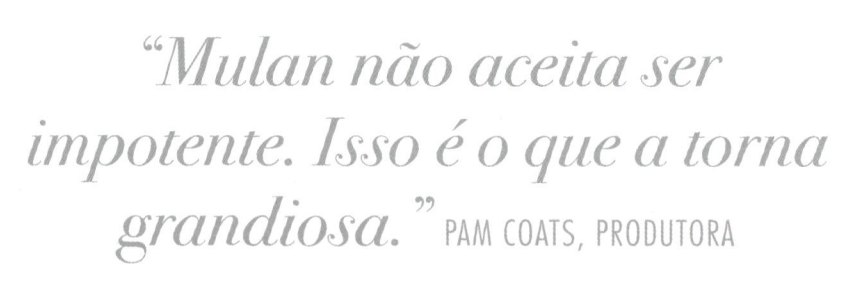

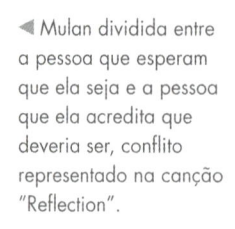

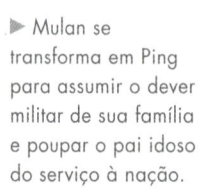

▲ O delicado esboço em bico de pena e caneta marcadora, de Chris Sanders e Joe Mateo, transmite o respeito e a admiração de Mulan por seu pai, Fa Zhou.

> "*Mulan não aceita ser impotente. Isso é o que a torna grandiosa.*" PAM COATS, PRODUTORA

◄ Mulan dividida entre a pessoa que esperam que ela seja e a pessoa que ela acredita que deveria ser, conflito representado na canção "Reflection".

► Mulan se transforma em Ping para assumir o dever militar de sua família e poupar o pai idoso do serviço à nação.

PELA HONRA DA FAMÍLIA

fiel a si mesma. Mulan acaba descobrindo a coragem dentro de si, mas só triunfa quando deixa seu disfarce de lado e age como seu verdadeiro eu.

YIN E YANG
O emocional Mushu e o racional Gri-Li são companheiros importantes na jornada de Mulan. Mushu representa a forma chinesa clássica de um dragão, e Gri-Li é um símbolo de boa sorte, como os grilos na cultura chinesa. Eles são fiéis a Mulan, acreditam em seu verdadeiro eu, mesmo quando a heroína duvida de si mesma ao enfrentar o desafio que tem pela frente.

▲ A beleza da paisagem chinesa e o espírito audacioso de Mulan são evocados na arte conceitual de Ric Sluiter.

▼ O General Li e seus soldados avançam contra um cenário montanhoso inspirado na cidade de Guilin, na China.

▼ O espírito guardião da família rebaixado a queimador de incenso, Mushu, e seu ajudante, Gri-Li, são retratados em um esboço de Floyd Norman.

Dinos, duplas e um mergulho

Diferentes cenários e tempos tornaram-se comuns nas paisagens que a Disney criou no início do século XXI.

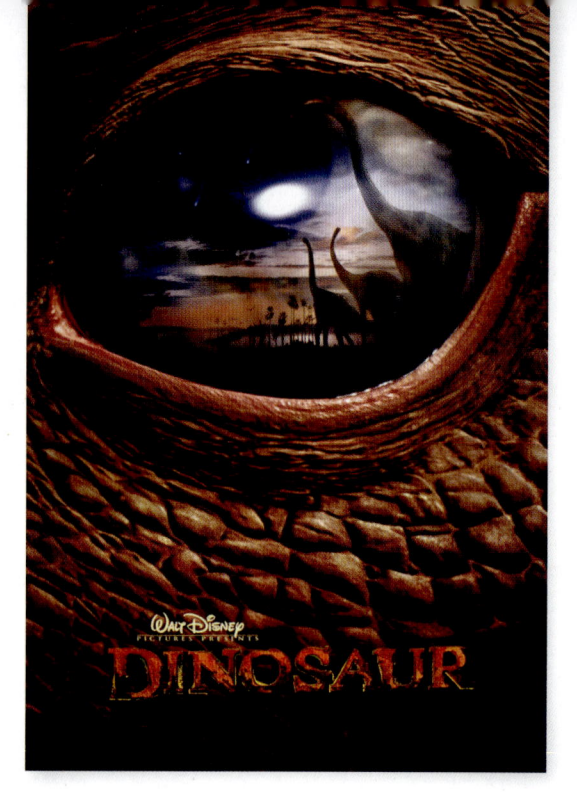

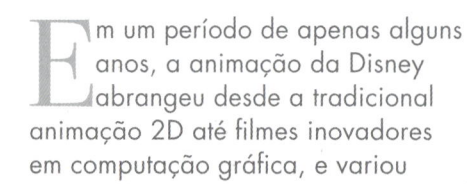

▲ *Dinossauro* da Disney leva o público de volta no tempo para explorar os dias pré-históricos na Terra, com uma visão possibilitada por uma técnica de animação muito mais moderna.

Em um período de apenas alguns anos, a animação da Disney abrangeu desde a tradicional animação 2D até filmes inovadores em computação gráfica, e variou entre as narrativas inspiradas em contos clássicos e dramas pré-históricos originais, até comédias de amigos e emocionantes aventuras de ficção científica.

DIAS PRÉ-HISTÓRICOS

Dinossauro (2000) não era apenas a história sensível de um jovem dinossauro chamado Aladar, mas também o único filme criado internamente na Walt Disney Feature Animation por meio de um estúdio inovador de efeitos visuais chamado "O Laboratório Secreto". Uma combinação de personagens gerados por computador e cenários de tirar o fôlego em *live-action* fez o público voltar no tempo por intermédio de tecnologias extremamente modernas. O compositor James Newton Howard criou a trilha sonora, seu primeiro projeto animado para a Disney, e o público também foi agraciado com as interpretações vocais de Lebo M, cuja presença anterior em *O rei leão* foi uma performance de proporções épicas por si só.

◄ Aladar e outras criaturas tentam escapar de uma chuva de meteoros traiçoeira na Terra em *Dinossauro*.

DINOS, DUPLAS E UM MERGULHO

AH, MOLEQUE!

O filme *A nova onda do imperador* (2000) lança um feitiço de diversão e fantasia ambientado nos tempos do Império Inca e apresenta o primeiro personagem humano transformado em lhama na história da animação da Disney. As inesperadas e hilariantes duplas formadas por Kuzco & Pacha, e Kronk & Yzma, ganharam uma base de fãs enérgica que inspirou mais aventuras tanto na sequência para DVD, *A nova onda do Kronk* (2005), quanto em uma série animada, *A nova escola do imperador* (2006). O esquilo Bucky também ganhou muitos fãs.

▲ Yzma e Kronk são mais uma dupla cômica do que criminosa, mas eles misturam um pouco de confusão e uma fornada cruel de bolinhos de espinafre, falando de modo geral.

▲ Em sua forma humana, Kuzco exibe um enorme ego, o que acaba por levá-lo a uma mudança gigantesca em sua vida, cortesia de Yzma.

NO FUNDO DO MAR

As profundezas escuras do oceano são o cenário para *Atlantis: O reino perdido* (2001), uma aventura animada cheia de ação. O criador de histórias em quadrinhos Mike Mignola trouxe seu toque artístico para o filme, James Newton Howard concebeu outra trilha sonora emocionante e a equipe de produção até mesmo encomendou o desenvolvimento de uma língua atlante para criar uma experiência mais rica e de outro mundo. A dedicada base de fãs de *Atlantis* continuou forte décadas após a estreia, e o público pôde acompanhar mais da história na sequência em DVD, *Atlantis: O retorno de Milo* (2003).

▲ O submarino *Ulysses* é capturado pelas garras de um formidável inimigo flutuante em *Atlantis: O reino perdido*.

▶ Milo, Princesa Kida e Obby exploram o mar profundo e escuro em *Atlantis: O retorno de Milo*.

De aquarela a anime

O travesso alienígena Stitch mergulha de um estilo de animação a outro, desde o visual clássico em aquarela dos filmes de Walt Disney até o anime inovador.

Dezessete anos antes do lançamento de *Lilo & Stitch* (2002), o escritor/diretor Chris Sanders esboçou um personagem monstruoso que vivia em uma floresta isolada. Esses esboços inspiraram o filme de animação sobre um alienígena briguento, que pula de planeta em planeta e é conhecido como Experimento 626, e a solitária garota havaiana que faz amizade com ele e o chama de Stitch. Conforme a ideia de Sanders evoluía, em vez dos tradicionais *storyboards*, ele criou um livro de 15 páginas com ilustrações em aquarela. Seu colega, o escritor/diretor Dean DeBlois, ficou impressionado com a personalidade peculiar, mas amorosa, de Lilo e com a forma como ela e Stitch afetam inesperadamente a vida um do outro.

REVIVENDO TRADIÇÕES

Originalmente, Sanders havia pensado no pouco povoado Kansas como ponto de aterrissagem de Stitch; contudo, enquanto planejava uma viagem ao Havaí, percebeu que as ilhas cercadas por milhares de quilômetros de água seriam o cenário perfeito. O diretor de produção Paul Felix e o diretor

▲ *Background* tradicional em aquarela da casa de Lilo no Havaí, de Peter Moehrle.

▲ Um esboço de desenvolvimento visual inicial de Stitch.

▼ Esboço conceitual de Stitch se empanturrando de comida.

▶ A consultoria de dançarinas garantiu que os passos de hula de Lilo fossem autênticos. Pintura de *background*, de Ron DeFelice.

▲▼ Arte conceitual do travesso Stitch em ação.

▲ Stitch e Yuna com amigos e inimigos, no sentido horário a partir do canto superior esquerdo: Hamsterviel, Delia, Takumi, Reika, Toyoda-San, Jumba, Pleakley e BooGoo.

de arte Ric Sluiter acreditavam que as aquarelas soltas e translúcidas de Sanders eram o meio perfeito para capturar a exuberante paisagem das ilhas e a luz brilhante. Como essa técnica não era utilizada desde *Bambi*, o supervisor de cenários Bob Stanton e sua equipe de quinze pintores estudaram cenários originais em aquarela na Animation Research Library e treinaram durante seis meses para empregá-la.

UM FILME COM CORAÇÃO

Lilo & Stitch também lembra *Dumbo* pela simplicidade e pelo calor da história. Desde o início, Sanders e DeBlois decidiram focar nos personagens e seus relacionamentos. Conforme Sanders aprendia mais sobre a rica cultura havaiana, incluindo o importante conceito de 'ohana (família), isso se tornava o coração do filme. É o forte vínculo de Lilo com sua 'ohana que redime Stitch de sua programação destrutiva anterior e lhe dá algo que ele não foi programado para ter: uma família.

PERIPÉCIAS DE ANIME

Os protagonistas se tornaram tão amados que *Lilo & Stitch* inspirou uma série de televisão, *Lilo & Stitch: A série*, em 2003, e três sequências diretas para vídeo. A popularidade monstruosa de Stitch no Japão inspirou uma série de TV desenhada no estilo anime, *Stitch! (Sutitichi!)*, levando o Experimento 626 para uma ilha fictícia ao largo da costa de Okinawa, onde ele divide aventuras selvagens com Yuna, uma garota de 10 anos que pratica karatê. *Stitch! (Sutitichi!)* foi ao ar no Japão de 2008 a 2012 e, desde então, conquistou o mundo, no melhor estilo de Stitch.

DISNEY ANIMADA

▲ O jovem Jim Hawkins no cesto da gávea, em uma arte conceitual de John Ripa.

Piratas, bovinos e ursos, minha nossa!

Das mais distantes regiões do universo até as pradarias e a tundra, a Disney leva o público a uma variedade de aventuras possíveis somente através da magia da animação.

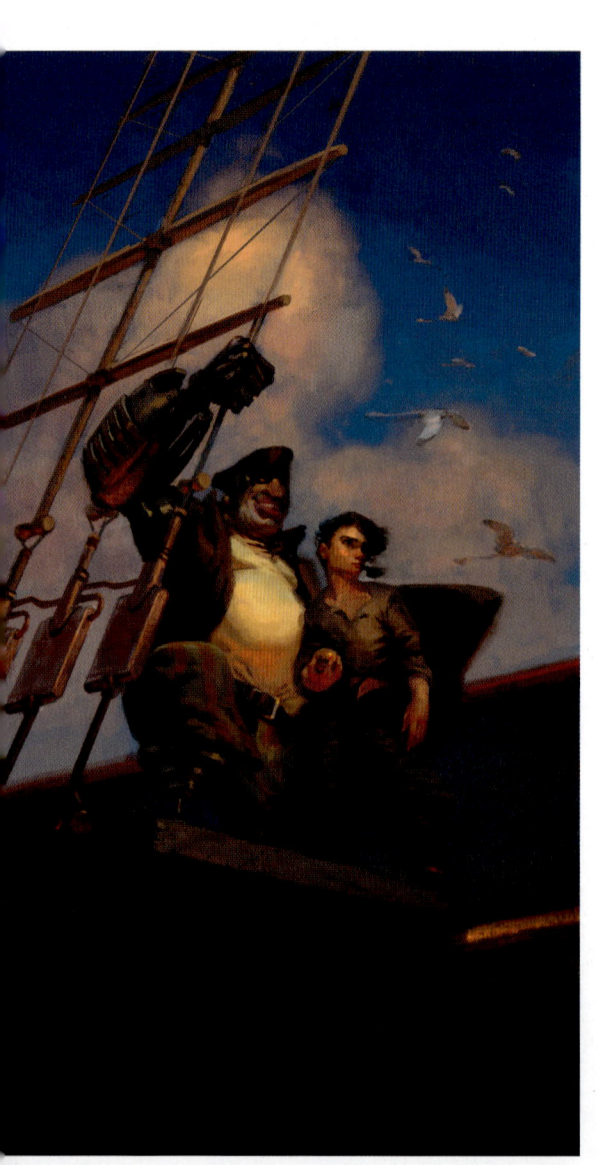

A dupla dinâmica de direção Ron Clements e John Musker elevou a criatividade até o espaço profundo com uma nova interpretação da Disney do livro *A ilha do tesouro*, de Robert Louis Stevenson. A aventura de ficção científica animada *Planeta do tesouro* (2002) segue a jornada de Jim Hawkins e sua tripulação na busca de camaradagem e fortuna escondida pelas galáxias. O filme estreou simultaneamente tanto no formato tradicional quanto em IMAX, permitindo ao público a oportunidade de ampliar sua experiência cinematográfica.

CRESCIMENTO TAMANHO URSO

Irmão urso (2003) acompanha a história de Kenai, cuja expedição baseada em vingança torna-se uma experiência transformadora de sua vida e também de sua forma, literalmente. O público não apenas acompanha seu caminho emocional, mas também passa a apreciar a transformação de Kenai do ponto de vista visual – quando ele é transformado em um urso por magia, a visão cinematográfica se amplia em uma aventura mais vasta e colorida também para os espectadores humanos. Último filme a ser elaborado majoritariamente no estúdio de animação da Disney baseado na Flórida, *Irmão urso* imprime uma marca duradoura com sua história cuidadosa sobre humanidade, natureza e os Grandes Espíritos.

▼ Um desenho de animação de Koda por Sarah Mercey. Koda é o jovem companheiro urso de Kenai, e a relação deles se mostra profundamente entrelaçada em *Irmão urso*.

◄ Uma versão em pintura tradicional do pirata ciborgue John Silver e do jovem Jim Hawkins representa a mistura do clássico e do moderno em *Planeta do tesouro* da Disney, mostrado em uma arte conceitual por Dan Cooper.

PIRATAS, BOVINOS E URSOS, MINHA NOSSA! 97

▼ A arte conceitual de Richie Chavez retrata alguns dos elementos-chave em *Irmão urso*.

▶ Um *rough model* para Kenai, criado pelo diretor de *Irmão urso*, Aaron Blaise.

▲ O esboço de Mark Walton representa Jack da Sorte e o trio de vacas determinadas pensando com mais cabeças do que uma para resolver o dilema da fazenda em *Nem que a vaca tussa*.

◀ Arte conceitual de vacas MUUUsicalizando em *Nem que a vaca tussa*.

POTÊNCIA BOVINA

Nem que a vaca tussa (2004) apresenta um trio poderoso de vacas – Maggie, Grace e Sra. Calloway – que se reúne para salvar sua fazenda nessa história ambientada no Velho Oeste. Com uma trilha sonora country criada por Alan Menken e Glenn Slater, e interpretada por artistas renomados como K. D. Lang, Tim McGraw e Bonnie Raitt, a história de vacas que se tornam caçadoras de recompensas traz uma visão do Velho Oeste do ponto de vista da vaca, em vez do vaqueiro.

DISNEY ANIMADA

Nova dimensão artística

Ultrapassando limites, a Disney produziu seus primeiros longa-metragens totalmente gerados por computador no início dos anos 2000.

▲ O galinho Chicken Little não foi apenas o primeiro filme totalmente animado por computador feito na Disney, mas também estreou uma nova experiência cinematográfica digital em 3D em cem cinemas.

Enquanto as equipes de tecnologia trabalhavam para construir um *pipeline* de animação (fluxo de trabalho) completamente gerado por computador, a equipe artística desenvolvia o primeiro filme de animação totalmente em CG da Disney, *O galinho Chicken Little* (2005). Essa versão dinâmica da clássica história de Henny Penny tomou um rumo para novos horizontes, incluindo alienígenas, beisebol e uma apresentação de karaokê de um sucesso das Spice Girls. É também uma história sobre o pai Pedro Galo e seu filho Galinho, que passam a se entender melhor depois de enfrentar grandes desafios.

▲ Peixe, Abby, Raspa de Tacho e Galinho não podem acreditar no que estão vendo nos céus sobre Oakey Oaks.

◀ Peixe, que só fala em bolhas, testa o pedaço de céu que caiu, enquanto seus amigos observam, chocados.

A pequena cidade de Oakey Oaks não fazia ideia do que estava acontecendo ao notar que pedaços do céu pareciam estar caindo, mas o amigável quarteto formado por Galinho, Raspa de Tacho, Gansa Mansa, Abby Patada (a Patinha Feia) e Peixe Fora D'Água estava determinado a descobrir a verdade e salvar suas próprias reputações no processo.

CONTINUE SEGUINDO EM FRENTE

Inspirado tanto na história quanto no estilo de William Joyce em *Um dia com Wilbur Robinson*, esta viagem no tempo coloca o jovem inventor Lewis em rota de colisão com o curioso vilão Cara do Chapéu-Coco. Wilbur Robinson e sua família entram em cena com uma assistência que muda o curso da história. *A família do futuro* (2007) oferece tanto um olhar sobre a importância de pertencer quanto um lembrete alegre do próprio lema de Walt Disney de "continuar seguindo em frente".

▲ Lewis descobre que a família Robinson é repleta de personagens inventivos e de invenções reais, graças ao pensamento vanguardista de Wilbur em *A família do futuro*.

> *"'Continue seguindo em frente' não é apenas o lema das Indústrias Robinson... é algo que espero que o público leve no coração, em especial as crianças, para ajudá-las a se manter motivadas, não importa quais desafios a vida possa apresentar."* STEPHEN ANDERSON (DIRETOR)

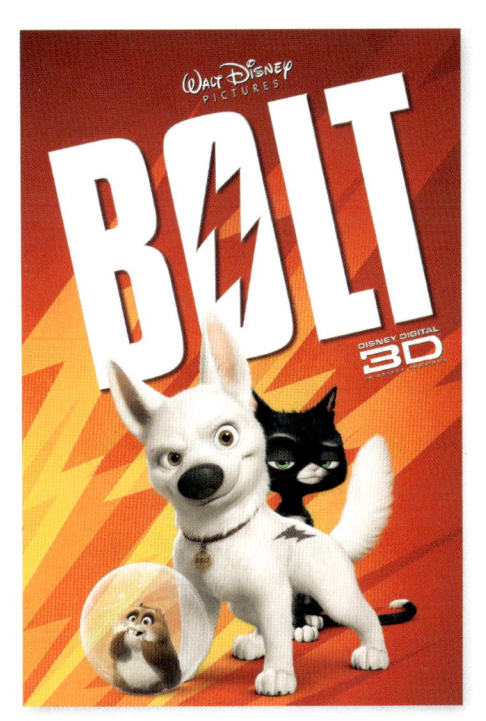

CAMPEÃO CANINO

É "osso" quando Bolt, o cãozinho artista premiado, leva-se tão a sério que realmente acredita ser o super-herói que interpreta no filme, mas acaba descobrindo que não é bem assim. O personagem-título de *Bolt: Supercão* (2008) junta-se a uma dupla de amigos na forma da gata de rua Mittens e do hamster Rhino, que o ajudam a voltar para sua casa em Hollywood. Rhino foi um personagem criado em casa, já que um hamster chamado Doink foi adotado para estudo de movimento no estúdio em Burbank, e a voz de Rhino ficou a cargo de Mark Walton, artista de *storyboard* da Disney.

▲ O design de Bolt foi inspirado na raça pastor-branco-americano, mas ganhou uma fofura superpoderosa, ao estilo típico da Disney.

▶ Bolt, Mittens e Rhino são pequenos, mas formam em *Bolt* uma equipe fantástica.

Receita de uma princesa perfeita

Os artistas da Disney agarraram a chance de criar *A princesa e o sapo* em animação tradicional feita à mão.

▶ A arte conceitual de Kevin Gollaher mostra Tiana em seu uniforme de garçonete.

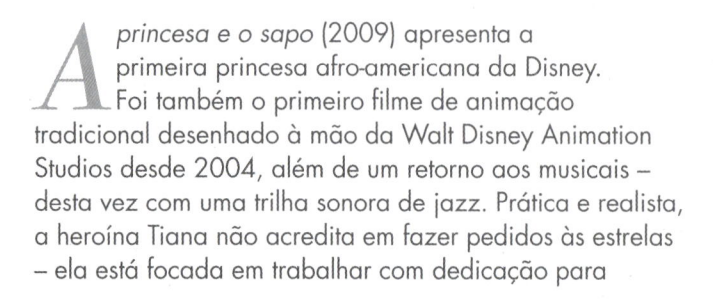

A princesa e o sapo (2009) apresenta a primeira princesa afro-americana da Disney. Foi também o primeiro filme de animação tradicional desenhado à mão da Walt Disney Animation Studios desde 2004, além de um retorno aos musicais – desta vez com uma trilha sonora de jazz. Prática e realista, a heroína Tiana não acredita em fazer pedidos às estrelas – ela está focada em trabalhar com dedicação para realizar seus sonhos. O calor e a beleza de Tiana vêm de seu humor, otimismo e disposição para fazer o que for preciso a fim de obter sucesso – não importa quantos empregos precise equilibrar na sua agenda. Determinada, Tiana não se pergunta para onde sua vida está indo e sabe exatamente o caminho que deve seguir – até um beijo num sapo levá-la a uma direção diferente, para seu grande desgosto.

COMIDA PARA A ALMA

Embora versões de um filme inspirado no conto de fadas *O príncipe sapo* tenham sido desenvolvidas várias vezes na história da animação da Disney, foi somente quando a dupla dinâmica de direção Ron Clements e John Musker assumiu a liderança da história de Tiana que o filme finalmente encontrou sua plataforma de lançamento. O enredo criativo que acompanha Tiana em seu sonho de abrir um restaurante em Nova Orleans para homenagear seu pai também se baseia no conceito de que a comida aproxima as pessoas, adicionando profundidade emocional à história de Tiana.

"É isso! Vou conseguir meu restaurante!" TIANA

◀ Arte conceitual de Bill Schwab e John Musker retratando o casamento de Tiana e Naveen no pântano.

DISNEY ANIMADA 101

◀ O céu crepuscular brilha com a luz das Lanternas Flutuantes nesta pintura conceitual etérea de Jeffrey Turley.

"Queríamos que Rapunzel fosse um modelo a seguir... e que seu poder feminino conduzisse a história."

BYRON HOWARD (DIRETOR)

Uma aventura dourada

A princesa de cabelos esvoaçantes embarca em uma jornada de descoberta, com uma pequena ajuda das Lanternas Flutuantes.

▲ Os *rough models* de Glen Keane mostram Rapunzel mexendo em seu cabelo, como reflexo de suas emoções.

Como em *A Bela Adormecida*, a Rapunzel de *Enrolados* (2010) não faz ideia de que é uma princesa. Ela só quer sair da torre onde se encontra presa para ver as Lanternas Flutuantes. A primeira princesa gerada por computador da Disney é uma jovem autossuficiente que aprendeu a se entreter dentro dos limites das paredes da torre. Ela assa tortas, lê, limpa, se exercita e pinta. Ela também passa muito tempo cuidando de seu cabelo – todos os 21 metros dele. Criar o cabelo de Rapunzel foi um desafio para os animadores da Disney – levou três anos e a formação de um novo software para animá-lo, resultando em uma juba mágica que quase parece ter personalidade própria.

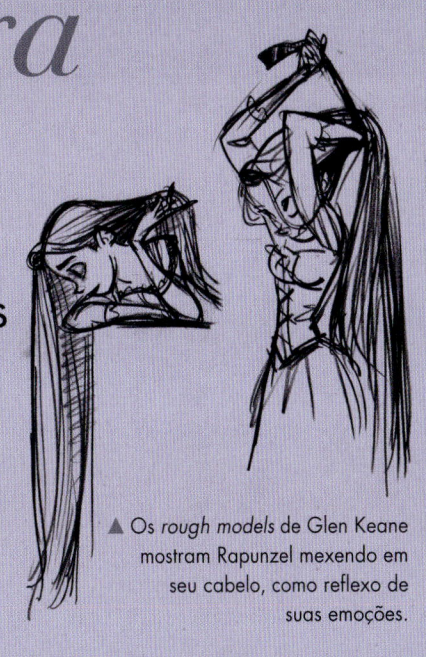

GAROTA DA VIZINHANÇA
Há muito mais em Rapunzel do que seus cabelos. Os animadores da Disney queriam que a jovem naturalmente feliz parecesse simples e irradiasse um apelo de garota comum, o que conseguiram com a ajuda da dublagem original de Mandy Moore. Rapunzel pode ser ingênua, mas também é inteligente, engenhosa e corajosa o suficiente para sair da torre. Quando o faz, encontra seus pais, o verdadeiro amor – e a si mesma. A história de Rapunzel cativou o público, que a acompanhou no filme seguinte do Disney Channel, *Enrolados para sempre* e na série *As enroladas aventuras da Rapunzel*.

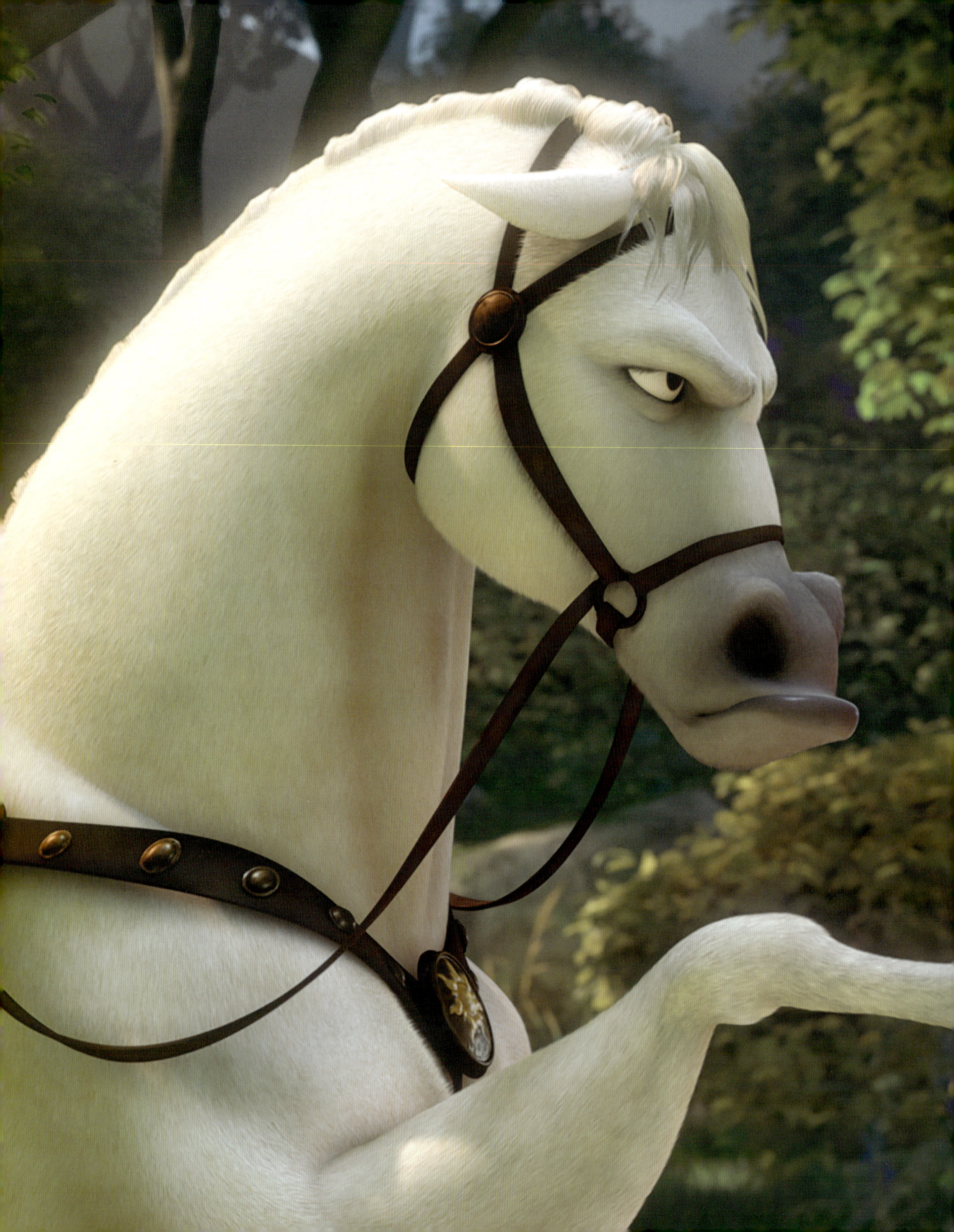

Com um olhar carrancudo, Maximus – o cavalo do capitão da guarda – faz as pazes com Flynn. Determinado, Maximus se destaca em sua missão de perseguir Flynn, o ladrão procurado, e os criadores de *Enrolados* estavam ansiosos para retratar o personagem como um obstáculo para o sucesso de Flynn. Com seu pescoço forte e porte poderoso, o desenho de Maximus foi baseado na raça de cavalo lipizzaner.

Confusão no fliperama

Novas e antigas estrelas do videogame chegam à tela do cinema em estilo maior que 8-bits.

◀ Este jogo de fliperama é o lar virtual de Ralph, Felix e outros amigos digitais, como mostrado na arte conceitual de Scott Watanabe.

▶ A arte conceitual de Wayne Unten mostra Ralph em estilo de videogame 8-bits.

▼ Na arte conceitual de Helen Chen, Ralph conversa com seus colegas do mundo dos jogos.

E se, para variar, um valentão realmente quiser ser um cara legal? Será que ele pode deixar para trás sua reputação de brigão por uma mudança de ritmo e de ares nos jogos? Isso é o que Ralph quer saber, e ele está disposto a arriscar um *bug* no seu próprio jogo para descobrir. *Detona Ralph* (2012) apresenta um elenco divertido de personagens clássicos de fliperama que aparecem na história de Ralph e seus companheiros de jogo, Conserta Felix Jr. e Vanellope von Schweetz. Não importa quantos *bugs* e quedas de energia possam ocorrer, Ralph e seus companheiros sempre se ajudam, aprendendo a respeitar uns aos outros e a si mesmos por suas características únicas.

NA INTERNET

A história de Ralph e seus amigos continua em *WiFi Ralph: Quebrando a internet* (2018). O mundo dos personagens se expande com acesso à World Wide Web, levando-os de um fliperama quebrado a um universo avassalador de opções de navegação complexas, incluindo clonagem e complicações da *dark web*.

◀ A Estação Central de Jogos é um centro para todos os mundos de jogos em *Detona Ralph*.

◀ O mundo de Corrida Doce nem sempre é tão doce quanto parece, como ilustrado na arte conceitual de Lorelay Bové.

▶ Navegar pela internet é uma mistura de informações e distrações, como descobrem Ralph e Vanellope em *WiFi Ralph: Quebrando a internet*.

DISNEY ANIMADA

Diversão nas alturas

O avião que vai além e leva o público a novas alturas.

"Posso fazer mais do que fui construído para fazer."
— DUSTY VOORASANTE

◄ Dusty Voorasante tem objetivos elevados em suas duas histórias para a telona.

Os Disneytoon Studios preencheram as telonas com duas histórias grandiosas sobre Dusty Voorasante, um pequeno avião com grandes ideias e aspirações que voam muito além dos campos agrícolas de seu plano de voo padrão.

ASCENSÃO
Em *Aviões* (2013), o público é apresentado à cidade de Propwash Junction (que pôde ser vista no curta *Aero Mate*, de 2011) para encontrar Dusty em sua base, onde ele almeja competir no Rally Asas pelo Mundo. Com o apoio de uma equipe dedicada, Dusty enfrenta o desafio, superando até seu próprio medo de altura.

CHAMA DA GLÓRIA
O campeão Dusty enfrenta suas próprias deficiências mecânicas em *Aviões 2: Heróis do fogo ao resgate* (2014). Ele é impelido a treinar como bombeiro para ajudar sua cidade natal em necessidade, e literalmente sente o calor desse trabalho quando o Cânion Augerin pega fogo e sua coragem é testada. Dusty sai dessa com uma explosão de glória, provando mais uma vez que tudo é possível e que céus azuis estão sempre ao alcance de um otimista.

► Dusty voa ao lado de Windlifter e Lil' Dipper para combater o incêndio em *Aviões 2: Heróis do fogo ao resgate*.

Derretendo corações

Frozen encantou o público em todos os lugares com um simpático boneco de neve, duas heroínas não convencionais e um dos vestidos mais espetaculares de todos os tempos. Uma canção especial conquistou o mundo...

◀ Esboço de Olaf, feito por Hyun-Min Lee.

Inspirado no conto *A Rainha da Neve*, de Hans Christian Andersen, o longa-metragem musical animado *Frozen: Uma aventura congelante* (2013) conta a história de Anna e sua jornada épica para encontrar a irmã Elsa, cujos poderes aprisionaram o reino de Arendelle em um inverno interminável. *A Rainha da Neve* cativara os artistas da Disney, incluindo o próprio Walt, no entanto, foi somente em 2008, quando o diretor Chris Buck sugeriu uma versão musical ao produtor executivo John Lasseter, que o projeto começou a descongelar. A roteirista e diretora Jennifer Lee – primeira diretora mulher na história dos longas-metragens da Walt Disney Animation Studios – inspirou-se na obra original, no tema de "amor *versus* medo", e, junto com sua equipe, criou uma história original. Quando os cineastas esbarraram na ideia de que a heroína e a vilã fossem irmãs com um passado compartilhado, perceberam toda a potência da história. Os clichês convencionais de contos de fadas foram invertidos, já que o filme se concentrou no amor entre as irmãs.

DIREÇÃO DE ARTE NÓRDICA

O diretor de arte Mike Giaimo baseou-se em diversas inspirações da Disney para criar o estilo distinto de *Frozen*. As capas de viagem de Anna refletem padrões de trajes utilizados por Annette Funicello em *Uma aventura na Terra dos Brinquedos* (1961), enquanto os planos verticais e horizontais e o uso de cores fortes ao longo do filme evocam o estilo de *A Bela Adormecida*. Giaimo viajou com sua equipe à Noruega para visitar fortalezas, castelos, museus, catedrais, fiordes e geleiras. A equipe de design de produção considerou o ambiente natural, a arquitetura e a estética dos trajes tradicionais perfeitamente adequados para um filme da Disney no estilo clássico que eles imaginavam.

UMA ORQUESTRA DE PRÊMIOS

O compositor Christophe Beck foi hábil em infundir influências musicais norueguesas na trilha sonora, gravada por uma orquestra completa de oitenta músicos, incluindo 32 vocalistas, entre os quais estava a norueguesa Christine Hals, que forneceu autênticos chamados de pastoreio, ou *kulning*. Os compositores – Kristen Anderson-Lopez e Robert Lopez – estiveram profundamente envolvidos na criação da história.

"Decidimos que não queríamos canção de princesa

Enquanto construíam a trama, os cineastas se reuniam com a dupla todos os dias. Eles se concentraram não apenas nas músicas, mas também nos personagens. O sucesso estrondoso "Let It Go" dá voz à transformação

DERRETENDO CORAÇÕES 107

◀ Arte digital que explora a luz, as formas e o posicionamento de personagens, elaborada pela assistente de direção de arte Lisa Keene.

▼ Elsa em seu deslumbrante vestido de Rainha da Neve.

profunda de Elsa. Durante a cena, ela faz a transição de uma perfeccionista reprimida para uma pessoa que se permite ser quem é. Tudo muda, incluindo seu cabelo, que se torna mais selvagem, e seu vestido assume uma dimensão mágica.

"que essa fosse uma
adicional da Disney."

ROBERT LOPEZ

Elsa finalmente está livre – mesmo sozinha. "Let It Go" ganhou o Oscar® de Melhor Canção, enquanto *Frozen* ganhou o Oscar® de Melhor Longa de Animação.

Rumo ao gelo desconhecido

▲ Arte conceitual dos espíritos dos Gigantes da Terra, por James Finch, para *Frozen II*.

A história calorosa de Elsa, Anna e Olaf espalhou sua mágica gelada por montanhas de novas aventuras.

Frozen: Uma aventura congelante (2013) foi um filme que conquistou o mundo. Em *Frozen II* (2019), o mistério de uma Floresta Encantada é revelado. A história se passa três anos após os eventos do filme original, com a presença de todos os personagens familiares, embora estejam ligeiramente mais maduros em sua aparência e comportamento. Elsa e Anna estão tentando descobrir onde se encaixam no mundo, enquanto embarcam em uma jornada emocional, repleta de ação e melodia por Arendelle e além.

OTIMISMO IDEAL

Anna está feliz com sua vida no início do filme, mas, conforme os desafios surgem, ela percebe que tem mais a perder do que nunca – e que precisa descobrir a melhor coisa a se fazer, como diz a canção "The next right thing", uma das sete novas peças musicais criadas para *Frozen II*.

OS PODERES QUE EXISTEM

Não importa o quanto Elsa esteja feliz por finalmente abraçar seus poderes e estar com sua irmã Anna, seus amigos e o povo de Arendelle: ela se sente inquieta. Uma voz insistente em sua mente não pode ser ignorada, e isso leva Elsa a um caminho de descoberta para além da segurança de seu reino. Nessa jornada, ela encontra o Cavalo Nokk, um espírito mítico da água que incorpora o poder do oceano. Nokk surgiu de uma combinação de contos folclóricos nórdicos com o talento dos artistas visuais da Disney. *Frozen II*

▲ Elsa cavalga o Cavalo Nokk em uma parceria poderosa.

"A música é divertida, mas emocional; pessoal, mas poderosa; e intimista, mas também épica." — JENNIFER LEE (DIRETORA)

também introduz caracterizações dos espíritos da terra, do fogo e do vento, além de novos personagens, como Yelana, a forte líder da comunidade Northuldra.

DIVERSÃO CONGELANTE
Desde que Elsa concedeu a Olaf o congelamento eterno com seus poderes mágicos, o cativante boneco de neve tem se destacado em uma série de curtas-metragens e séries divertidas fora de seu papel nos longas. Criado pela dupla Chris Buck e Jennifer Lee, diretores do filme, *Frozen: Febre congelante* (2015) inclui o talento vocal do filme original e uma nova canção escrita por Kristen Anderson-Lopez e Robert Lopez. Essa história calorosa embala diversão em apenas sete minutos. Os espectadores podem ver o povo de Arendelle celebrando o aniversário de Anna, com a caótica organização da festa por Kristoff, Sven e Olaf, e muitos outros bonecos de neve mágicos. Já *A aventura congelante de Olaf* (2017) é um conto que inclui quatro novas músicas e a importante lição de valorizar as tradições antigas em Arendelle. *Era uma vez um boneco de neve* (2020) conta a história da origem de Olaf, e o animado boneco de neve também estrela uma divertida série de curtas chamada *Olaf apresenta* (2021), recontando clássicos da Disney de uma maneira especial.

▲ Arte conceitual retratando o momento em que Elsa chama a voz desconhecida magicamente familiar em *Frozen II*.

Cérebro, robôs e ação sem fim

Combinando um design influenciado pela estética anime com animação computadorizada de ponta, *Operação Big Hero* é uma aventura da Disney como nenhuma outra.

▲ Baymax, o robô enfermeiro de última geração, transforma-se em um guerreiro com superforça e poder de voar.

Baseado em uma série de quadrinhos, *Operação Big Hero* (2014) gira em torno de Hiro Hamada, brilhante prodígio da robótica, que se vê envolvido em um sinistro plano que ameaça destruir a cidade de San Fransokyo. Com a ajuda de um cuidadoso agente de saúde robô chamado Baymax, Hiro transforma um relutante – porém solidário – grupo de estudantes de Ciência Aplicada em um time de heróis de alta tecnologia.

CONSTRUINDO BAYMAX

Os cineastas decidiram desde cedo que o coração do filme seria o relacionamento entre Hiro e o robô enfermeiro, inventado pelo irmão do garoto. Na cultura pop japonesa, os robôs são retratados como a chave para um futuro esperançoso. O diretor Don Hall buscou apresentar um robô nunca visto na tela. Parte do processo de criação do compassivo Baymax envolveu pesquisas no mundo da robótica durante excursões a MIT, Harvard e Carnegie Mellon, nos Estados Unidos, e à Universidade de Tóquio, no Japão. Na Universidade Carnegie Mellon, os cineastas testemunharam pesquisas sobre robótica flexível que incluíam um braço de vinil inflável. Quando perceberam que o braço não era ameaçador, souberam que encontraram seu robô abraçável. Segundo o líder de animação Zach Parrish, muitas referências foram usadas para os movimentos de Baymax, incluindo robôs reais e de filmes, bebês fofinhos e coalas. Com seu tronco longo e suas pernas curtas – proporções corporais semelhantes às do Baymax –, pinguins bebês foram uma fonte inspiradora de movimentos e passadas. O diretor Chris Williams admite amar personagens "recém-nascidos" como Baymax, que permitem ao público ver o mundo sob uma nova perspectiva por meio de seus olhos.

O CAMINHO DO GUERREIRO

A versão "guerreira" de Baymax, atualizada por Hiro com punho de foguete, superforça e propulsores de foguete, recebeu as habilidades de karatê dos artistas de *Operação Big Hero* para ampliar seu repertório

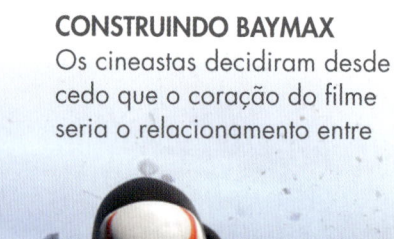

◄ O mascarado vilão Yokai é um adversário poderoso e implacável.

CÉREBRO, ROBÔS E AÇÃO SEM FIM | 111

"É mesmo uma jornada do herói. O laço de amizade que Hiro cria com Baymax abre os olhos para o que realmente significa ser um herói."

ROY CONLI (PRODUTOR)

▲ Os poderes da equipe incluem rodas maglev de supervelocidade, armamento de lâmina de plasma, voo, bolinhas cheias de agentes químicos potentes e chamas que derretem o aço.

de aptidões. Alguns membros da equipe visitaram um estúdio de artes marciais das redondezas, onde atletas profissionais de karatê foram convidados a realizar alguns dos movimentos ajoelhados a fim de simular as proporções características de Baymax. Para as sequências de Baymax e Hiro voando, os cineastas consultaram Jason McKinley, que desempenhou o mesmo papel em *Aviões*. O filme ganhou um Oscar® em 2015, de Melhor Longa de Animação.

▶ Uma mistura exótica da geografia de San Francisco e da energia de Tóquio, San Fransokyo torna-se o local ideal para este filme repleto de ação.

▲ Muitos ambientes, estilos de arquitetura e espécies coexistem em Zootopia, como mostra este conceito artístico de Matthias Lechner.

▼ Nick Wilde e Judy Hopps se unem em busca de pistas nesta aventura.

Vida na selva de pedra

Animais de diferentes formas, tamanhos e personalidades vivem suas vidas em um mundo nunca visto pelo público humano.

A jovem e ambiciosa coelha Judy Hopps sempre quis ser policial – e provavelmente nunca imaginou que se juntaria a um raposo vigarista, Nick Wilde, para resolver o maior caso criminal de sua carreira. A história dessa dupla improvável se desenrola em *Zootopia: Essa cidade é o bicho* (2016), o 55º longa-metragem

VIDA NA SELVA DE PEDRA | 113

"Desde os rascunhos iniciais, Hopps e Nick tinham um companheirismo dinâmico. Mas eu realmente queria contar essa história, pois ela fala de preconceito. É importante discutir isso." JOSIE TRINIDAD (CODIRETORA DE HISTÓRIA)

de animação da Disney, que apresenta animais em uma metrópole de mamíferos.

ARQUITETURA ANIMAL

Para criar a cidade de Zootopia, os artistas da Disney estudaram tanto as populações de animais silvestres quanto o desenvolvimento de cidades, com o intuito de que a sociedade fosse uma mistura natural das descobertas da equipe. Era de particular interesse retratar a relação entre predadores e presas e a maneira como as ferramentas humanas, tais como as palavras, podem se tornar prejudiciais. *Zootopia* foi agraciado com um Oscar® de Melhor Longa de Animação, entre outros prêmios, e o público pôde conferir mais histórias animais na série *Zootopia+*, no streaming.

▲ A lógica geográfica do design da cidade incorpora pensamento criativo para dispor ambientes diferentes próximos uns dos outros, assim como no Animal Kingdom da Disney.

▼ Padrões de pele e pelos de animais são incorporados em parte da paisagem urbana em Zootopia, como mostrado neste conceito artístico de Cory Loftis.

Ondas de orientação

Os cineastas mergulharam na história das pessoas e das culturas das ilhas do Pacífico com a profundidade e a vastidão do oceano.

▶ Moana se prepara junto de seus pais para uma reunião com o povo da ilha.

Em *Moana: Um mar de aventuras* (2016), a jovem princesa Moana é atraída para o oceano, e sua expedição pessoal por autoconhecimento desencadeia em toda a comunidade uma onda de inspiração para recuperar seu orgulhoso passado de navegadores. "Moana" é tanto o nome da personagem principal quanto a palavra para "oceano" em várias línguas das ilhas do Pacífico. Uma jovem de 16 anos que exibe coragem, inteligência e um desejo profundo de encontrar sua verdadeira vocação, Moana é uma princesa inspiradora, disposta a deixar de lado sua realeza e as expectativas dos outros para encontrar sua autenticidade.

▲ Arte conceitual de Moana criança e uma onda amigável, de Ryan Lang.

ONDAS DE EMOÇÃO

O próprio oceano é retratado como um personagem no filme: o diretor John Musker foi impactado pela crença dos povos do Pacífico de que "oceano nos conecta, e a terra e o mar são um só". As equipes de design, tecnologia, animação e efeitos trabalharam juntas para criar a "linguagem de forma" (a aparência) do oceano, de modo que ele pudesse interagir de maneira crível com Moana e gerar uma onda de conexão emocional com o público.

LENDA VIVA

A magia da arte computadorizada da Disney foi vital para estabelecer como as tatuagens em movimento e a capacidade de transformação de Maui se encaixariam. Maui é perfeito para a animação, retratado como maior do que a vida (humana) e, às vezes, como uma criatura totalmente diferente. Suas tatuagens revelam momentos do passado, e foram uma oportunidade criativa para as equipes de animação e tecnologia da Disney, já que elas ganham vida em seu corpo, especialmente Mini Maui, que age como a consciência do personagem, e foi animada à mão.

◀ Arte conceitual de Maui, de Jin Kim.

ONDAS DE ORIENTAÇÃO 115

OS ESPÍRITOS SE ELEVAM

A mistura de tecnologia moderna com histórias culturais das ilhas do Pacífico acrescentou uma profundidade de riqueza visual e sensorial à narrativa em *Moana*. Os espíritos do oceano, do vulcão e da terra surgem como personagens, e o mundo fantástico que Moana descobre quando está à deriva com Maui traz outro nível de narrativa mítica para sua jornada.

"A conexão com o passado é bem importante. É encapsulada por uma expressão: 'conheça sua montanha.'" RON CLEMENTS (DIRETOR)

▲ Arte conceitual da ilha-mãe Te Fiti, criada por Kevin Nelson.

▼ Arte conceitual de Moana e sua comunidade, por James Finch.

Os dragões e os Druun

A coragem de uma princesa guerreira em uma terra inspirada na beleza do Sudeste Asiático cria uma aventura fantástica.

▲ Sisu e Raya trabalham juntas para estabelecer uma confiança mútua.

▶ Raya cavalga Tuk Tuk, em uma arte conceitual de Ami Thompson.

Raya e o último dragão (2021) se passa na terra fictícia de Kumandra, inspirada por várias localidades e culturas do Sudeste Asiático. Raya, cujo nome significa "celebração" em malaio, é imbuída com a paixão e a personalidade necessárias para enfrentar uma tarefa assustadora. Quando sua terra é dominada por espíritos malignos, a garota precisa sair sozinha em busca do último dragão, escondido há muito tempo, para ajudar a restaurar sua comunidade. Ao encontrar Sisu, o dragão, Raya ganha uma companhia mágica em sua jornada.

"... é muito raro que tenhamos um grande filme de Hollywood com uma amizade feminina especial no centro." ADELE LIM (ROTEIRISTA)

▼ Arte conceitual de Raya e Sisu, por Paul Felix.

▲ A maravilhosa luminosidade da Casita irradia magia e vida. A casa em si é uma personagem importante na história.

A magia da casa e do lar

Quando a alegria de uma família em um lugar encantado está ameaçada, a heroína mais inesperada pode brilhar.

O 60º filme animado da Disney traz a história da família Madrigal, que vive em uma casa incrivelmente mágica escondida nas montanhas da Colômbia. *Encanto* (2021) é um banquete para olhos, coração e ouvidos, e ganha vida com músicas e letras de Lin-Manuel Miranda. Inspirado pelo realismo mágico, que traz como temática acontecimentos extraordinários com os personagens, o filme leva o público a uma jornada para explorar a importância da família e de todos os indivíduos inigualáveis que se unem na criação de uma força mágica e poderosa.

◄ A arte conceitual de Mirabel em uma saia lindamente bordada e simbólica, refletindo cada membro de sua família, elaborada por Neysa Bové.

▲ Os galhos se curvam e se entrelaçam elegantemente na árvore genealógica dos Madrigal, de Lorelay Bové.

Explorando a fronteira interior

Os avalonianos nunca souberam o que havia além de sua comunidade, até se encontrarem em um mundo estranho.

▲ A planta Pando, mostrada aqui em arte conceitual elaborada pelo diretor Don Hall, é o maravilhoso combustível para a comunidade avaloniana, gerando uma quantidade incrível de energia elétrica

▲ A viagem em Avalonia é feita pelo ar, e o *Venture*, mostrado aqui em arte conceitual de Paul Felix, é um exemplo de seus veículos infláveis flutuantes. Na Selva Ventosa, a vegetação é baseada na forma dos manguezais

Quando a fonte de energia da qual Avalonia depende encontra-se em risco, uma expedição além dos limites exteriores de sua cidade joga a família Clade e o presidente Callisto Mal em um *Mundo estranho* (2022). Eles descobrem, ambiente após ambiente, além de suas imaginações mais loucas, incluindo a Selva Ventosa, o Mar Ardente, a Clareira da Lua e o Deserto Âmbar, diferentes de tudo o que eles (e o público dos cinemas) já viram. As paisagens e formas de vida neste 61° longa-metragem animado da Walt Disney Animation Studios são inspiradas tanto na aparência quanto na função das partículas-chave de criaturas vivas, estabelecendo uma história sobre a sobrevivência interconectada em vários níveis.

GAP GERACIONAL
A expedição também envolve uma análise profunda das relações entre familiares e, especificamente, entre pais e filhos. As três gerações dos homens da família Clade – o pai Jaeger, o filho Searcher e o neto Ethan – têm mentalidades diferentes e expectativas distintas uns em relação aos outros. Conversas significativas entre o trio sobre como comportamentos, atitudes e perspectivas afetam o presente e o futuro são entremeadas de amor, humor e desafios imaginativos e aventureiros, lembrando histórias em quadrinhos cheias de ação, no estilo *pulp*

▼ Splat é um personagem expressivo e divertido, apesar de não ter olhos ou boca, como mostra esta arte conceitual feita por Dan Lipson.

"Este mundo imaginado é uma alegoria perfeita para o nosso planeta."

— ROY CONLI, PRODUTOR

EXPLORAR OU NÃO EXPLORAR

Enquanto Jaegar anseia por aventura, Searcher difere de seu pai em seu desejo de permanecer enraizado na agricultura. Ethan incorpora tanto a emoção de explorar quanto uma apreciação pela estabilidade do lar, na companhia de sua família, seu *crush* Diazo e seus amigos. Juntos, cada membro da família Clade evolui ao longo do tempo, assim como a história sobre as práticas ambientais de sua sociedade.

BIOINSPIRAÇÃO

Como muitos elementos de inspiração biológica em *Mundo estranho*, Splat é uma criatura baseada em uma parte importante do sistema imunológico, uma célula dendrítica.
A equipe de design analisou desde ursinhos de gelatina e bolhas de sabão até células microscópicas antes de conceber o modelo final. Embora seu conceito pareça estranho, a natureza amigável de Splat o torna um querido, o que é uma sorte, já que suas poucas características corporais incluem pernas e braços.

▲ Ethan, Splat, Searcher, o companheiro canino Legend e Jaeger se seguram para a viagem.

Desejo a uma estrela...

O ano do centenário da Walt Disney Animation Studios, em 2023, foi também o ano do lançamento de seu 62º longa-metragem animado, *Wish: O poder dos desejos*. Ambientado no reino mágico de Rosas, sua história apresenta Asha, garota otimista, de humor afiado, que se preocupa profundamente com sua comunidade. Quando Asha olha para o céu em um momento de necessidade e faz um desejo, sua súplica é atendida por uma força cósmica – uma pequena esfera de energia infinita denominada Estrela. Junto de um bode de pijama chamado Valentino, Asha e Estrela enfrentam os inimigos mais formidáveis para salvar sua comunidade e provar que, quando a vontade de uma pessoa corajosa se conecta à magia das estrelas, coisas maravilhosas podem acontecer. É como um desejo se tornando realidade para o público nas telonas!

DESEJO A UMA ESTRELA... **121**

▼ *Wish: O poder dos desejos* questiona: "Como a estrela dos desejos, sobre a qual tantos personagens da Disney desejaram, veio a existir?".

Surpresas e saudações

Você já reparou nos livros de histórias da Disney na biblioteca em *Enrolados*? Chegou a ver Bela, de *A Bela e a Fera*, passeando pela praça em *O corcunda de Notre Dame*? Muitos longas-metragens da Disney têm surpresas visuais escondidas para homenagear outros personagens e filmes. Os artistas da Disney incluem essas homenagens para divertir a si mesmos, bem como para servir aos olhos aquilinos dos aficionados pela Disney, e encontrá-las se tornou uma espécie de esporte popular. Aqui estão alguns desses presentinhos cinematográficos que você pode perder se piscar.

101 DÁLMATAS (1961)
Peg e Bull, de *A Dama e o Vagabundo* (1955), fazem uma aparição especial na vitrine da loja de animais em Londres durante a cena dos latidos ao crepúsculo.

A PEQUENA SEREIA (1989)
Olhos atentos podem perceber Pateta e Pato Donald na plateia durante o recital das filhas do rei Tritão.

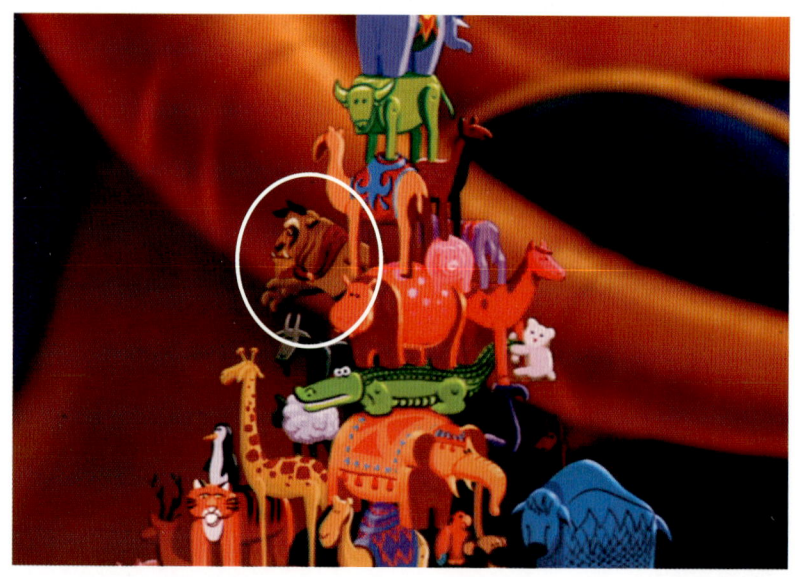

ALADDIN (1992)
Uma estatueta da Fera, de *A Bela e a Fera* (1991), pode ser vista entre os brinquedos e bugigangas com os quais o Sultão brinca no salão do trono.

HÉRCULES (1997)
Os diretores do filme, John Musker e Ron Clements, aparecem em forma de caricatura como dois construtores que Hércules derruba sem querer de uma marquise. (Fique de olho para uma participação especial de John e Ron também em *Aladdin*!)

SURPRESAS E SAUDAÇÕES 123

LILO & STITCH (2002)
Nani, a irmã mais velha de Lilo, tem um mural de Mulan em seu quarto. Os diretores de *Lilo & Stitch*, Dean DeBlois e Chris Sanders, trabalharam em *Mulan*.

A PRINCESA E O SAPO (2009)
Os diretores John Musker e Ron Clements prestam homenagem ao seu clássico anterior, *A pequena sereia* (1989), incluindo um carro alegórico do rei Tritão no desfile de Mardi Gras.

ENROLADOS (2010)
Flynn e Rapunzel estão cercados por livros na biblioteca, três dos quais são títulos clássicos da Disney – *A Bela e a Fera* (no chão), *A pequena sereia* (à direita) e *A Bela Adormecida* (sob a janela).

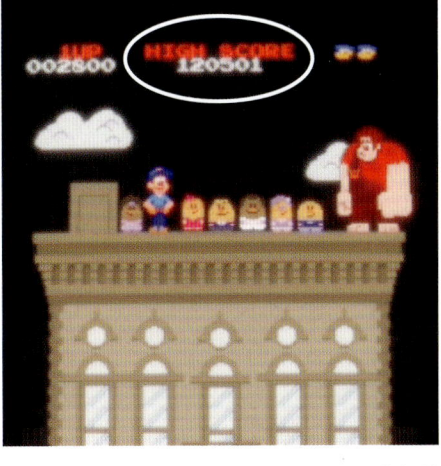

DETONA RALPH (2012)
A pontuação do jogo refere-se à data de nascimento de Walt Disney: 5 de dezembro de 1901. Em *Operação Big Hero* (2014), imagens de Gentilândia são exibidas em uma grande tela.

ZOOTOPIA: ESSA CIDADE É O BICHO (2016)
Enquanto Judy Hopps viaja por Tundralândia, duas irmãs elefantes parecem estar vestidas como outras irmãs que vivem em climas frios da Disney, Elsa e Anna, de *Frozen: Uma aventura congelante* (2013).

MOANA: UM MAR DE AVENTURAS (2016)
Linguado, de *A pequena sereia*, parece ter nadado até a cena de "Saber quem sou", de Maui. Em outra cena, partes vitais de Olaf, de *Frozen*, também parecem estar na canoa de Moana.

Tour *pelo estúdio*

Impulsionado pelo sucesso financeiro de *Branca de Neve e os sete anões* (1937), em 1938, Walt decidiu construir o maior e melhor estúdio de animação. Quando a Disney Studios foi inaugurada, em 1940, em Burbank, Califórnia, seu objetivo original era produzir filmes animados. No entanto, acabou se expandindo para incluir também a produção de filmes *live-action*. Hoje, o estúdio de 18 hectares serve como sede para toda a equipe mundial da Disney e continua sendo uma das maiores realizações criativas e técnicas de Walt.

ESQUINA DO PLUTO
O famoso cruzamento da Mickey Avenue e da Dopey Drive apresenta o icônico letreiro criado como objeto de cena para *O dragão relutante* (1941), posteriormente usado para divulgação.

O ESCRITÓRIO DO CONTADOR DE HISTÓRIAS – ANTES E DEPOIS
O escritório formal de Walt Disney, situado na Ala 3H do Edifício de Animação, exibia sua coleção de miniaturas, junto com um modelo Grumman Gulfstream II, avião que o artista encomendara antes de falecer. O escritório completo de Walt foi desde então amorosamente recriado para que visitantes pudessem voltar ao passado.

OLHANDO PARA TRÁS
A Walt Disney Studios serviu como cenário para o filme *Walt nos bastidores de Mary Poppins* (2013). Aqui, P. L. Travers (Emma Thompson) chega do lado de fora do Estúdio A, recebida pelo artista e roteirista da Disney Don DaGradi (Bradley Whitford) e pelos irmãos Sherman, compositores (B. J. Novak e Jason Schwartzman).

TOUR PELO ESTÚDIO 125

UM LAR PARA ANIMAÇÃO
Concluído em novembro de 1994 para acomodar o crescimento da produção, o Edifício de Animação de Longa-Metragem – agora conhecido como Edifício de Animação Roy E. Disney – foi meticulosamente projetado para atender a todos os requisitos de animação.

ONDE AS LENDAS SE ENCONTRAM
Localizada em frente ao Team Disney – Edifício Michael D. Eisner, a Legends Plaza abriga placas de bronze de muitas lendas da Disney que contribuíram significativamente para o legado da The Walt Disney Company.

DUPLA INSEPARÁVEL
Esculpida pelo lendário Imagineer Blaine Gibson, a estátua "Parceiros", retratando Walt e seu velho amigo Mickey Mouse, fica no extremo leste da Legends Plaza.

TORRE IMENSA
A histórica torre d'água se eleva a 41 metros de altura. Roy O. Disney considerava a estrutura única de seis pernas mais atraente em termos estéticos do que as torres comuns, de quatro pernas.

126 DISNEY ANIMADA

Esboços iniciais ajudavam os artistas a pegar o jeito do cenário e dos personagens do filme.

Luminárias ajustáveis podem ser movidas em praticamente todas as direções.

Modelo de animação de Albert Einstein, que tem um encontro com o bebê prodígio "Bebê Weems", em cena de *O dragão relutante* (1941).

Modelos como este, de *Sir* Giles, foram criados para dar aos animadores uma ideia de como deveria ser a aparência de alguns personagens.

A mesa abriga muitas das necessidades do animador, com amplo espaço de armazenamento para seus materiais peculiares.

O papel de animação repousa em um disco giratório que pode ser rotacionado em qualquer direção.

Uma fina placa de metal, ou barra de pinos, mantém o papel do animador no lugar para evitar que deslize.

A tabela de exposição detalha a ação do filme, servindo como guia de tempo para o animador.

ANIMAÇÃO EM AÇÃO

Uma recriação do escritório de um animador do início dos anos 1940 está em exibição na The Walt Disney Studios em Burbank, Califórnia. Enquanto a configuração da prancheta vista aqui destaca *O dragão relutante* (1941), os arquivistas da Disney atualizam regularmente seus mostruários para destacar novos materiais históricos e diferentes épocas.

# A mesa dos animadores

A fim de criar a estação artística de trabalho ideal, Walt juntou-se ao designer industrial Kem Weber e criou mesas e móveis especiais para os animadores da Disney. Abrigadas no Edifício de Animação, que serviu como a pedra angular do estúdio de Burbank, nas pranchetas dos animadores os personagens da Disney ganhavam vida.

O design *art déco* das mesas proporcionava aos artistas um ambiente esteticamente agradável, e a localização da área de desenho e das gavetas oferecia muita funcionalidade. O primeiro andar foi o lar dos principais animadores de Walt, conhecidos como os Nove Anciãos, que utilizaram essas mesas para criar as animações mais icônicas de todos os tempos.

TODOS OS ITENS ESSENCIAIS
Ferramentas originais de um animador, incluindo tachinhas, borrachas e um lápis Blackwing, foram especialmente selecionadas por Walt.

HORA DE COMER
Um cardápio do refeitório, de 21 de março de 1940, oferece as opções de almoço da equipe. O Chili de Walt continua no cardápio.

Outros ossos do ofício

Walt Disney não inventou a animação, como algumas pessoas acreditam: ele a inovou. Ao transformar a animação desenhada à mão de uma mera programação em uma forma de arte, Walt e sua equipe desenvolveram as técnicas existentes e inventaram outras, como o *storyboard*. Para fabricar melhor seu produto exclusivo, Walt fundiu a arte com uma mentalidade de linha de montagem – uma abordagem passo a passo perfeita para o estúdio de animação carinhosamente conhecido como "a fábrica do Mickey". Aqui estão apenas algumas das ferramentas e etapas-chave dos primórdios dessa forma de arte.

1A. *STORYBOARDS* Conferências, como esta datada de 1934, eram realizadas para apresentar *storyboards* e revisar a história. Esse processo permitia que os diretores e os artistas de história refinassem a ação do curta ou longa-metragem.

1B. *PITCH* DE IDEIAS Em uma conferência de *Pinóquio*, Walt apresenta a história, usando uma série de *storyboards* para planejar a sequência. Os artistas da Disney ficavam impressionados com as performances de Walt, dizendo que ele era tão cômico quanto Chaplin.

2. MODELOS VIVOS Depois que os *storyboards* eram aprovados, às vezes eram feitas filmagens de referência ao vivo para ajudar os animadores. Aqui, Kathryn Beaumont atua como Alice, para *Alice no País das Maravilhas*.

OUTROS OSSOS DO OFÍCIO 129

3. DESENHOS DE ANIMAÇÃO
Os supervisores de animação definem os personagens, desde o design final até suas performances na tela. Aqui, Eric Larson desenha o futuro de *101 dálmatas*, inspirado por alguns modelos caninos. Ao criar a ilusão de movimento que dá vida a um personagem, os animadores se concentravam em poses-chave em um movimento ou ação. Depois, uma equipe de "intermediários" completava o número necessário de desenhos para os 24 quadros por segundo de tempo de execução na tela.

4. CÉLULAS CONTORNADAS
Com dedos ágeis e mãos firmes, os artistas de contorno traçavam as linhas dos desenhos de animação – em tinta preta, utilizando os bicos de pena mais finos à disposição – em folhas de celuloide transparente conhecidas como "células".

5. CORES PERSONALIZADAS
No Laboratório de Pintura da Disney, cores feitas sob medida eram moídas com um moinho de pedra e misturadas em centenas de tons. Esses pigmentos especialmente desenvolvidos produziam tintas de cores realistas.

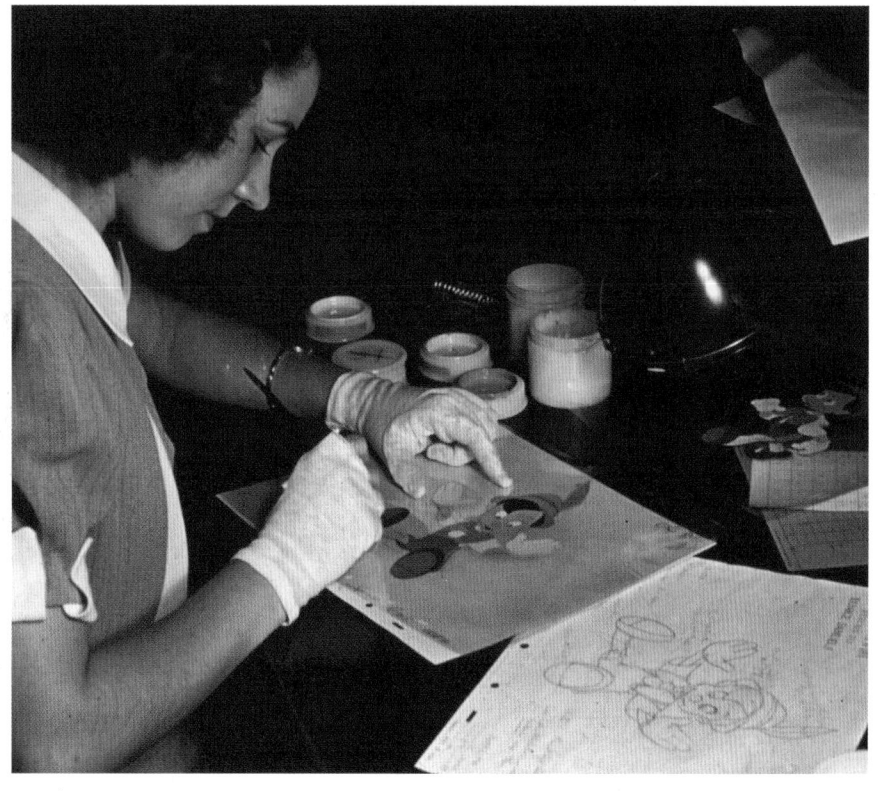

6. CÉLULAS PINTADAS
Pintores habilidosos aplicavam as cores no verso de cada célula contornada. Cada célula era então colocada sobre um fundo diante da câmera de animação para criar um quadro de filme.

CÂMERA MULTIPLANO

A câmera multiplano mágica da Disney tem um lugar de destaque no saguão do Edifício Frank G. Wells, bem ao lado dos Arquivos Walt Disney. Embora não seja mais utilizada em produções, este artefato icônico foi uma das ferramentas mais importantes da arte da animação.

O motor eleva ou abaixa o suporte da câmera. As rodas podem ser usadas para ajustes manuais.

Este plano de contato, ou nível de animação, é onde a animação de personagens seria localizada.

O plano de fundo inferior contém a pintura final que serve como o *background* para todos os outros planos.

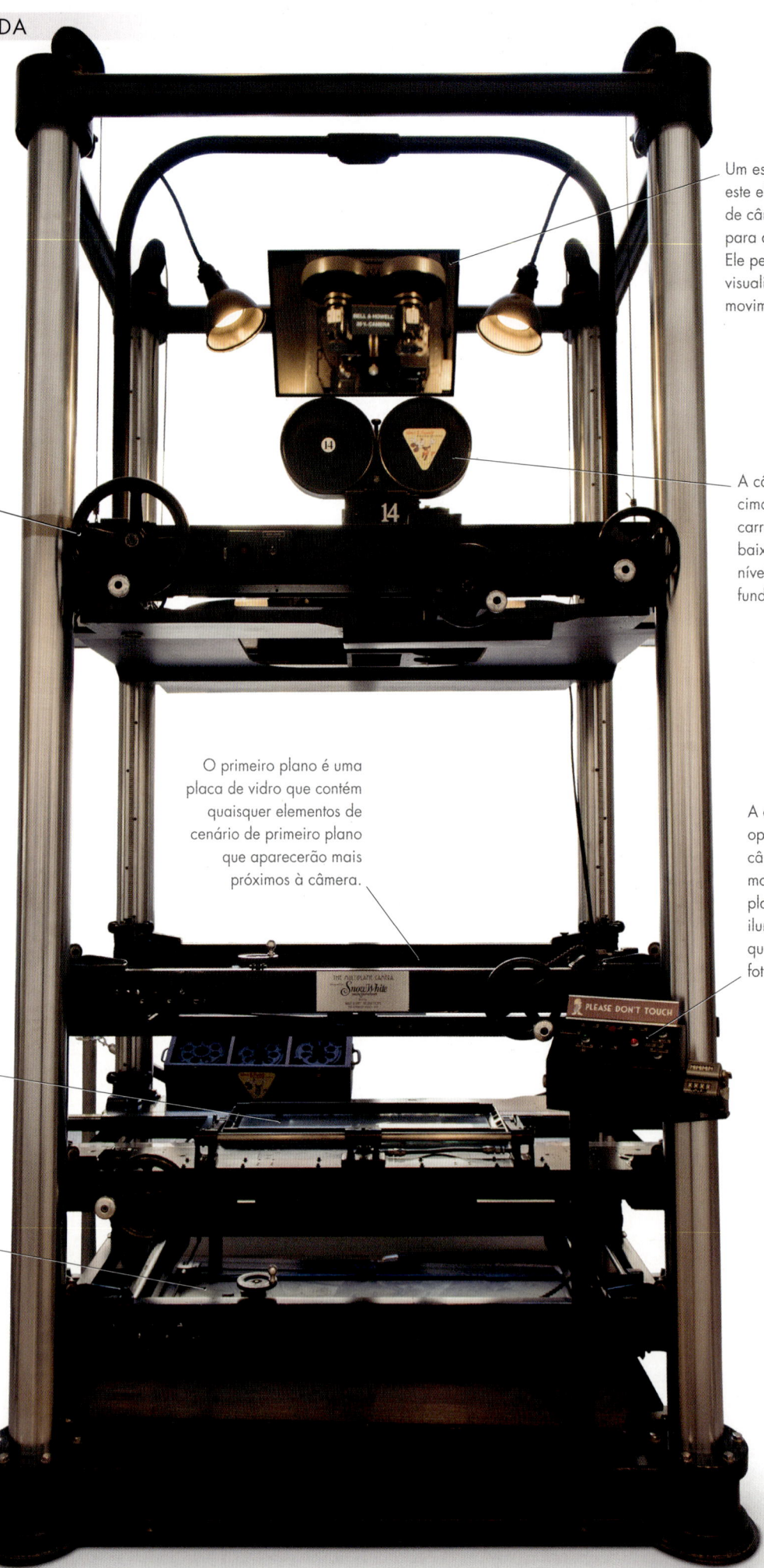

Um espelho encabeça este elaborado guindaste de câmera de animação para ajudar os técnicos. Ele permitia ao operador visualizar as rodas de movimento do filme.

A câmera, movida para cima e para baixo pelo carro, aponta para baixo através dos vários níveis de planos de fundo de animação.

A caixa de controle opera o obturador da câmera, os movimentos dos vários planos e as luzes que iluminam a arte para que possa ser fotografada.

O primeiro plano é uma placa de vidro que contém quaisquer elementos de cenário de primeiro plano que aparecerão mais próximos à câmera.

A maravilhosa multiplano

Ambientes fantásticos da Disney, como a floresta idílica de *Bambi* ou a pitoresca vila de *Pinóquio*, alcançaram um novo nível de realismo graças à magia da câmera multiplano. Sob a orientação de Bill Garity, especialista técnico da Disney, um departamento de 18 engenheiros inventou este guindaste de 4,30 metros de altura que permitia que objetos de plano de fundo, de distância média e de primeiro plano (pinturas a óleo em grandes placas de vidro ou, para o nível inferior, em masonite) fossem colocados em diferentes níveis sob a lente da câmera. Ela foi desenvolvida para *Branca de Neve e os sete anões*, mas não ficou pronta a tempo de ser usada. Foi utilizada pela primeira vez na Silly Symphony vencedora do Oscar® *O velho moinho* (1937). Essa câmera rendeu aos seus criadores um prêmio especial do Oscar® na categoria Científica e Técnica.

PREPARANDO AS CAMADAS
Operadores de câmera da Disney Studios trabalhando com o guindaste de câmera multiplano, na década de 1940. A câmera multiplano exigia de cinco a seis técnicos para sua operação. Cada uma das cenas multiplano levava de duas a três semanas para ser planejada, e envolvia muitos elementos diferentes, desde perspectiva até iluminação.

DISNEY ANIMADA

A CENA FINALIZADA
Na cena finalizada do filme, observe os pássaros pousando no galho. Esses pássaros e a esguia árvore à esquerda não fazem parte da pintura abaixo, pois foram pintados em peças separadas, de vidro, como camadas de primeiro plano.

A ARTE DE *BAMBI* EM VIDRO
O controle, a firmeza e a sutileza deste quadro são ainda mais notáveis, considerando que ele foi pintado em vidro.

Em consonância com a direção de arte atmosférica de *Bambi*, inspirada nos pastéis impressionistas de Tyrus Wong, os detalhes são sugeridos, em vez de apresentados categoricamente.

Mais do que apenas uma indicação de céu, as manchas de luz são utilizadas nas pinturas de *background* no intuito de direcionar o olhar do espectador para a ação animada.

Um verdadeiro tesouro

A câmera multiplano foi uma ferramenta importante para expandir o vocabulário cinematográfico narrativo de Walt Disney. Pouquíssimos dos frágeis *backgrounds* multiplano sobreviveram. Portanto, este, que mostra a majestosa floresta em *Bambi* (1942), é um dos tesouros mais preciosos da Biblioteca de Pesquisa de Animação da Disney. Existem tomadas multiplano por todo o filme de Bambi, mas talvez uma das mais eficazes seja uma longa panorâmica durante a música "Let's sing a gay little spring song". Ela segue dois pássaros azuis voando por uma clareira primaveril para pousar em um galho que está desabrochando em flor.

Enquanto estão sendo fotografados, os vários níveis multiplanares movem-se um centésimo de polegada de cada vez. Esta panorâmica para nesta árvore, o destino dos pássaros em voo.

Os versos dos planos de vidro eram pintados de preto para evitar que a luz dos níveis inferiores do cenário aparecesse através da pintura superior e estragasse a ilusão.

A modernização

O legado de Walt Disney de inovação e aprimoramento permanece na animação atual.

A Walt Disney Animation Studios vem utilizando sua imaginação coletiva não apenas em esforços narrativos, mas também ao evoluir a arte da animação por meio de processos premiados e avanços tecnológicos. Equipes de talentosos tecnólogos dão apoio à produção de longas-metragens por meio de aplicações singulares de uma linguagem de expressão aritmética chamada SeExp (abreviação de "Shared Expression", ou "Expressão Compartilhada"). A SeExp se traduz em diversas ferramentas digitais para realizar tarefas artísticas, trazendo uma variedade de estilos de animação para a realidade cinematográfica.

▶ **EVOLUÇÃO DOS SOFTWARES**
Nos anos 1980, equipes de tecnologia da Disney e outros especialistas desenvolveram o Sistema de Produção de Animação por Computador (ou CAPS, na sigla em inglês), que ajudou a organizar o progresso das obras de arte por meio do *pipeline* de animação, uma inovação que rendeu um Oscar® em 1992. Elementos específicos de animação gerados por computador haviam sido trabalhados em filmes de animação 2D já em 1985, no caldeirão de *O caldeirão mágico*. A sequência comemorativa do arco-íris em *A pequena sereia* foi uma expansão mais ampla do trabalho de CG via CAPS, refinando processos e cruzando limites para abranger todos os níveis de animação. A Disney produziu seu primeiro filme totalmente em CG em 2005, com *O galinho Chicken Little*, e o grupo de animação continuou a inovar e a melhorar seu fluxo de trabalho digital, conforme destacado ao mencionar alguns dos exemplos de software mais modernos mostrados aqui.

◀ **MATTERHORN**
Essa ferramenta de simulação é como a versão artística de um professor de física: ela ajuda a modelar o comportamento de nevascas, ondas do oceano, tempestades de chuva e fluxos de lama e areia, entre outros efeitos visuais complexos. Olaf deve agradecer por isso – caso contrário, como Elsa e Anna teriam obtido neve para construí-lo? Com a ajuda de computadores para criar as complicadas imagens algorítmicas que compõem os efeitos ambientais animados, os artistas da Disney puderam se concentrar em moldá-los ao estilo de cada filme, contando cada história com uma aparência única.

A MODERNIZAÇÃO   135

▼ **MEANDER**
Essa ferramenta ajuda os artistas a mesclarem técnicas de animação computadorizada com manuais, tendo sido utilizada pela primeira vez no curta vencedor do Oscar® *O avião de papel* (2012) e novamente em *O banquete* (2014), para criar acentos específicos nos contornos. O Meander também foi utilizado para animar os olhos de Tudo Sabe, em *WiFi Ralph: Quebrando a internet* (2018) e, como mostrado aqui, para dar vida a Te Kā, às tatuagens de Maui e ao *tapa*, em *Moana: Um mar de aventuras* (2016). A ferramenta tem se mostrado útil durante a revisão de trabalho, permitindo que um supervisor de animação ou diretor transmita as formas e os movimentos que deseja ver nas cenas finais na telona, desenhando diretamente nos quadros de animação. Além de ter a gratidão dos artistas que usam o Meander, a equipe que o elaborou também foi homenageada ao receber um prêmio SciTech da Academia de Artes e Ciências Cinematográficas, em 2017.

▼ **PELOS E MAIS PELOS**
No mundo da animação, as cores e as texturas de pelos podem ser infinitas. Mochi ficou um verdadeiro gatinho em *Operação Big Hero* (2014) graças às ferramentas desenvolvidas para revestir o bobtail japonês. Ferramentas como iGroom e Disney's XGen se combinam para criar um conjunto de instrumentos que os artistas utilizam para esculpir pelagens em personagens, podendo ser modificadas. Essas ferramentas foram muito úteis em *Zootopia: Essa cidade é o bicho* (2016), visto que o coala, na figura abaixo, e os outros animais do filme possuíam as mais diversas pelagens.

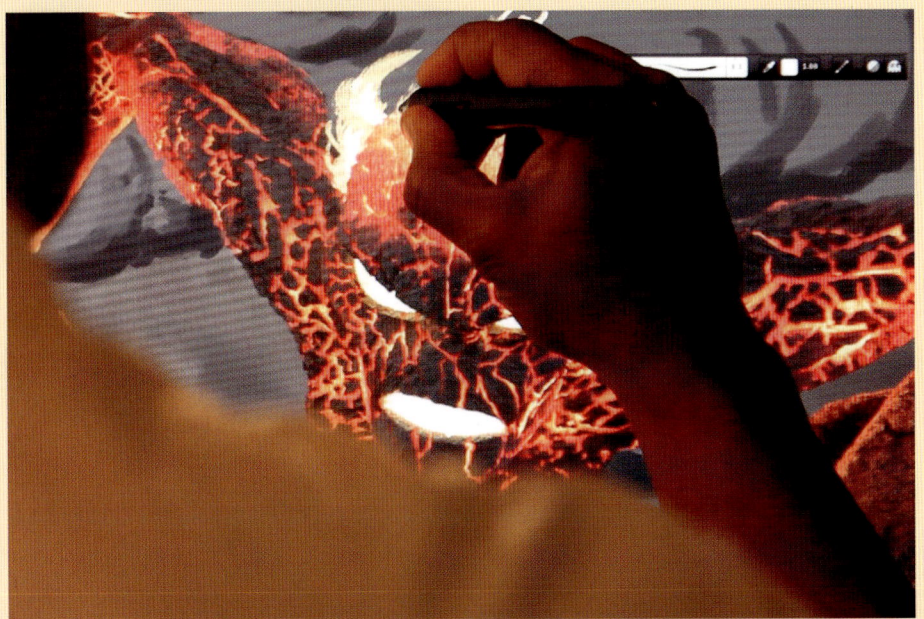

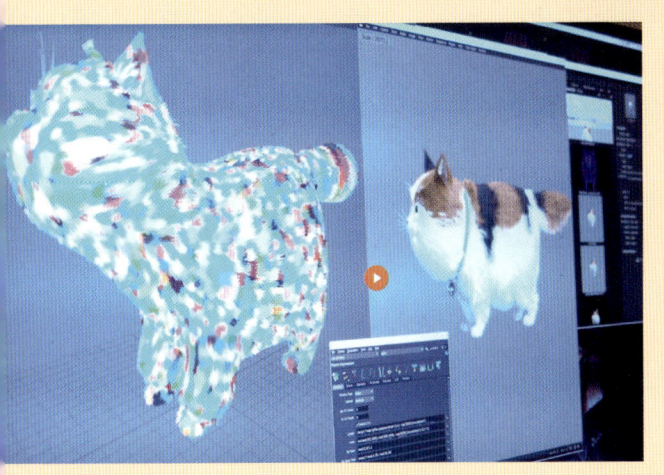

A arte do som

Como visto na estreia do Mickey Mouse em *O vapor Willie* (1928), Walt entendia a importância do som em uma época em que muitos na indústria consideravam os "filmes falados" uma novidade passageira. Já havia desenhos animados sonoros antes de *O vapor Willie*, mas geralmente apenas se reproduzia um disco de gramofone, enquanto o desenho animado era exibido. Walt criou uma forma de inserir a trilha sonora no filme, sincronizando ação e áudio. A combinação de vozes, efeitos sonoros e música com o visual foi a realização de Walt de uma experiência envolvente de entretenimento. As produções da Disney continuam inovando em termos sonoros, mas voltar ao passado proporciona um vislumbre do trabalho pioneiro do estúdio.

DUBLADOR
Walt atribuía a Cliff Edwards e sua voz única e efusiva o crédito por ajudar a tornar o Grilo Falante uma presença adorável em *Pinóquio* (1940) e em mais de 30 episódios do programa de televisão *Clube do Mickey Mouse*.

QUÁ-QUÁ ÚNICO
Walt criou o Pato Donald inspirado no dublador Clarence "Ducky" Nash. Ducky deu voz ao pato de cabeça quente por mais de 50 anos.

VOZ PODEROSA
Pat Carroll se entrega totalmente à voz estrondosa de Úrsula, em *A pequena sereia* (1989).

DA VOZ AO TROMPETE
O cantor e compositor Louis Prima se apresenta com Sam Butera and The Witnesses durante a produção de *Mogli: O menino lobo* (1967).

A ARTE DO SOM   137

AS CANÇÕES FALAM
A orquestra (à direita) se reúne no estúdio da Disney para gravar a música de *Bambi* (1942). O filme tem menos de mil palavras de diálogo, permitindo que a ação e a música falem por si só. Um grande coral (abaixo) interpreta as canções líricas e os aclamados efeitos de coro.

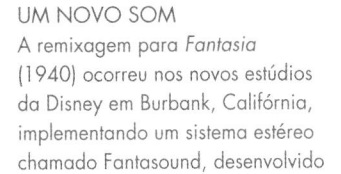

UM NOVO SOM
A remixagem para *Fantasia* (1940) ocorreu nos novos estúdios da Disney em Burbank, Califórnia, implementando um sistema estéreo chamado Fantasound, desenvolvido pela Disney em parceria com a RCA.

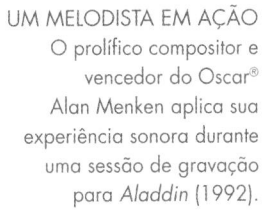

UM MELODISTA EM AÇÃO
O prolífico compositor e vencedor do Oscar® Alan Menken aplica sua experiência sonora durante uma sessão de gravação para *Aladdin* (1992).

Stop-motion *espetacular*

▲ Bill Justice e Xavier "X" Atencio criaram personagens vegetais para o curta indicado ao Oscar® *A symposium on popular songs* (1962).

Frequentemente um processo meticuloso e demorado, a técnica de *stop-motion* tem sido utilizada para produzir alguns dos filmes de cinema mais icônicos da Disney.

Nos primeiros filmes animados de Walt Disney na década de 1920, foram usadas figuras de papel articuladas trazidas à vida por meio da animação *stop-motion*. Esse processo meticuloso exigia que os animadores movessem um pouco cada personagem, registrassem um quadro de filme e, em seguida, movessem os personagens mais um pouco e assim por diante. No fim dos anos 1950, o diretor de animação Bill Justice alcançou uma fluidez nunca vista com *stop-motion*. Como resultado, Walt produziu em *stop-motion* o curta-metragem, *Arca de Noé* (1959). Neste filme indicado ao Oscar®, os 150 personagens foram construídos por Justice e Xavier "X" Atencio, seu colega da Disney, a partir de objetos comuns, como rolhas, borrachas e pinos de golfe. Walt pediu que utilizassem *stop-motion* para outros filmes, como *Uma aventura na Terra dos Brinquedos* (1961). Os 40 soldados de brinquedo na sequência "A marcha dos soldados de madeira" tinham 12 conjuntos de pernas. Em cada novo quadro, as pernas eram colocadas em ângulos diferentes para dar um passo completo.

O ESQUELETO EM *STOP-MOTION*

O diretor Tim Burton sempre foi fascinado pela animação em *stop-motion*. Durante o longo processo de criação do curta da Disney *Vincent* (1982), ele também planejou um espetáculo natalino em *stop-motion* sobre um personagem esquelético obcecado pelo Natal. O filme *O estranho mundo de Jack* (1993) era originalmente um poema com

◄ Bill Justice trabalhou na sequência de *stop-motion* de *Uma aventura na Terra dos Brinquedos* (1961). Os icônicos soldadinhos de brinquedo retornaram na sequência "Um pouco de açúcar", em *Mary Poppins* (1964).

STOP-MOTION ESPETACULAR

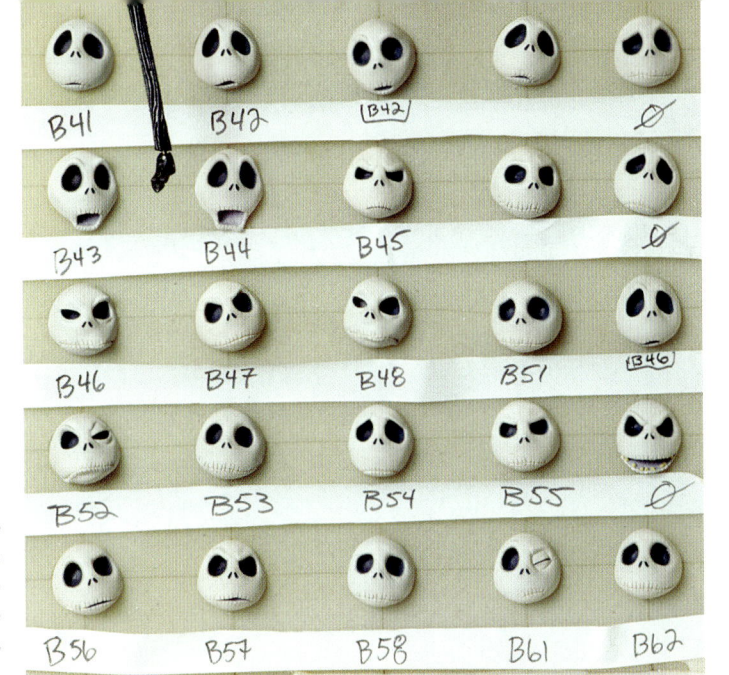

▶ Contando as duplicatas feitas como reserva, Jack Esqueleto de *O estranho mundo de Jack* (1993), idealizado por Tim Burton e dirigido por Henry Selick, teve quase 800 cabeças diferentes.

▼ Um escultor de *Frankenweenie* (2012) trabalha no boneco de Sr. Rzykruski, uma homenagem ao lendário ator de filmes de terror Vincent Price.

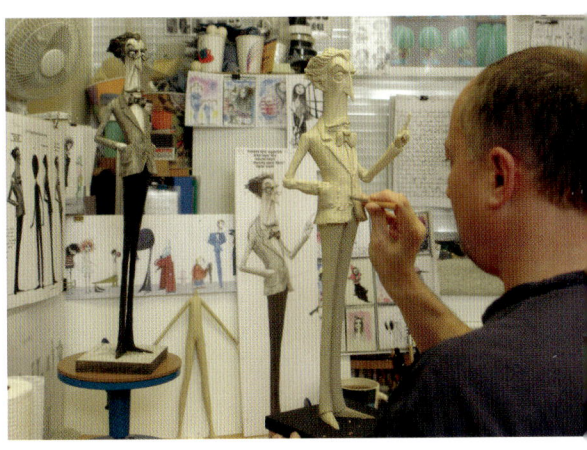

esboços conceituais, que definiram o tom visual e temático do longa. O diretor Henry Selick usou um armazém vago de 430.560 m² para acomodar os 230 cenários e mais de 227 personagens animados. Os bonecos tinham cerca de 30 cm de altura, com uma estrutura metálica dentro de um corpo de espuma. Todas as figuras tinham várias cabeças – a marionete de pano Sally tinha 120 –, com expressões diferentes. O filme acabou sendo a produção em *stop-motion* mais extensa já feita.

ANIMAÇÃO DE TERROR

A história de um garoto que usa métodos parecidos com os de Frankenstein para trazer seu cão de volta à vida, *Frankenweenie* (2012), foi dirigida por Burton como um curta-metragem *live-action*, em 1984. Mas o cineasta sempre a imaginou como um longa-metragem em *stop-motion*. Burton modelou os personagens no estilo dos clássicos filmes de terror dos anos 1930, e levou mais de um ano para finalizá-los, contando com 33 animadores e mais de 200 bonecos para criar algumas das marionetes e cenas mais complicadas já vistas em uma animação em *stop-motion*.

> *"Usando a magia da fotografia em stop-motion, descobrimos que é possível dar vida a qualquer coisa."*
>
> WALT DISNEY

▶ Tim Burton "dirige" o boneco do jovem Victor Frankenstein em um dos cenários em miniatura de *Frankenweenie* (2012).

DISNEY ANIMADA

O início da Pixar

A colaboração entre a Walt Disney Feature Animation e a Pixar Animation Studios levou o entretenimento nas telonas a novos e empolgantes níveis.

LUXO JR. (1986)
O primeiro curta-metragem da Pixar Animation Studios, sobre duas luminárias de mesa e uma bola, foi o primeiro filme animado por computador a ser indicado ao Oscar® na categoria Curta-Metragem (Animação).

Desde meados da década de 1980, a Pixar Animation Studios evoluiu de uma empresa de *hardware* de computador de ponta para uma potência da criação cinematográfica, com uma série ininterrupta de sucessos de animação em longa-metragem. Reconhecida por sua cultura colaborativa – ideias são bem-vindas de qualquer pessoa na empresa –, a Pixar transformou brinquedos, monstros e carros em personagens memoráveis. Cada personagem demonstra emoções humanas que têm inspirado audiências em todo o mundo.

A FÁBRICA DE RENDERIZAÇÃO DA PIXAR
A "Renderfarm" é o nome divertido dado pela Pixar à sala que abriga os 20 mil computadores necessários para renderizar os filmes, ou seja, calcular as cores, texturas e iluminação de cada *frame*.

A UNIVERSIDADE PIXAR
A Pixar University, um programa interno de desenvolvimento profissional da Pixar, oferece aos funcionários oportunidades para explorar opções criativas além de seus papéis usuais. Aqui, Ed Catmull participa de uma aula de escultura.

O INÍCIO DA PIXAR   141

▲ Esboços conceituais de personagens, como este de Woody e Buzz Lightyear, feitos por Bud Luckey, são o ponto de partida para a aparência dos personagens na tela.

▲ Bud Luckey, já falecido artista da Pixar, com seu esboço conceitual de Woody, de *Toy Story*.

▲ O coração de Andy está cheio de amor por seus brinquedos favoritos, Buzz e Woody, em *Toy Story*.

▼ Woody se reúne com a Turma do Rodeio, em *Toy Story 2*.

▲ O supervisor de direção técnica William Reeves trabalha em Woody.

TREINAMENTO TECNOLÓGICO

Até o fim dos anos 1980, os cineastas da Pixar fizeram experimentos com premiados curtas e desenvolveram equipes e tecnologia para preparar seu primeiro longa-metragem de animação computadorizada. Ao mesmo tempo, os líderes da Walt Disney Feature Animation procuravam maneiras de diversificar suas produções para além da tradicional animação bidimensional desenhada à mão. A colaboração entre os dois estúdios resultou na obra considerada hoje um grande marco na produção de filmes animados: *Toy Story* (1995). Com quatro anos de produção, a história calorosa e bem-humorada de dois brinquedos disputando o afeto de um jovem garoto foi o primeiro longa-metragem de animação computadorizada. Dando ao público uma visão do mundo pelos olhos de um brinquedo, o filme tornou a Pixar um nome conhecido e inspirou três sequências do longa-metragem extremamente populares: *Toy Story 2* (1999), *Toy Story 3* (2010) e *Toy Story 4* (2019), além do longa *spin-off Lightyear* (2022) e uma série de divertidos curtas.

◀ Buzz Lightyear como visto em *Lightyear*, a história da origem do heroico patrulheiro espacial que inspirou o brinquedo icônico.

▲ *Toy Story 3* passa o amor pelos brinquedos favoritos a uma nova geração, quando Andy confia sua amada coleção a Bonnie.

▼ Woody e Buzz em um momento emotivo em *Toy Story 4*, enquanto Woody se prepara para seguir um novo caminho e propósito.

Novos e mágicos patamares

A Pixar Animation Studios trouxe nova magia para a narrativa animada, com visual incrível e profundidade emocional.

▲ As formigas empilham seus alimentos na pedra de oferendas em *Vida de inseto*, como retratado no desenvolvimento visual elaborado por Tia Kratter e Nat McLaughlin.

Fiel à inclinação dos narradores da Pixar para escolher temas inusitados, o filme seguinte, *Vida de inseto* (1998), abriu o mundo dos insetos para os espectadores, com formigas, insetos circenses azarados e gafanhotos malvados. Ao fazer o filme, os narradores da Pixar ultrapassaram os limites da tecnologia computacional da época, criando formas orgânicas e naturais, além de personagens que se espremiam e se esticavam.

Estabelecer novos desafios técnicos era o padrão na Pixar, desde que a tecnologia servisse à história. Avanços tecnológicos utilizados em *Monstros S.A.* (2001) inovaram pelos e cabelos para criar Sulley, cujo mundo é virado de cabeça para baixo por uma criança humana – outro monstrinho crível. Quando Sulley e Mike voltaram no tempo em *Universidade Monstros* (2013), a tecnologia que tornou esse prelúdio possível havia avançado mais uma vez.

HISTÓRIAS SINCERAS

Passando de um mundo de monstros para outro de peixes, os narradores da Pixar mais uma vez levaram a tecnologia de animação computadorizada a outros patamares ao criar o mundo subaquático de *Procurando Nemo* (2003), e o refinaram novamente para *Procurando Dory* (2016). Seja utilizando tecnologia para animar personagens humanos, como em *Os Incríveis* (2004) e *Os Incríveis 2* (2018), ou máquinas, como em *Carros*,

◄ Um esboço conceitual colorido de Ricky Nierva enfatiza as formas dos personagens Sulley, Mike e Boo.

▼ Um jovem e arregalado Mike Wazowski absorve a grandeza da vida na Universidade Monstros.

NOVOS E MÁGICOS PATAMARES   143

▲ Dory e Nemo se dão muito bem em *Procurando Nemo* e *Procurando Dory*.

Carros 2 e *Carros 3* (2006, 2011, 2017), a tecnologia é sempre uma ferramenta e nunca um fim em si mesma. Como o lápis de um animador do passado, a animação computadorizada serve a um único propósito – criar mundos verossímeis e contar histórias direto do coração.

DINÂMICA FAMILIAR

Os filmes da franquia *Os Incríveis* acompanham a história da família Pêra, que precisa encontrar o equilíbrio entre trabalho e vida pessoal, além de salvar o mundo de vez em quando. Os filmes abordam esses dilemas com tanta profundidade que conseguem dialogar com pessoas de todas as idades.

EMOÇÃO NAS ESTRADAS

Relacionamentos significativos se transformam em aventuras de alta velocidade para Relâmpago McQueen na trilogia *Carros*. Seja resgatando sua carreira nas corridas, resolvendo um mistério internacional ou enfrentando a própria mortalidade, McQueen precisa vencer obstáculos para encontrar sua realização pessoal, e logo o público se pega torcendo por ele.

▲ Quadros em pastel de Ralph Eggleston exploram a iluminação, a cor, a cenografia e os personagens nesta sequência de *Procurando Nemo*.

▶ O codiretor de *Carros*, Joe Ranft, encontrou a inspiração perfeita para Mate em um terreno baldio em Galena, Texas.

▼ *Os Incríveis* marcou a primeira vez que a Pixar animou um elenco inteiro de personagens humanos.

▼ Mate e McQueen se tornam bons amigos, mesmo vindo de lados opostos da estrada.

DISNEY ANIMADA

Personagens com coração

Sejam robôs, ratos ou humanos, há uma base de verdade emocional em todos os personagens da Pixar.

▲ Remy pode andar ereto e usar suas patas dianteiras para cozinhar, como visto neste estudo de paleta de cores de Harley Jessup.

◄ Remy sonha em se tornar um *chef* em *Ratatouille* (2007).

Desde que se tornaram parte da The Walt Disney Company, em 2006, os narradores da Pixar continuaram a criar personagens com os quais o público dos cinemas pudesse se identificar emocionalmente. As histórias da Pixar exploram um tema principal: um personagem anseia por um objetivo e, com a ajuda de amigos ou familiares, aventura-se pelo mundo e aprende a apreciar seus entes queridos ao longo do caminho – um tema universal e atemporal que toca o coração do público.

PERSONAGENS ADORÁVEIS
Em *Ratatouille* (2007), Remy, um jovem rato, tem um sonho impossível. Ele quer se tornar um *chef* – em um mundo culinário que claramente não recebe ratos na cozinha. Para tornar a estrela do filme atraente, os animadores estudaram ratos reais em detalhe e incorporaram sua sagacidade inata e seu senso natural de curiosidade ao personagem de Remy.

▼ Remy e Linguini se unem para preparar uma refeição digna de crítica gastronômica.

"Personagens com grandes obstáculos a superar são realmente um prato cheio para animadores." BRAD BIRD (ROTEIRISTA-DIRETOR)

PERSONAGENS COM CORAÇÃO

▲ O artista Brian Fee trabalha nos quadros de *WALL•E*. Storyboards ajudam os cineastas a aprimorarem as histórias dos personagens e seus arcos emocionais.

ROBÔ EXPRESSIVO

Um senso de anseio permeia *WALL•E* (2008), a história de um pequeno compactador de lixo enferrujado que, após ser deixado sozinho na Terra por anos, encontra uma elegante robô de busca chamada EVA e a segue pela galáxia. Apesar de a fala de WALL•E ser limitada, os animadores foram capazes de evocar diferentes emoções através de seus olhos, cujo formato foi inspirado por binóculos. Eles mantiveram movimentos simples para transmitir leveza e admiração, o que ajuda o público a acreditar que uma máquina é capaz de um amor profundo e nobre.

EXPERIÊNCIAS DA VIDA REAL

Os cineastas da Pixar se baseiam em experiências emocionais para seu trabalho. Em *Up: Altas aventuras* (2009), capturaram as emoções de Carl, que deseja ter uma última aventura, e Russell, o jovem ingênuo que o acompanha sem querer. Enquanto criavam ambos os personagens, os cineastas cunharam o termo "simplexidade" – uma combinação de design simples e emoções complexas. As expressões faciais de Carl são consideradas as mais sutis e sofisticadas de todos os personagens da Pixar até o momento.

▲ Os olhos de WALL•E evocam sentimentos distintos quando inclinados em ângulos diferentes, como mostra este estudo de iluminação, de John Lee.

◀ Quando WALL•E conhece EVA, é amor à primeira vista.

▼ A arte conceitual de *Up: Altas aventuras*, como mostrado nesta pintura de Ricky Nierva, ajuda a definir tanto a aparência quanto a personalidade do determinado Carl Fredricksen.

▲ A diretora de arte de sombreamento Bryn Imagire e o diretor Pete Docter discutem formações rochosas durante uma revisão de arte de *Up*.

Eras de emoção

Seja retornando aos velhos amigos ou apresentando novos, os narradores da Pixar sempre procuraram emoções que motivam seus personagens.

Tão selvagem quanto a paisagem ao seu redor, a princesa Merida, do castelo DunBroch, se recusa a deixar que alguém decida seu destino. Quer persegui-lo por si própria. Em *Valente* (2012), Merida está entediada com as lições de sua mãe sobre como se comportar tal qual uma princesa, e preferiria mil vezes cavalgar seu cavalo, Angus, ou praticar arco e flecha. Encontrar o equilíbrio na personalidade de Merida foi um desafio. Mas enquanto mãe e filha lutam para quebrar o encantamento lançado sobre a rainha Elinor, elas tecem um vínculo mais profundo, que liberta Merida para enfim encontrar seu próprio destino.

▲ Esboço a lápis retratando Merida, feito por Matt Nolte.

◄ A imagem dramática de Steve Pilcher representando Merida e Elinor como uma ursa foi a primeira pintura criada para o filme.

▼ A determinação feroz de Merida é capturada neste esboço conceitual a lápis, por Steve Pilcher.

MADEIXAS SELVAGENS
Os animadores de *Valente* queriam dar a Merida uma aparência que comunicasse sua exuberância e energia – eis o seu cabelo ruivo selvagem. O cabelo de Merida tem sua própria maneira de reagir às emoções, e se move com tanta vida que é praticamente um personagem em si.

ERAS DE EMOÇÃO   147

FILHO DE OURO

Com uma reviravolta na história evolutiva, na qual os dinossauros ainda existem no mundo moderno, o enredo de *O bom dinossauro* (2015) compartilha uma história comovente. Arlo, o dinossauro, tem dificuldade em "deixar sua marca" no mundo e encontrar seu próprio valor. Sua jornada dramática de autodescoberta o desafia a demonstrar toda a sua coragem e, por fim, o leva de volta à família que o valoriza mais do que ele jamais havia percebido.

▶ Arlo e seu improvável companheiro, o jovem Spot, se tornam grandes amigos.

▲ Paisagens realistas, baseadas na geografia do noroeste dos Estados Unidos, convidam o público a se sentir bem-vindo em um cenário não familiar de criaturas pré-históricas em tempos modernos em *O bom dinossauro*.

▲ Os personagens Raiva e Nojinho observam a estante de memórias de Riley em *Divertida Mente*.

▼ Os artistas da Pixar tiveram um desafio especial ao personificar emoções humanas para *Divertida Mente*. Afinal, ninguém sabia como elas eram – até então.

SENTIMENTOS EM TELA

Em *Divertida Mente* (2015), a Pixar retrata emoções humanas como personagens reais, dando-lhes forma, cor e personalidades. Alegria, Tristeza, Raiva, Nojinho e Medo personificam e representam algo que o público só havia sentido, mas nunca tinha visto na tela do cinema. Esses personagens mostram o que acontece na divertida mente de Riley quando ela se muda para um novo lugar.

Ao redor do mundo e além

Do México e New Mushroomton à Pré-Vida, a Pixar traz inspiração e narrativas alegres de todos os cantos do universo.

▶ Arte conceitual de Miguel, por Zaruhi Galstyan.

Cheio das cores vibrantes e da energia do México, *Viva: A vida é uma festa* (2017) é uma história sobre reconciliação e a importância de honrar tanto o legado do passado quanto a beleza do presente. Miguel ama sua família, mas também nutre secretamente um amor pela música, que o leva a uma reunião fantástica com seus ancestrais no Día de Los Muertos. A equipe da Pixar até descobriu como conferir emoção aos personagens-esqueleto, vistos no reino da Terra dos Mortos, e o trabalho foi honrado com um Oscar® de Melhor Longa de Animação.

PÉ NA ESTRADA
Dois irmãos elfos partem em uma jornada repleta de feitiços e magia em *Dois irmãos: Uma jornada fantástica* (2020). No cerne da história de Ian e Barley, a verdadeira transformação acontece quando eles têm um último encontro com seu

> "Sempre soubemos que queríamos terminar o filme com um momento que unisse música e memória; parecia ser a única maneira de completar a jornada de Miguel." JASON KATZ (SUPERVISOR DE HISTÓRIA)

▲ Miguel e Hector tocam juntos uma *jam* musical multigeracional.

▶ Miguel em uma reunião familiar de muitas existências, na arte conceitual de Zaruhi Galstyan.

▲ Arte conceitual de Ian e Barley, por Matt Nolte.

▲ Evocar o pai não saiu exatamente como esperado.

falecido pai, Wilden, e se mostram merecedores do orgulho dele. Artisticamente, a equipe da Pixar deslumbrou o público ao conjurar um mundo inteiro de fantasia, criando cuidadosamente o aspecto da magia no mundo de *Dois irmãos*.

A TRILHA SONORA DA VIDA

Ambientado tanto na cidade de Nova York quanto na Pré-Vida, *Soul* (2020) acompanha a história de Joe Gardner, imersa no rico cenário do mundo do jazz. Em um nível mais profundo, a jornada de Joe desafia sua perspectiva sobre o que seria viver uma vida significativa e agradável, e até mesmo inspira outra alma, chamada 22, a abraçar e incorporar sua vontade de viver. O filme foi agraciado com um Oscar® de Melhor Longa de Animação e outro de Melhor Trilha Sonora Original.

◄ Joe Gardner, professor de música do Ensino Fundamental, pondera sobre uma carreira mais interessante.

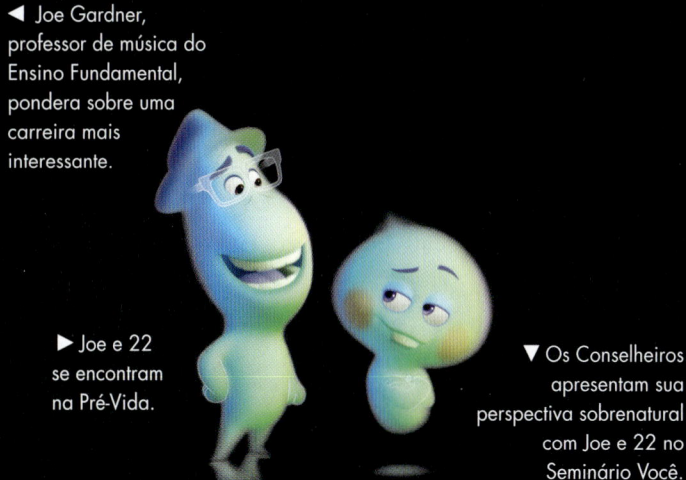

► Joe e 22 se encontram na Pré-Vida.

▼ Os Conselheiros apresentam sua perspectiva sobrenatural com Joe e 22 no Seminário Você.

"Quase todo momento em nossas vidas pode ser um momento transcendental que define por que estamos aqui." PETE DOCTER (DIRETOR DE *SOUL*)

◀ A cidade de Portorosso é uma mistura da área de Cinque Terre da Itália com um senso infantil vibrante e mágico do verão, elaborada pela equipe da Pixar.

▶ Giulia e Luca aproveitam o passeio enquanto Alberto os conduz.

Amizade, pelos e fogo

Seja na terra, no mar ou em algum lugar entre eles, a Pixar traz inspiração e narrativas alegres de todos os cantos do universo.

A Riviera Italiana é conhecida por sua beleza extraordinária, mas em *Luca* (2021) ela também se torna um lugar fantástico onde criaturas marinhas e humanos interagem. Luca e Alberto sabem como é se sentir diferente ou excluído, mas aprendem o quanto a vida pode ser mais rica quando você sai da sua zona de conforto para explorar outras culturas, enquanto honra e compartilha a sua própria. Juntos com Giulia, Luca e Alberto percebem que o poder da amizade é maior do que as noções preconcebidas das pessoas que eles não conhecem.

"É uma carta de amor aos verões da nossa juventude – aqueles anos de formação, quando a gente está tentando se encontrar." ENRICO CASAROSA (DIRETOR)

▶ Luca e Alberto formam uma amizade improvável, tornando-se melhores amigos durante as aventuras que vivem juntos.

AMIZADE, PELOS E FOGO   151

UM PROBLEMA DE PANDA

Controlar emoções é difícil na adolescência, mas é um trabalho extra quando perder o controle transforma uma garota em um panda-vermelho. Esta é a vida que Meilin "Mei" Lee enfrenta em *Red: Crescer é uma fera* (2022), mas ela acaba aprendendo que, na verdade, essa maldição é uma bênção, pois a faz viver de modo mais autêntico. *Red* é um passeio engraçado e emocionante pelos altos e baixos da adolescência.

▲ Panda Mei, Abby, Miriam e Priya canalizam sua energia adolescente cantando "Nobody Like You", música de sua banda favorita.

"Todos nós somos imperfeitos, e este personagem precisava refletir isso."

RONA LIU (DESIGNER DE PRODUÇÃO) SOBRE PANDA MEI

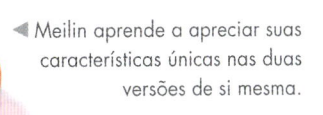

◀ Meilin aprende a apreciar suas características únicas nas duas versões de si mesma.

▶ Xaxim processa tíquetes em seu escritório em *Elementos*.

TUDO EM EQUILÍBRIO

Os opostos reagem em *Elementos* (2023) da Disney e da Pixar, filme no qual os residentes de água, fogo, terra e ar vivem juntos na Cidade Elemento. A espevitada Faísca faz amizade com Gota, que prefere nadar a favor da maré, e juntos eles embarcam em uma aventura que desafia inesperadamente antigas crenças.

▶ Gota e Faísca aproveitam um passeio na Cidade Elemento.

DISNEY ANIMADA

Os Easter Eggs *da Pixar*

Os artistas da Pixar inserem piadas visuais em seus filmes como uma surpresa para si e para o público mais atento. Conhecidas como *Easter Eggs*, essas referências são habilmente ocultadas, ou às vezes estão "escondidas debaixo do próprio nariz". Incluem aparições de personagens, objetos de cena, títulos de trabalhos anteriores ou lugares e eventos da história da Pixar. Alguns, como o caminhão do Pizza Planet e "A113", são recorrentes, e uma legião de fãs atentos orgulha-se de encontrar cada um deles.

TOY STORY 2 (1999)
O caminhão amarelo do Pizza Planet, que fez sua primeira aparição na telona em *Toy Story* (1995), aparece novamente em *Toy Story 2*, quando os brinquedos estão indo para o aeroporto.

UP: ALTAS AVENTURAS (2009)
Em homenagem ao tão amado primeiro longa-metragem da Pixar, o caminhão do Pizza Planet passou a aparecer em todos os seus longas subsequentes. Em *Up: Altas aventuras*, ele faz uma aparição especial na tomada aérea da rua, a partir da residência voadora de Carl Fredricksen.

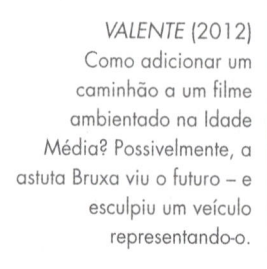

VALENTE (2012)
Como adicionar um caminhão a um filme ambientado na Idade Média? Possivelmente, a astuta Bruxa viu o futuro – e esculpiu um veículo representando-o.

OS *EASTER EGGS* DA PIXAR   **153**

PROCURANDO NEMO (2003)
Em homenagem à sala de aula de animação na CalArts, onde o diretor de *Procurando Nemo*, Andrew Stanton, e outros diretores notáveis da Pixar estudaram, o número A113 aparece em todos os filmes. Às vezes, o público precisa mergulhar fundo para encontrá-lo, como em *Procurando Nemo*, onde ele aparece como o número do modelo na câmera de um mergulhador.

VIDA DE INSETO (1998)
No mundo dos insetos, é possível ver uma imagem rápida do logo do musical *O rei leão*.

CARROS (2006)
A grande corrida cinematográfica fecha a cidade de Emeryville, que também é a localização real da Pixar Animation Studios.

LUCA (2021)
Um brinquedo de pelúcia de um ícone da Disney está apoiado no pé da cama de Giulia – perfeito para um cenário italiano, já que o Pato Donald tem sido um personagem bastante popular na Itália há décadas.

UNIVERSIDADE MONSTROS (2013)
O uso do número A113 completa um ciclo, indo de sua referência à sala de aula da CalArts, onde os animadores da Pixar estudaram arduamente, para a primeira classe de Sulley na universidade – onde ele não estuda tanto assim.

Curtos e fofos

Os curtas de Walt Disney remontam aos primórdios de sua carreira e continuam sendo uma tradição de narrativa de histórias inovadoras mais de um século depois.

O conjunto de trabalho conhecido como Alice Comedies forma alguns dos primeiros curtas que Walt criou em seu estúdio, e integra as 56 obras dessa categoria. O encantador *O vapor Willie* (1928), primeiro curta sonoro totalmente sincronizado e que representa a estreia do Mickey Mouse, foi uma conquista cinematográfica notável. Logo vieram as Silly Symphonies, englobando 75 curtas – sete dos quais ganharam o Oscar®. Mickey Mouse, Pato Donald, Pateta e Pluto desde então apareceram em alguma combinação ou estrelaram individualmente centenas de curtas dos anos 1930 aos anos 1950, com centenas de outros personagens divertidos seguindo seu caminho no mundo da animação. Atualmente, existem mais de quinhentos curtas animados nos arquivos de filmes da Disney, e mais de cem além deles quando somados à coleção da Pixar. A prática de criar curtas permite que novos cineastas testem suas habilidades e que tecnologias e processos inovadores sejam explorados, tudo para o aprimoramento dessa expressão artística. Aqui está uma seleção dos diversos curtas animados criados ao longo dos anos, provando que os melhores perfumes estão nos menores frascos.

▶ *O jogo de Geri* (1997) foi o primeiro projeto da Pixar a trazer um idoso como protagonista, e Geri foi vagamente baseado no avô do diretor Jan Pinkava que jogava xadrez. O curta ganhou um Oscar® de Melhor Curta-Metragem de Animação.

CURTOS E FOFOS   155

◀ Uma história de amor e destino é retratada em *O avião de papel* (2012) da Walt Disney Animation Studios, que também recebeu um Oscar® de Melhor Curta-Metragem de Animação.

▲ *O banquete* (2014) oferece uma visão do amor humano pelos olhos de um cachorro, e rendeu um Oscar® de Melhor Curta-Metragem de Animação a Walt Disney Animation Studios.

▲ O amor maternal por um filho é o prato principal da deliciosa e tocante história de *Bao* (2018), da Pixar, também agraciado com um Oscar® de Melhor Curta-Metragem de Animação.

▶ Como todos os curtas da Pixar, *Toca* (2020) desafia os limites da animação, desta vez com seu charmoso visual em 2D. O filme acompanha as batalhas de um jovem coelho que tenta construir uma casa perfeita.

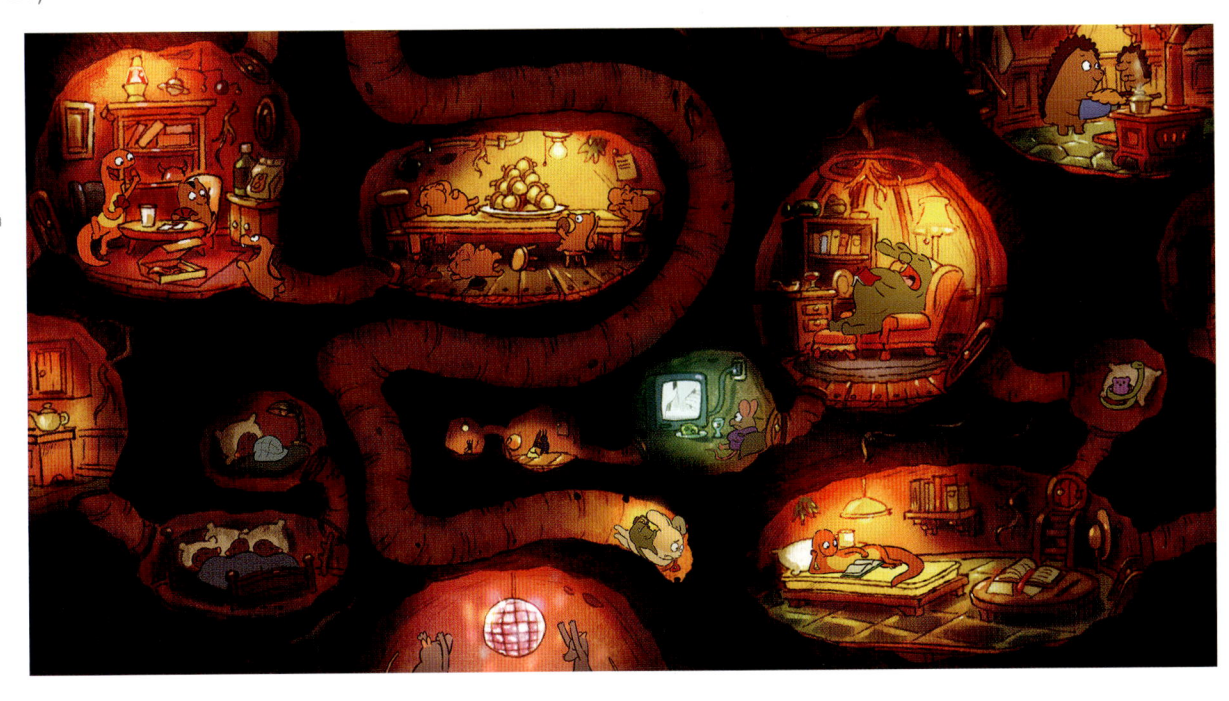

TV animada

A animação da Disney proporcionou ainda mais diversão ao ser adaptada para as telinhas e transmitida diretamente na sala de estar do público, ou mais recentemente por *streaming* em dispositivos móveis.

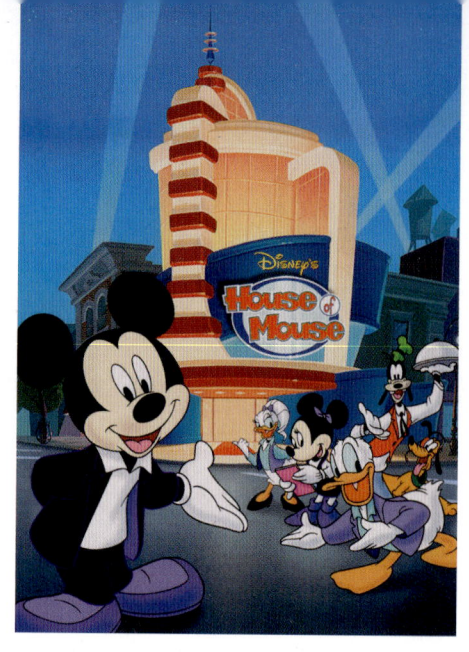

▲ Mickey Mouse e seus amigos dão as boas-vindas aos telespectadores, assim como recebem uma série de estrelas animadas da Disney no divertido *O point do Mickey*.

Com o surgimento da televisão a cabo e o aumento dos canais de TV na década de 1980, Michael Eisner e Frank Wells estavam determinados a levar a Disney para a grade de programação. Eisner já havia supervisionado a programação de animação matinal de sábado da ABC e queria pelo menos uma nova série na TV até o fim de 1985. Pontualmente, *Os Wuzzles* e *As aventuras dos ursinhos Gummi* apareceram entre 1985 e 1986. *As novas aventuras do Ursinho Pooh* estreou em 1988 e se tornou a primeira série da Disney a ganhar o Emmy® de Melhor Programa Animado, Daytime, em 1989 e 1990.

ANIMAÇÃO DE QUALIDADE

Esses programas foram produzidos com um orçamento maior do que o de outros desenhos animados de TV à época. Um produto dessa primeira onda de criatividade foi *DuckTales: Os caçadores de aventuras* (1987), que apresentava as variadas aventuras do riquíssimo Tio Patinhas e a turma de Patópolis. Essa série foi tão bem-sucedida – assim como seu *spin-off*, *O pato da capa preta* – que a Disney criou a Tarde da Disney, em 1990, com *DuckTales* como a peça central de um bloco de animação de duas horas. Outros programas foram *Tico e Teco: Defensores da Lei* (1989), *Esquadrilha Parafuso* (1990) e *Gárgulas* (1994). O próprio Mickey Mouse retornou à telinha em duas séries de animação de sábado de manhã, *OK Mundongo da Disney* (1999) e o *O point do Mickey* (2001). Ao longo de décadas, uma grande variedade de séries animadas foi criada, e aqui estão apenas alguns exemplos de cenas divertidas dessa programação.

◀ *DuckTales: Os caçadores de aventuras* trouxe as façanhas de Tio Patinhas e grande parte da família Pato das histórias em quadrinhos de Carl Barks para a animação.

▶ A série pré-escolar *Princesinha Sofia* (2013) conta a história de uma jovem princesa em treinamento e explora o que compõe uma verdadeira princesa – qualidades como bondade, generosidade, lealdade, honestidade e graça.

▶ *Manny, mãos à obra* (2006) e suas ferramentas cantantes compartilham lições sobre como colaborar e ser útil na comunidade.

◀ *Doutora Brinquedos* (2012) introduziu narrativas e personagens mais complexos na televisão pré-escolar, com a doutora ajudando as crianças a entender o que está acontecendo no consultório médico enquanto trata brinquedos quebrados em sua vizinhança.

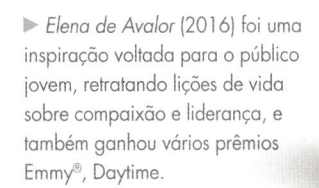

▶ *Elena de Avalor* (2016) foi uma inspiração voltada para o público jovem, retratando lições de vida sobre compaixão e liderança, e também ganhou vários prêmios Emmy®, Daytime.

▼ Penny Radical e sua família chegaram para entreter e educar múltiplas gerações de fãs, com *A família Radical* estreando em 2001 e *A família Radical: Maior e melhor* sendo lançada em 2022.

▲ *Phineas e Ferb* (2007) acompanha a diversão de dois irmãos enquanto embarcam em projetos ambiciosos e criativos – diversão que se expandiu para filmes de longa-metragem e uma turnê com um espetáculo ao vivo.

"Não faço filmes somente para crianças, mas para a criança que há em todos nós, tenha ela seis ou sessenta anos." WALT DISNEY

Disney em ação

▲ Alice (Margie Gay), Walt Disney e alguns de seus amigos do mundo animado que aparecem nas Alice Comedies.

A ponte entre dois mundos

Parte da magia de Walt Disney era sua habilidade de contar histórias fascinantes em diferentes formatos – fosse animação ou com atores reais, de longa ou curta duração, ou tudo isso junto.

Quando a imaginação dos artistas da Disney combina métodos de animação com atores reais em um formato híbrido, a magia é intensificada em uma experiência mais profunda para o público, fazendo-o questionar se também poderia encontrar um dragão voador ou um rato falante quando saísse pela porta de casa. Desde os primeiros híbridos da Disney, a mistura entre animação e *live-action* mostrou-se uma inovação notável tanto na produção cinematográfica quanto no entretenimento, perpetuada ao longo das décadas seguintes.

MUDO E ENGRAÇADO

A produção híbrida de Walt, o filme-piloto *Alice's Wonderland*, foi o primeiro a combinar atores com personagens animados dentro de uma realidade cinematográfica, e os 56 desenhos animados que se seguiram na série Alice Comedies deram sequência às aventuras mistas da Alice de carne e osso e seus companheiros animados, como o gato Julius e o vilão Pete.

A PONTE ENTRE DOIS MUNDOS 161

INSETOS NO INTERVALO
Um dos "longas-pacote" que Walt Disney criou na década de 1940, *Como é bom se divertir* (1947) combina sequências de *live-action* com a apresentação de dois desenhos animados, "Bongo" e "Mickey e o pé de feijão". As peripécias que unem os dois mundos são proporcionadas pelo animado Grilo Falante, que explora uma residência de verdade. A diversão de grande escala vem no fim do filme, quando Willie, o Gigante, sai de seu conto de fadas e parte para a Hollywood da vida real.

▲◀ O Grilo Falante de animação aproveita a música e a sobremesa na festa de aniversário da jovem atriz Luana Patten, e Willie também dá uma espiada na cena, em *Como é bom se divertir*.

Praticamente perfeita

Walt Disney combinou atuações inesquecíveis, canções cativantes e efeitos cinematográficos maravilhosos em um dos maiores sucessos de Hollywood, *Mary Poppins*.

Com efeitos especiais transbordando de uma bolsa mágica de truques cinematográficos, *Mary Poppins* (1964) é uma fantasia musical sobre a babá britânica capaz de fazer qualquer coisa. Ela poderia deslizar por um corrimão e cantar um dueto com seu próprio reflexo no espelho, ou aparecer em uma imagem de giz no asfalto para tomar chá e comer bolos. Walt sabia que essa fantasia inigualável seria a candidata ideal para ganhar vida com os efeitos especiais da Disney em um musical. Ele se interessou por essa personagem extraordinária no início da década de 1940, quando encontrou sua filha Diane rindo enquanto lia *Mary Poppins*, de P. L. Travers. Finalmente obteve os direitos para o cinema no início dos anos 1960, e designou os irmãos compositores Richard e Robert Sherman para transformar as histórias em música. Uma das primeiras e mais significativas canções, "Feed the birds", foi inspirada em uma história que Mary Poppins contava às crianças sobre a Mulher Pássaro, que vendia migalhas de pão na Catedral de São Paulo. Os irmãos Sherman enxergaram o potencial espiritual da história; um pedido gentil por caridade e amor.

"Decidimos tentar algo utilizando todos os truques que tínhamos aprendido fazendo filmes [...] em uma enorme fantasia: Mary Poppins." WALT DISNEY

▲ A babá mágica flutua sobre os telhados de Londres, o mundo dos limpadores de chaminés.

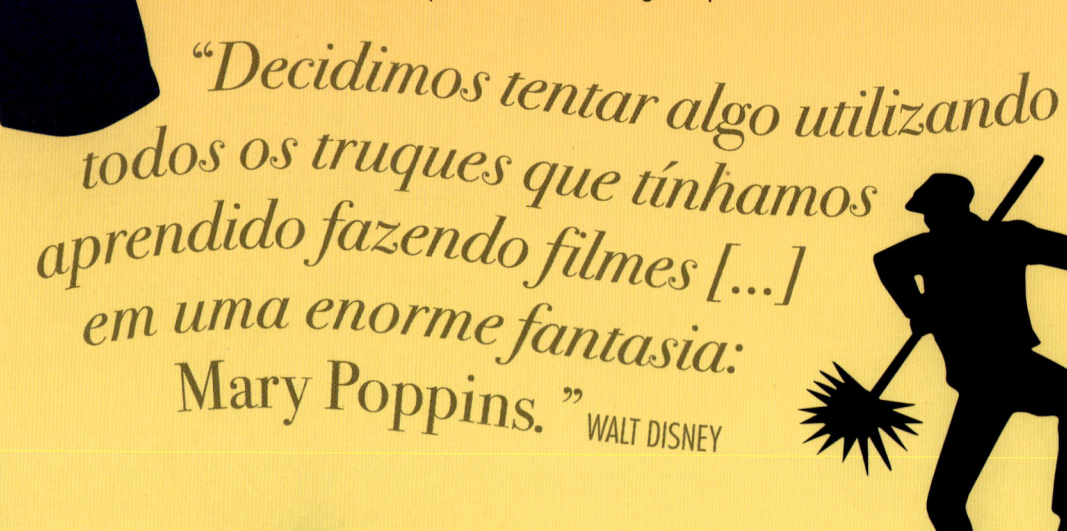

MARY POPPINS

▲ Os blocos de brinquedo do quarto das crianças agora estão abrigados nos Arquivos Walt Disney.

ESCOLHENDO UMA BABÁ E UM LIMPADOR DE CHAMINÉ

Em 1961, Walt viu Julie Andrews em *Camelot*, um sucesso da Broadway. Ele visitou a estrela nos bastidores e começou a contar a história de *Mary Poppins* com entusiasmo. Mais tarde, Julie concordou em fazer sua estreia no cinema como a enigmática babá. Foi ideia de Walt combinar vários personagens diferentes dos livros originais em Bert, um faz-tudo que é uma banda de um homem só e um limpador de chaminés, entre outras ocupações. O grande showman acabou escalando Dick Van Dyke, a versátil estrela dos palcos e do filme musical *Adeus, amor* e da série clássica de televisão *The Dick Van Dyke Show*, no papel do alegre amigo de Mary Poppins.

A MAIOR REALIZAÇÃO DE WALT

Ao combinar toda a magia cinematográfica à sua disposição – *live-action*, animação, música, comédia, sentimentalismo e a tecnologia Audio-Animatronics® –, Walt deu vida a *Mary Poppins*. Quando estreou, em 27 de agosto de 1964, o filme foi um grande sucesso e recebeu 13 indicações ao Oscar®, vencendo em cinco categorias, incluindo a de Melhor Atriz para Julie Andrews. Um verdadeiro clássico, não é de surpreender que *Mary Poppins* ficou conhecido como "a maior realização cinematográfica de Walt Disney". Esse feito inspirou futuras celebrações cinematográficas, incluindo *Walt nos bastidores de Mary Poppins* (2013), bem como outro filme híbrido, *O retorno de Mary Poppins* (2018).

▲ Mary Poppins (Emily Blunt) é responsável por seus jovens pupilos Georgie (Joel Dawson), Annabel (Pixie Davies) e John (Nathanael Saleh) em *O retorno de Mary Poppins*.

Um pouco de storyboards

Prática desenvolvida pela Disney para visualizar a ação de um filme, os primeiros *storyboards* completos foram desenhados para a Silly Symphony *Os três porquinhos* (1933). Walt Disney deu crédito ao artista Webb Smith por inventar o conceito de desenhar cenas em folhas de papel separadas e pregá-las em um quadro para desenvolver uma história em sequência. No entanto, os *storyboards* não servem apenas para a animação; há muito tempo a Disney utiliza a técnica em filmes *live-action* também. Foram criados *storyboards* para todo o filme *Mary Poppins*, incluindo a sequência de "Um pouco de açúcar". Os especialistas em *stop-motion* Bill Justice e Xavier "X" Atencio também planejaram efeitos especiais surpreendentes por meio do processo de *storyboard*.

STORYBOARD ORIGINAL
Identificados como "Design da sequência do quarto" nos créditos de abertura do filme, os veteranos artistas da Disney Bill Justice e Xavier "X" Atencio criaram o *storyboard* da mágica de Mary Poppins enquanto ela arrumava o quarto das crianças ao som de "Um pouco de açúcar".

UM POUCO DE *STORYBOARDS* **165**

CANTO INOVADOR
Os pardais que gorjeiam a alegre canção junto com Julie Andrews foram criados por *Audio-Animatronics*®, tecnologia proprietária de animação tridimensional da Disney. Na época, esse processo inovador estava em estágios muito iniciais e causou sensação na Feira Mundial de Nova York de 1964-1965, mesmo ano em que *Mary Poppins* foi lançado.

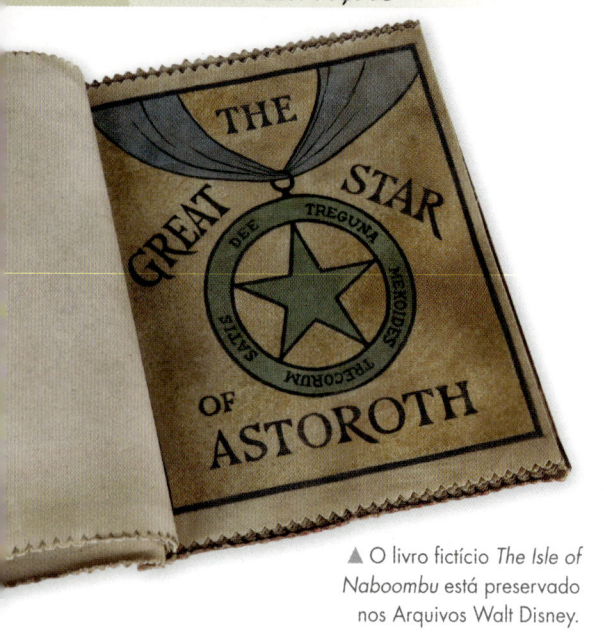

Um bis criativo

Se a minha cama voasse reuniu os criadores de *Mary Poppins* para apresentar números musicais de tirar o fôlego, peripécias com atores e personagens animados – e as desventuras mágicas de uma bruxa amadora.

▲ O livro fictício *The Isle of Naboombu* está preservado nos Arquivos Walt Disney.

Angela Lansbury estrela este musical como a elegante e correta Srta. Eglantine Price, que por acaso está fazendo um curso de bruxaria por correspondência. Relutante, ela se une a três jovens órfãos da periferia de Londres e a um vigarista – interpretado por David Tomlinson – para encontrar um feitiço antigo e ajudar a salvar a Inglaterra da invasão durante a Segunda Guerra Mundial. As origens deste filme vencedor do Oscar® na verdade antecedem *Mary Poppins*, já que Walt Disney obtivera os direitos cinematográficos de *The magic bed-knob* and *bonfires and broomsticks*, da autora inglesa Mary Norton, na década de 1940. Mas foi só na década de 1960, durante um período de inatividade no desenvolvimento de *Mary Poppins*, que Walt, os compositores Richard e Robert Sherman, o escritor/produtor Bill Walsh e o corroteirista Don DaGradi começaram a criar um musical para o cinema. Eles pegaram o conceito básico de uma feiticeira e o combinaram a uma história de jornal de 1940 de que Walsh se lembrava, que especulava sobre bruxas britânicas repelindo a invasão nazista. "The old home guard" foi a primeira canção que os irmãos Sherman compuseram para *Se a minha cama voasse* (1971), porque sentiam que o filme falava, de fato, sobre o espírito da Inglaterra. Quando o trabalho em *Mary Poppins* foi retomado, Walt temporariamente deixou *Se a minha cama voasse* de lado.

▲ Filmando os efeitos especiais vencedores do Oscar® por meio do processo de vapor de sódio aperfeiçoado pela Disney, ou "tela amarela", semelhante ao famoso processo de filmagem com fundo em tela azul.

REUNINDO TUDO

Viajemos no tempo para 1969, três anos após a morte de Walt Disney, quando Bill Walsh reviveu o projeto. Cumprindo a visão original de Walt, ele reuniu a equipe de *Mary Poppins*, incluindo o diretor Robert Stevenson,

◀ Arte de divulgação mostrando a hibridização entre criaturas de desenhos animados e atores reais.

UM BIS CRIATIVO 167

e escalou Angela Lansbury, recém-saída de seu triunfo na Broadway em *Mame*. O filme foi rodado no estúdio da Disney em cenários luxuosos. A partida de futebol animada foi dirigida por Ward Kimball, um dos lendários Nove Anciãos de Walt, e apresenta 130 piadas em um ritmo alucinante. *Se a minha cama voasse* estreou em Londres em 7 de outubro de 1971, no famoso Odeon Theatre, em Leicester Square. O longa superespetacular e cheio de feitiçaria foi indicado a cinco Oscars® (incluindo Melhor Canção por "The age of not believing"), e sua magia impressionante em tela foi agraciada com o Oscar® de Melhores Efeitos Especiais.

"Uma bruxa inglesa tem qualidades como ser agradável, familiar e tradicional." — BILL WALSH (PRODUTOR/ROTEIRISTA)

▼ O botão de cama mágico da Srta. Price (auxiliado pelos efeitos especiais que renderam um Oscar® à Disney) leva os buscadores de feitiços até o fundo de um oceano animado.

Os mundos coexistem

Uma fusão mágica entre animação e *live-action* traz muita diversão para a realidade cinematográfica, seja na escala de um dragão ou na de um esquilo.

O amado Elliott fez sua estreia nas telas em *Meu amigo, o dragão* (1977) como o amigo invisível e guardião de um jovem órfão, Pete. Criando mais complicações do que as resolvendo, mas sempre agindo com um coração puro, Pete acaba se tornando visível para que os céticos possam aceitar sua presença. Em 2016, uma nova versão do longa iluminou as telas de cinema, ambientada na costa norte do Pacífico, nos Estados Unidos, em vez de na Nova Inglaterra, e apresentou mais árvores e menos músicas do que seu antecessor.

▼ Elliot (que tem um novo visual e uma nova grafia em 2016) e Pete, de dez anos, juntos na selva.

FELIZES PARA SEMPRE OUTRA VEZ

Encantada (2007) mistura animação clássica e *live-action* moderno, criando uma aventura única. A aspirante a princesa Giselle (Amy Adams) é enganada pela malvada rainha Narissa e banida de seu reino de conto de fadas para a Nova York dos dias atuais. O diretor Kevin Lima, veterano da animação, sabia que essa homenagem da Disney seria o projeto perfeito para ele. Os cineastas sempre planejaram *Encantada* como um musical na melhor tradição Disney, e Amy Adams e James Marsden (príncipe Edward) foram treinados pelo professor de canto John Deaver.

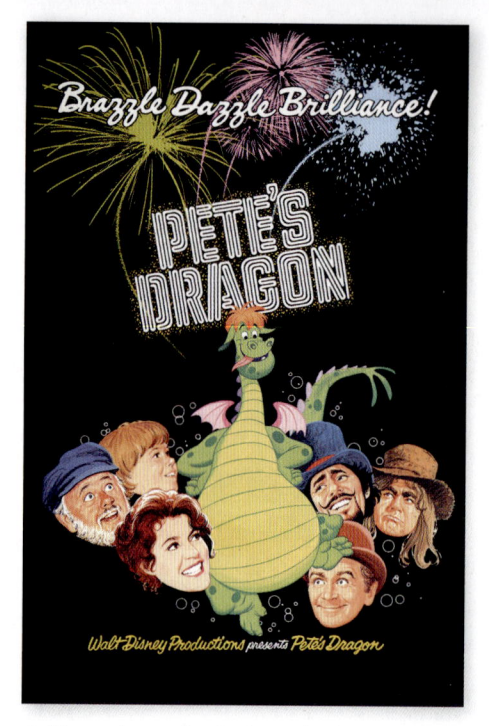

▲ *Meu amigo, o dragão* é uma história mágica e musicalmente iluminada sobre amizade e lealdade, contada de maneira grandiosa nos cinemas, com grandes personagens.

A dança na cena do baile foi coreografada por John "Cha-Cha" O'Connell, e faz referência à valsa executada em *Cinderela* (1950) e *A Bela e a Fera* (1991). A história foi ainda mais explorada em *Desencantada* (2022), que se passa dez anos depois dos eventos originais, quando Giselle tenta viver uma vida suburbana em Monroeville, mas é atraída de volta a Andalasia, enfrentando desafios ainda maiores do que criar sua enteada adolescente.

▲ No segmento animado de *Encantada* (2007), a rainha Narissa se disfarça e joga Giselle em um poço de realidade.

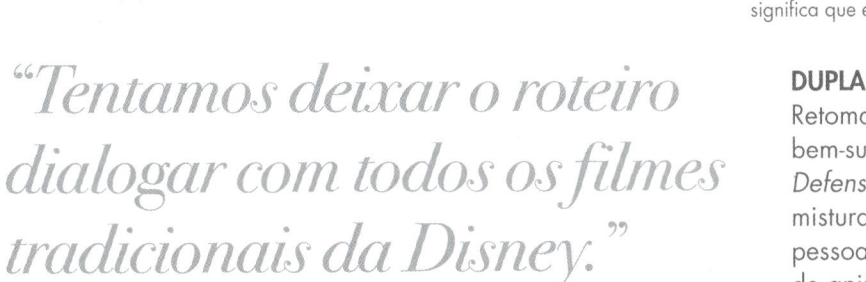

▲ Como visto em suas versões de 1989, pode parecer que o lugar de Tico e Teco não é uma agência de investigação internacional secreta, mas isso só significa que eles estão fazendo bem o seu trabalho como defensores da lei!

"Tentamos deixar o roteiro dialogar com todos os filmes tradicionais da Disney."

KEVIN LIMA (DIRETOR DE *ENCANTADA*)

DUPLA DINÂMICA

Retomando do ponto em que havia terminado a bem-sucedida série animada, o filme *Tico e Teco: Defensores da lei* (2022) é um filme híbrido, que mistura personagens 2D e 3D em um mundo de pessoas reais. Tico aparece como um personagem de animação tradicional, enquanto Teco tem um estilo gerado por computador, e ambos se reencontram trinta anos depois do show que estrelaram para um ousado resgate.

▶ Em *Desencantada*, Giselle se transforma em madrasta má depois que seu desejo de que sua família tivesse uma vida de conto de fadas dá errado.

▲ A dupla dinâmica pode ter uma nova aparência, mas ainda incorpora a mesma atmosfera divertida de parceiros na resolução de crimes no século XXI.

Um tesouro de carne e osso

Filme de aventura que inspirou muitos outros, *A ilha do tesouro* inaugurou a safra *live-action* de Walt com muita diversão pelos sete mares.

▲ Bobby Driscoll em Londres durante a turnê de divulgação de *A ilha do tesouro*, de 1950.

Embora tenha originalmente considerado *A ilha do tesouro* (1950) como um longa-metragem animado no fim dos anos 1930, Walt Disney logo mudou de ideia, planejando o butim pirata como uma combinação de animação e *live-action*, com Long John Silver contando histórias animadas ao jovem Jim Hawkins. No entanto, a Disney Studios tinha recursos congelados na Inglaterra: as receitas de bilheteria advindas dos filmes da Disney no Reino Unido não podiam ser exportadas devido a regulamentações de câmbio no pós-guerra. Walt decidiu então gastar o dinheiro na Inglaterra, navegando em águas desconhecidas ao produzir *A ilha do tesouro*, seu primeiro longa-metragem feito totalmente com atores.

FILMAGEM NA INGLATERRA

As filmagens externas foram feitas no estúdio Denham, enquanto as cenas marítimas foram filmadas em Falmouth, na Cornualha. Para as cenas no mar, uma escuna de três mastros datada de 1887 foi reconstruída e equipada com dois motores a diesel ocultos. Walt também contratou o mestre britânico pintor de cenários Peter Ellenshaw. O artista adicionou mastros de navios e outros elementos visuais por meio de pinturas em painéis de vidro colocados na frente da câmera durante as filmagens. Mais tarde, a convite de Walt, Peter se juntou ao Disney Studio, na Califórnia, e contribuiu para clássicos como *Mary Poppins* (1964).

INTERPRETAÇÕES CLÁSSICAS

Para interpretar Jim Hawkins, Walt sempre teve em mente seu jovem ator contratado Bobby Driscoll, tão logo ele atingisse a idade certa para viver o corajoso herói de coração valente concebido por Robert Louis Stevenson. O ator recebeu um Oscar® por Excelência em Atuação Juvenil, em 1949. Entre esses artistas estava o brilhante ator de teatro e cinema Robert Newton, que teve uma atuação marcante como o astuto Long John silver, papel que definiu sua carreira.

◄ A praia de aparência tropical na verdade ficava em um estúdio em Londres, Inglaterra.

▼ A estrela da Disney Bobby Driscoll como o heroico grumete Jim Hawkins, e Robert Newton em seu papel característico como Long John Silver.

▶ Mapa detalhando a localização do tesouro perdido do capitão Flint.

"*Tesouro, piratas, emoção e aventura – elementos que se combinam para tornar* A ilha do tesouro *uma das histórias de aventura mais conhecidas e amadas de todos os tempos.*" WALT DISNEY

APENAS O COMEÇO

Após a estreia mundial em Londres, em 22 de junho de 1950, *A ilha do tesouro* foi lançado em 19 de julho de 1950. O filme foi um sucesso – tanto que a Disney partiu para mais três aventuras filmadas na Inglaterra, incluindo *Robin Hood, o justiceiro* (1952). Embora continuasse, é claro, com seus longas e curtas de animação, era inquestionável que agora Walt Disney tornara-se um cineasta de *live-actions*.

Oceanos de aventura

De dois grandes fabulistas – Walt Disney e Júlio Verne – surgiu *20.000 léguas submarinas*, um dos épicos de ficção científica e fantasia mais aclamados de Hollywood.

▲ A equipe filma debaixo d'água com câmeras especialmente modificadas.

▲ Código de sinais manuais criado pela Disney para filmagens subaquáticas.

A inspiração para um dos maiores clássicos de Walt começou com seus premiados documentários de natureza, True-Life Adventures. Ao visualizar um *storyboard* subaquático para True-Life Adventure, o artista de produção Harper Goff criou uma sequência retirada do livro *20.000 léguas submarinas*, de Júlio Verne. Fascinado, Walt decidiu produzir *20.000 léguas submarinas* (1954) como seu primeiro longa-metragem *blockbuster live-action* feito em Hollywood.

A INOVAÇÃO DE WALT

O filme *20.000 léguas submarinas* foi apenas o segundo a ser produzido em CinemaScope®, e um *case* à prova d'água personalizado para as câmeras e o visor CinemaScope® foi desenvolvido. Para abrigar a colossal produção, Walt construiu um enorme estúdio de som, o Estúdio 3, que incluía um tanque interno gigante.

A ESTRELA DO FILME

Walt escalou o elenco do filme entre os melhores de Hollywood. O astro das bilheterias Kirk Douglas foi contratado como o destemido arpoador Ned Land, e James Mason foi responsável por uma poderosa atuação como o atormentado e genial capitão Nemo. Para Harper

Barbatana dorsal

Padrão de rebites

Cauda em formato de tubarão

OCEANOS DE AVENTURA

◀ James Mason como capitão Nemo na incrível cena de batalha contra a lula.

um *Nautilus* em tamanho real, com 61 metros de comprimento e 8 metros de largura em seu ponto mais largo. A lula mecânica de duas toneladas que lutou contra o poderoso *Nautilus* tinha oito tentáculos de 12 metros de comprimento e exigia uma equipe de 28 pessoas para operá-la.

FILMAGEM SUBAQUÁTICA

As gravações tiveram início em 11 de janeiro de 1954 em locações nas águas cristalinas de Nassau, nas Bahamas. Durante oito semanas, uma equipe de 54 membros filmou mais cenas subaquáticas do que jamais havia sido visto em um filme até então, com a equipe limitada a 55 minutos por vez debaixo d'água devido à quantidade de oxigênio nos cilindros de ar. Os especialistas em mergulho e design da Disney conceberam trajes de mergulho práticos singulares: roupas feitas à mão, que pesavam incríveis 102 quilos.

Goff, no entanto, a estrela do filme é o submarino movido a energia atômica do capitão Nemo, o *Nautilus*. A visão inicial do artista para essa embarcação vitoriana estilizada retratava sua suposta aparência de monstro marinho. O corpo aerodinâmico, a barbatana dorsal e a cauda simulavam as características de um tubarão. Os pesados padrões de rebites nas placas da superfície representavam a pele áspera de um jacaré, enquanto as escotilhas frontais e os holofotes superiores representavam seus olhos ameaçadores. Seis modelos em escala do submarino foram utilizados nas filmagens, assim como

"Quando decidimos fazer um filme a partir dessa história clássica, logo descobrimos que imaginar era muito mais fácil do que fazer." WALT DISNEY

▼ O navio submarino do capitão Nemo, o icônico *Nautilus*.

Vigias

Âncora

Clássicos favoritos

Ao longo dos anos, Walt e seu estúdio produziram uma miríade de filmes com atores, muitos deles verdadeiros clássicos que resistiram ao tempo.

Um caleidoscópio de filmes clássicos criados por Walt ao longo dos anos faz parte do duradouro legado da Disney. A ampla variedade de temas inclui os duendes na fantasia *A lenda dos anões mágicos* (1959), cuja origem remonta ao grande fascínio de Walt pelas histórias de Darby O'Gill, de H. T. Kavanagh. Na década de 1940, Walt visualizou o filme como uma combinação entre duendes animados e atores reais, mas, na década de 1950, ele o contemplou como um espetáculo de efeitos, só com atores.

▲ Um dos maiores astros da Disney Studios nas décadas de 1950 e 1960, Tommy Kirk brilhou em *O meu melhor companheiro*, uma história de amadurecimento sobre um garoto e seu cachorro.

▼ Um espetáculo de música e dança, conforme a tradição de Hollywood, *Uma aventura na Terra dos Brinquedos* foi o primeiro musical totalmente *live-action* da Disney.

CLÁSSICOS FAVORITOS

"... nunca perdemos nossa fé no entretenimento para toda a família – histórias que fazem as pessoas rir, histórias com temas calorosos e humanos..." WALT DISNEY

EFEITOS MÁGICOS

Walt desafiou seus magos da produção cinematográfica a tornar os pequenos leprechauns completamente críveis, tarefa que exigia um planejamento minucioso. Ao colocar Darby (interpretado por Albert Sharpe) em primeiro plano e os atores interpretando leprechauns muito mais distantes e mais baixos, a perspectiva da câmera tornava convincente a ideia de que o astuto contador de histórias estava interagindo com os anões mágicos. Os intensos efeitos especiais utilizados em *A lenda dos anões mágicos* exigiram um set bem iluminado, e a quantidade de eletricidade utilizada em uma tomada complexa acabou causando uma falha de energia em toda a cidade de Burbank.

CLÁSSICO DURADOURO

Os personagens clássicos de "Mamãe Gansa" e uma visão envolvente de uma Terra dos Brinquedos onde os soldados de madeira ganhavam vida tornaram *Uma aventura na Terra dos Brinquedos* (1961) um clássico de Natal. George Bruns, compositor da Disney, deu vida à visão de Walt, adaptando as amadas melodias do sucesso de Victor Herbert, originalmente feitas para o teatro, em uma trilha sonora de filme indicada ao Oscar®. Annette Funicello é a protagonista do filme. Garota já conhecida da Disney na TV em *Clube do Mickey*, ela estava no auge de seu sucesso como estrela da música. Para o vilão cômico Barnaby, Walt escalou Ray Bolger, o Espantalho de *O mágico de Oz* (1939), da MGM.

ELENCO CRUCIAL

Walt cultivava seu próprio grupo de estrelas, que, além de Annette, incluía Tommy Kirk, que entregou uma atuação comovente em *O meu melhor companheiro* (1957), e Hayley Mills, que estrelou *Pollyanna* (1960), adaptação do romance de Eleanor H. Porter. Kurt Russell talvez detenha o recorde de longevidade, tendo aparecido em produções *live-action* e animadas da Disney por mais de cinco décadas, começando com *Nunca é tarde para amar* (1966), passando pela série de filmes de Dexter Riley, incluindo *O computador de tênis* (1969), e muito mais. Muito tempo depois de sua memorável atuação em *Mary Poppins* (1964), Julie Andrews voltou ao universo Disney como a rainha em *O diário da princesa* (2001) e sua sequência, em 2004.

▲ Dexter Riley (Kurt Russell), Annie (Debbie Paine) e Pete (Frank Webb), alunos do Medfield College, ganham mais do que apenas uma doação de tecnologia em *O computador de tênis*.

Comédias inteligentes

As comédias da Disney conquistaram um lugar na história do cinema com uma mistura de humor pastelão, fantasia e efeitos especiais inovadores.

Walt adorava criar situações semelhantes às de desenhos animados em filmes *live-action*. O resultado foi uma série de comédias que combinavam o humor pastelão, efeitos especiais e uma pitada de sátira social. Walt originalmente planejou *Felpudo, o cachorro promotor* (1959) como um programa de TV, mas quando a rede não se interessou, ele o produziu como um longa-metragem teatral. Estrelando o queridinho da Disney Tommy Kirk como o adolescente transformado em cão, o longa também contou com Fred MacMurray, em seu primeiro filme da Disney. A visão de um grande cachorro peludo dirigindo um carro, escovando os dentes e realizando outras atividades humanas fez sucesso entre o público, tornando o filme um dos maiores sucessos de bilheteria do ano.

◀ Fred MacMurray dominou a ciência da comédia física em *O fantástico super-homem*.

EFEITOS ESPETACULARES

MacMurray retornou em *O fantástico super-homem* (1961), a história do professor Ned Brainard, do Medfield College, que descobre um material antigravitacional – a borracha voadora – que ele batiza de "Flubber". Os efeitos de carros voadores foram realizados com diversas técnicas, incluindo o processo *matte* (no qual atores e imagens de fundo são combinados), miniaturas e maquetes sustentadas por fios. A cena em que a equipe de basquete do Medfield pula alto sobre as cabeças de seus rivais levou dois meses para ser filmada. Além da mistura de truques de filmagem, a cena inovou ao criar a ilusão de voo, suspendendo atores em cabos. *O fantástico super-homem* foi um sucesso tão grande que Walt produziu uma continuação, *O fabuloso criador de encrencas* (1963) e, décadas depois, o estúdio produziu uma versão atualizada, estrelada por Robin Williams, intitulada *Flubber: Uma invenção desmiolada* (1997).

INFORTÚNIOS CIENTÍFICOS

As tradições cômicas de Walt se estenderam por décadas, como no filme *Querida, encolhi as crianças* (1989). A invenção

COMÉDIAS INTELIGENTES 177

◀ *Felpudo, o cachorro promotor* colocou um adolescente transformado em cachorro no banco do motorista, impulsionando uma série de comédias com efeitos especiais.

"Um filme para toda a família é aquele que as crianças podem levar seus pais para ver sem se envergonhar." WALT DISNEY

de Wayne Szalinski encolhe seus filhos e as crianças vizinhas por acidente. Minúsculos, eles devem enfrentar uma série de desventuras até voltar para casa.

HUMOR NATALINO

Scott Calvin (interpretado por Tim Allen) não está procurando um novo emprego quando veste o traje de Papai Noel, mas acaba herdando esse dever em *Meu papai é Noel* (1994). O "desvio" de carreira de Scott traz alegria a todas as crianças, quer ele goste ou não. A alegria continua enquanto Scott aprende sobre a "Sra. Noel" em *Meu papai é Noel 2* (2002), e considera o que fazer agora que está próximo de se aposentar, como visto na série de *streaming Meu papai ainda é Noel* (2023).

▲ MacMurray retornou como professor Brainard em *O fabuloso criador de encrencas*.

Feitiços das bruxas

As três irmãs Sanderson voaram pela primeira vez nas telas do cinema em *Abracadabra* (1993). Winifred (Bette Midler), Sarah (Sarah Jessica Parker) e Mary Sanderson (Kathy Najimy) são bruxas irmãs, de Salém, que foram ressuscitadas pela luz da Vela da Chama Negra e estão prontas para vingar suas mortes e recuperar a juventude. Na esteira desse momento mágico do cinema, o filme – cheio de peripécias e humor de Halloween – tornou-se uma comédia clássica da Disney, com uma legião de seguidores aparentemente enfeitiçados. Famílias e fãs ao redor do mundo transformaram assistir a *Abracadabra* em uma tradição sagrada de Dia das Bruxas.

As irmãs foram trazidas de volta às telas após seu aparente desaparecimento em 1993 por outra iluminação da mística Vela da Chama Negra nas florestas de Salém; dessa vez, sem saber, pelas mãos da jovem Becca... E assim os mortos ressurgiram – bem como uma aventura totalmente nova para Becca e seus amigos. *Abracadabra 2* (2022) é uma história divertida de sororidade entre amigas adolescentes e, no caso das Sanderson, irmãs de verdade. O filme também incorpora duas canções cativantes em sua trama de bruxas, "The witches are back" e uma versão Sanderson de "One way or another", clássico dos anos 1980.

A sequência foi filmada nas cidades de Providence, Rhode Island e Boston, Massachusetts, mas o designer de produção Nelson Coates lançou seu feitiço de truques cinematográficos nessas locações para transformá-las em uma vila de Salém nos moldes de 1653.

A Floresta Proibida foi criada dentro do Cranston Armory Stage, com mais de noventa árvores assustadoramente artesanais feitas de fibra de vidro e folhas de seda sobre uma estrutura de aço, plantadas entre formações rochosas diabolicamente elaboradas. Coates lançou sua magia outra vez em Newport, Rhode Island, para criar o Salem Scare Fest, que também envolveu o designer de figurino Salvador Perez na criação de seiscentos trajes únicos para vestir os moradores da cidade. Sarah, Winifred e Mary Sanderson estão assustadoramente radiantes nos novos figurinos desenhados por Perez, enquanto seus trajes originais de *Abracadabra* estão guardados nos Arquivos Walt Disney. As capas utilizadas no segundo filme consumiram 26 metros de seda habotai de dupla camada, cobertos com minúsculos cristais Swarovski.

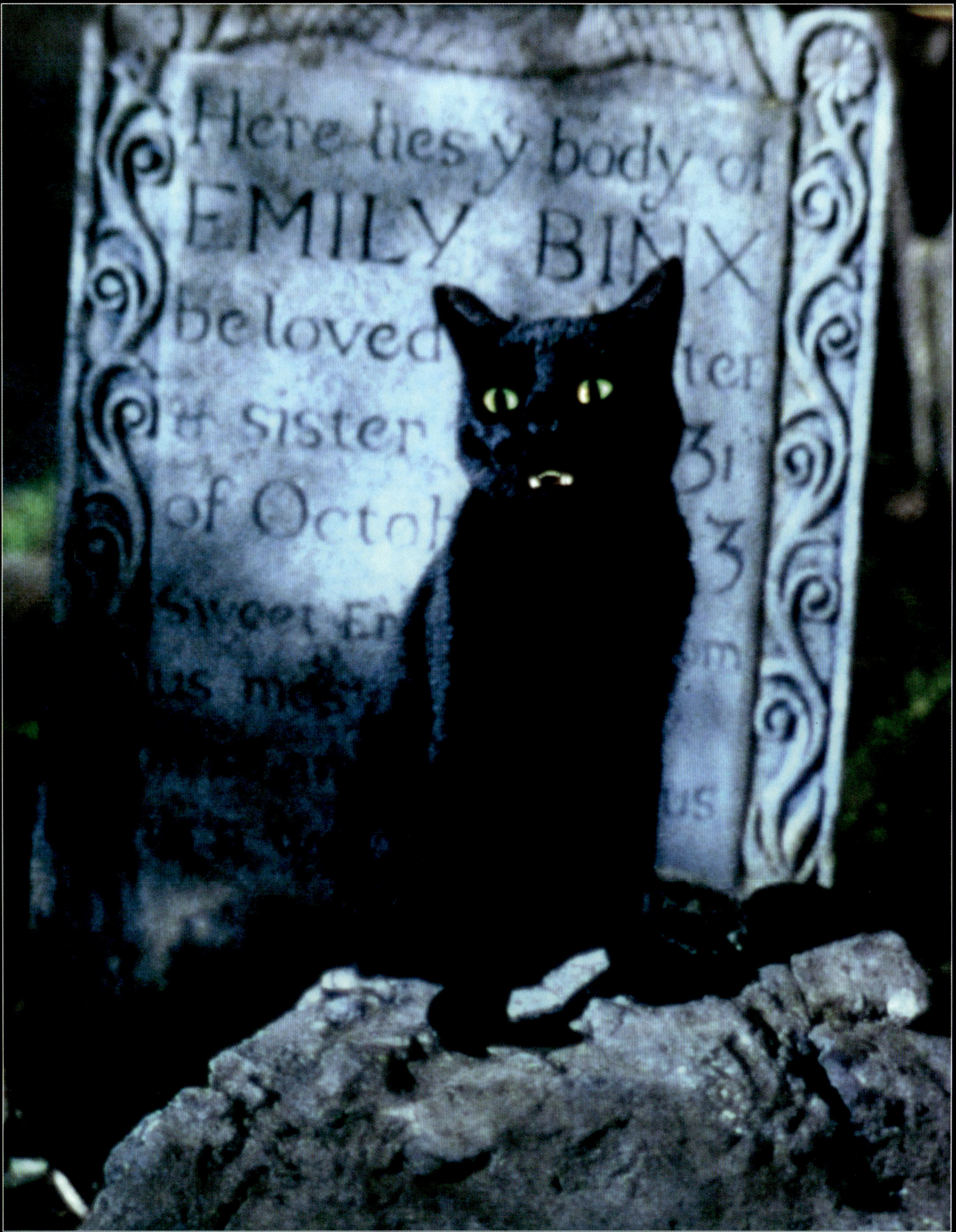
Here lies ye body of
EMILY BINX
beloved
& sister
31
of Octo

Iluminando a fronteira digital

Tron: Uma odisseia eletrônica é uma ficção científica futurista e um experimento revolucionário.

▲ Esboço do Programa de Controle Mestre, um dos primeiros personagens na história do cinema realizado por meio de imagens geradas por computador.

Tron: uma odisseia eletrônica (1982) anteviu a revolução digital e ganhou uma dedicada base de fãs alimentada pela crescente popularidade dos videogames. Nessa ficção científica, o designer de jogos Kevin Flynn (interpretado por Jeff Bridges) se vê preso dentro de um computador, onde é obrigado a competir em disputas de vida ou morte pelo malévolo Programa de Controle Mestre (MCP). Em um plano audacioso, Flynn se junta a Tron, um programa rebelde, para desafiar o MCP pelo controle do mundo do computador, sua única esperança de voltar ao mundo real.

TIME TALENTOSO
A gênese dessa epopeia eletrônica começou em 1975, quando o roteirista/diretor Steven Lisberger viu seu primeiro videogame e ficou intrigado pela qualidade realista dos gráficos de computador. Lisberger reuniu uma equipe de design criativo de primeira linha, incluindo o artista de quadrinhos Jean "Moebius" Giraud, o futurista visual Syd Mead e os magos de efeitos especiais Richard Taylor e Harrison Ellenshaw (pintor de *matte* e filho de Peter Ellenshaw, mago de efeitos especiais da Disney). Juntos, eles desenvolveram a aparência dos veículos futuristas, figurinos e cenários conforme apareceriam no mundo digital de *Tron*.

TÉCNICA DE BACKLIGHT
Durante a pré-produção, Lisberger decidiu utilizar a composição de vídeo

◀ O traje de Tron, criado por Elois Jenssen e Rosana Norton.

> *"Percebi que poderia utilizar computadores para contar uma história sobre videogames. Os jogos eram a base para a fantasia; a imagética de computador era o meio para criá-la."*
>
> STEPHEN LISBERGER (ROTEIRISTA/DIRETOR)

► Para alcançar os efeitos luminosos nos personagens, (1) os atores eram fotografados em preto e branco; (2) recortes especiais de *matte* eram feitos em cada quadro; (3) cenários pintados e o brilho do circuito eram adicionados na pós-produção, que criou o que a equipe chamou de "animação retroiluminada".

para criar a ilusão de atores reais (que atuavam contra fundos pretos simples) em um mundo feito de eletricidade. Ao fotografar em preto e branco e, em seguida, reprocessar o filme com filtros coloridos e animação retroiluminada (ou *backlight*, processo em que a luz colorida é projetada através de recortes em células de animação), os personagens vivos adquiriram um design luminoso que os integrava efetivamente ao seu ambiente no mundo eletrônico.

ESPETÁCULO DE EFEITOS ESPECIAIS

O intenso processo de pós-produção, que combinava imagens geradas por computador e as filmagens em *live-action*, levou meses para ser finalizado. *Tron: Uma odisseia eletrônica* exigiu 1.100 tomadas de efeitos especiais, com 200 delas incorporando *live-action* – maior número já utilizado até então em um longa não animado. Cerca de 48 milhões de bits de informação foram necessários para completar um único quadro, sendo que cada um exigia até seis horas para ser renderizado.

A CONTINUAÇÃO

Tron, que levou sete anos para ser feito, foi lançado em 9 de julho de 1982 e aclamado pela crítica por seus efeitos visuais inovadores. A popularidade do filme inspirou a sequência *Tron: O legado* (2010). Assim como seu predecessor, a sequência foi um triunfo de efeitos especiais. A realidade virtual da Grade buscava uma versão mais avançada do ciberespaço, e o diretor Joseph Kosinski estava determinado a fazer o público sentir como se as filmagens tivessem ocorrido no universo fictício. As câmeras foram projetadas para filmar as sequências da Grade inteiramente em 3D.

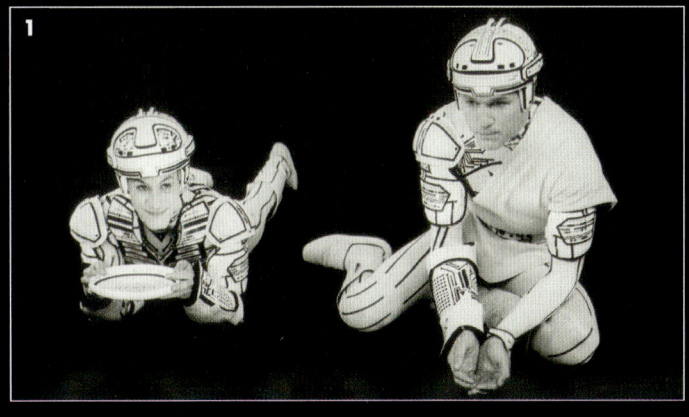

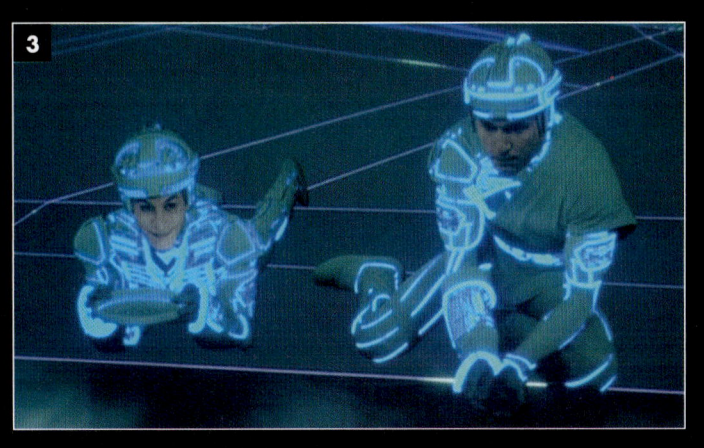

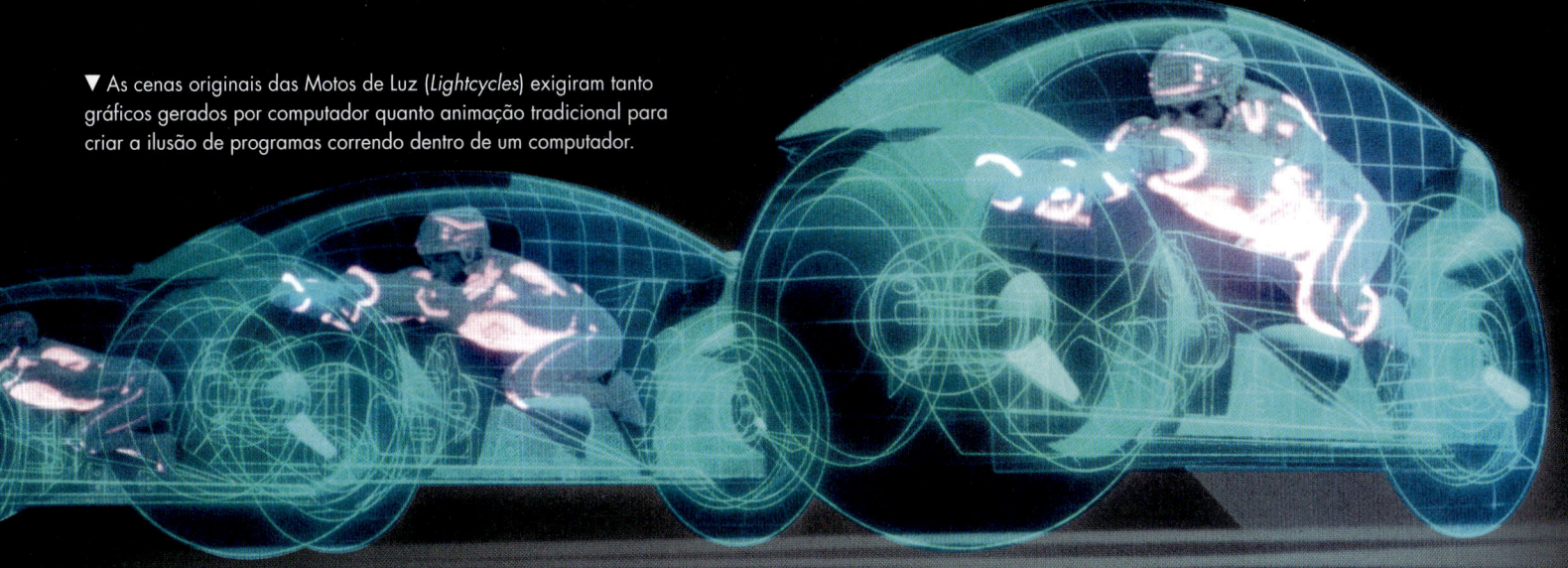

▼ As cenas originais das Motos de Luz (*Lightcycles*) exigiram tanto gráficos gerados por computador quanto animação tradicional para criar a ilusão de programas correndo dentro de um computador.

▲ A equipe de design de produção tinha como objetivo proporcionar um visual autêntico dos anos 1930, como visto neste cenário de salão de baile criado no estilo *art déco*.

Uma aventura de foguete

Uma emocionante aventura no ar, *Rocketeer* conquistou o coração dos fãs de ficção científica e quadrinhos para se tornar um clássico cult das alturas.

Ação dos quadrinhos, aventura de revistas *pulp* e suspense de séries de filmes se combinam para criar uma aventura radical em *Rocketeer* (1991). O jovem piloto de testes Cliff Secord é lançado em uma ousada aventura de mistério e intriga na Los Angeles de 1938, quando descobre um foguete secreto que o permite navegar pelos céus como o misterioso herói enigmático Rocketeer. Lembrando os seriados de aventura da TV dos anos 1930, o filme é baseado em uma série de quadrinhos introduzida em 1981 pelo ilustrador e roteirista Dave Stevens (que faz uma participação especial no filme como um piloto de testes alemão).

DESIGN DINÂMICO

Fã do quadrinho original, o diretor Joe Johnston procurou dar muita ação ao filme, mas também conferir-lhe autenticidade na recriação do visual da época. O design da produção exigiu centenas de técnicos para recriar a Los Angeles de 1938. Além de construir cenários

▶ O artista e escultor Edward Eyth projetou cenários, objetos de cena, sequências de *storyboard* e a icônica mochila a jato do Rocketeer.

Um motor funcional foi incluído na mochila a jato das gravações.

A mochila a jato soltava rastros de fogo reais de seus propulsores.

Um protetor de perna foi adicionado à mochila para a segurança dos dublês.

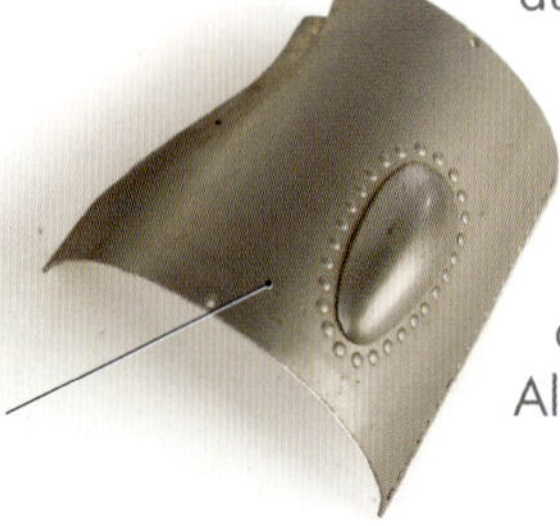

A mochila a jato poderia ser facilmente desmontada para ajustes no motor.

UMA AVENTURA DE FOGUETE 183

da época, incluindo o Bulldog Café, em forma de cachorro, inspirado em um restaurante real de Los Angeles, criar o traje extremamente importante do Rocketeer foi um desafio. Os designers reformularam a mochila a jato das suas origens nos quadrinhos, dando-lhe uma aparência mais aerodinâmica e funcional. O capacete do Rocketeer precisava parecer prático e dinâmico em design, por isso dezenas de variações foram desenhadas. Por fim, apenas uma semana antes do início das filmagens, Stevens trabalhou com o escultor Kent Melton para criar o capacete alongado e aerodinâmico visto no longa.

PAPEL ESTELAR

Centenas de atores foram considerados para o papel de Cliff Secord (até mesmo Dave Stevens foi convidado para a audição). Mas foi Billy Campbell, a personificação física do jovem piloto de testes, conforme visto nos quadrinhos, o selecionado para interpretar o Rocketeer.

"Eu fiquei intrigado com o personagem dos quadrinhos, com o período em que se passa, e com o fato de que eu sabia que seria uma grande história de aventura."
JOE JOHNSTON (DIRETOR)

EFEITOS AEROESPACIAIS

A magia de efeitos especiais no filme tinha que ser eficaz o suficiente para convencer o público de que um homem impulsionado por foguetes poderia voar, e exigia muita preparação. Para criar a ilusão de voo e torná-la o mais realista possível, Johnston suspendeu os dublês do Rockteer por cabos sob um helicóptero que voava a velocidades de até 145 km/h. Os técnicos de efeitos especiais projetaram o propulsor da mochila a jato para emitir trilhas de fogo reais, e o traje do Rockteer teve que ser isolado para se proteger das chamas abertas. Essas alterações no traje e no propulsor da mochila acrescentaram 23 kg ao conjunto, tornando as cenas de voo ainda mais exigentes para os artistas. A figurinista Marilyn Vance-Straker criou quarenta versões da jaqueta do Rockteer, e cada uma tinha uma função diferente. Uma versão trazia um painel de tecido com um paraquedas dentro, necessário para uma cena em que o dublê performava uma queda livre de 30 metros.

▶ Os dublês eram suspensos por fios invisíveis para criar a ilusão de voo.

derdeen
Clássicos animados ganham vida

O rico legado dos clássicos animados da Disney inspira novas epopeias *live-action* que transportam personagens animados ao reino da realidade.

Em *Alice no País das Maravilhas*, de Tim Burton (2010), Alice cai novamente na toca do coelho onde entrou pela primeira vez quando era criança. Lá, ela embarca em uma jornada para descobrir sua verdadeira identidade. Os personagens loucamente imaginativos da obra de Lewis Carroll, de 1865, e da adaptação animada produzida por Walt Disney, em 1951, naturalmente atraíram o criativo e excêntrico diretor. Burton acredita que o País das Maravilhas permaneceu viável porque explora elementos nos quais as pessoas não pensam em um nível consciente. A mistura de efeitos visuais com personagens de computador apresenta a visão de Burton com uma riqueza de detalhes adequada ao ambiente surreal do País das Maravilhas.

▲ No longa animado da Disney, de 1951, Alice acha intrigante a experiência de flutuar lentamente pela toca do coelho em direção ao País das Maravilhas.

▼ Em contraste com sua versão animada, a Alice da adaptação de 2010, de Tim Burton, está aterrorizada enquanto cai pela toca do coelho.

HISTÓRIA ENCONTRA CONTO DE FADAS

Em um dos momentos mais queridos do clássico animado de Walt Disney *Cinderela* (1950), a Fada Madrinha transforma a singela roupa de uma simples criada em um deslumbrante vestido de baile e coloca sapatinhos de cristal brilhantes em seus pés delicados. Quando chegou a vez da adaptação *live-action* de 2015, a designer de figurinos vencedora de três Oscars® Sandy Powell bancou a Fada Madrinha da vida real ao criar um vestido de baile tão lindo que parecia ter sido feito por magia.

▲ O feitiço da Fada Madrinha transforma Cinderela para o baile no filme animado.

▲ O designer de produção vencedor do Oscar® Dante Ferretti e sua equipe elaboraram a carruagem dourada de Cinderela, que media 3 metros de altura e cerca de 5 metros de comprimento.

"Eu nunca havia considerado dirigir um conto de fadas, mas fui cativado pelo poder da história e achei que estava em sincronia com o talento artístico visual da produção." — KENNETH BRANAGH (DIRETOR)

▶ Sandy Powell começou a trabalhar em conceitos para os vestidos de Cinderela dois anos antes do início das filmagens. O vestido de baile de 12 camadas levou mais de 550 horas para ser criado e envolveu o trabalho de 16 pessoas. Nove cópias foram usadas durante a produção.

A CAMINHO DO BAILE

Uma das cenas mais fascinantes de *Cinderela* (2015) acontece quando a Fada Madrinha utiliza sua magia para garantir que Ella vá ao baile. Com um toque de sua varinha, uma abóbora é transformada em uma magnífica carruagem dourada, que era decorada com folhas de ouro e pesava quase duas toneladas. Quatro ratos se transformam em cavalos, um ganso se torna o cocheiro e dois lagartos se transformam em criados! A magia pode durar apenas até a meia-noite, mas as lembranças felizes do baile de Ella durarão para sempre.

▲ Leitão, Pooh e os amigos chamam seu amigo humano, Christopher Robin, agora adulto, de volta à essência e à alegria de sua infância.

Sobre ursinhos e bonecos

A promessa de que um brinquedo favorito ganhará vida é a essência dos sonhos... e esses sonhos tornam-se realidade nos clássicos recontados da Disney

▲ Christopher Robin (Ewan McGregor) e Pooh (com voz de Jim Cummings, no original) recuperam o tempo perdido juntos no filme *live-action*.

Um homem adulto se reencontra com Pooh e outros amigos de infância muito amados em seu momento de necessidade, como mostra *Christopher Robin: Um reencontro inesquecível* (2018). A história é uma reunião melodiosa com novas canções originais fornecidas por Richard M. Sherman, um dos integrantes da lendária dupla de irmãos que escreveu a maior parte das músicas para os projetos originais de *O ursinho Pooh*, de Walt Disney. Os amigos peludos e atemporais retomam de onde haviam sido deixados nas lembranças de infância de Christopher para mostrar ao adulto como se reconectar à alegria e ao encanto, e como ser um pai mais presente para o próprio filho.

"Eu sempre chego aonde estou indo ao me afastar de onde estive." O URSINHO POOH

◀ Christopher, Evelyn (Hayley Atwell) e Madeline (Bronte Carmichael) se reúnem como família, com a ajuda de alguns velhos amigos.

SOBRE URSINHOS E BONECOS 187

◀ Gepeto (Tom Hanks) dá os toques finais em seu boneco Pinóquio, sem saber que um dia ele se tornará seu filho, um menino de verdade.

▼ Enquanto participa do espetáculo de Stromboli, Pinóquio faz amizade com a bondosa marionetista Fabiana (Kyanne Lamaya).

> "*Tudo se resumia à ânsia de Gepeto em querer fazer parte de algo maior do que ele mesmo, fazer parte de uma família.*"
>
> TOM HANKS (GEPETO)

▲ O marionetista Stromboli (Giuseppe Battiston) pode ser um anfitrião gracioso no palco, mas é muito diferente nos bastidores.

▼ O Cocheiro (Luke Evans) parece ser um cara legal recebendo crianças em um lugar incrível, mas a verdade se revela de maneira muito assustadora para alguns em *Pinóquio*.

FAZENDO UM DESEJO

Gepeto passou décadas espalhando alegria com sua habilidade em marcenaria, e agora chegou o momento de encontrar sua própria felicidade por meio de sua arte em *Pinóquio* (2022). Na animação clássica original da Disney, dar vida a um boneco de madeira foi uma jornada artística encantadora, mas esculpir digitalmente a marionete para o mundo *live-action* apresentou novos desafios, como garantir que a textura da madeira se movesse de forma natural, como se fosse pele humana. Embora muitos aspectos do filme *live-action* sigam fielmente a história da versão animada, algumas mudanças notáveis proporcionaram uma nova abordagem à trama. Por exemplo, em vez do Grilo Falante, é a Fada Azul que entoa "When you wish upon a star", e a Ilha da Diversão agora apresenta tentações e desafios mais contemporâneos para os jovens visitantes. Além disso, novos personagens foram introduzidos no filme de 2022, como a marionetista Fabiana, a bailarina-marionete Sabina, e Sofia, a gaivota. No entanto, mesmo com essas atualizações, a essência de Pinóquio permanece uma poderosa lição sobre honestidade e autenticidade.

Amados vilões

Essas antagonistas são ainda mais divertidas de assistir ao trazer seus planos malévolos para a realidade da telona.

A presença ameaçadora dos vilões da Disney tem conquistado o coração de cinéfilos geração após geração, tanto nos filmes animados quanto nos *live-action*. A ameaça fantástica dos vilões, tanto visualmente quanto em termos de enredo, os torna fascinantes para o público, que anseia saber o que esses personagens ousados tentarão realizar e como aprenderão sua importante lição – tudo isso enquanto exibem um estilo de moda fascinante.

▼ Angelina Jolie interpreta um papel vilanesco em *Malévola*, e não uma típica fada madrinha, como Aurora (Elle Fanning) acaba descobrindo.

VIS VILÕES

Uma nova abordagem de um conto de fadas explora a história não contada da vilã mais icônica da Disney, de *A Bela Adormecida* (1959). A saga de *Malévola* (2014) revela a traição que levou o coração puro da personagem a transformar-se em pedra. Os cineastas queriam que a fada má tivesse um toque de fantasia e uma qualidade surreal, mas também que estivesse fundamentada na realidade. O estilo único e perverso de Malévola envolveu os talentos da atriz vencedora do Oscar® Angelina Jolie, bem como uma equipe de artistas e designers. A figurinista Anna B. Sheppard se inspirou no trabalho do animador original de Malévola,

▲ A inspiração para o figurino de Malévola veio dos desenhos do lendário animador Marc Davis no filme *A Bela Adormecida*, de Walt Disney.

Marc Davis, para criar a capa esvoaçante, a gola alta e os icônicos chifres de seu dramático traje. O produtor e veterano da animação Don Hahn acredita que, como contadores de histórias, os cineastas são chamados a reinventar essas fábulas antigas, exatamente como Walt fazia em seus longas animados e o que a Disney continua a fazer em seus filmes *live-action*. *Malévola: Dona do mal* (2019) mergulha ainda mais fundo na relação complexa entre Aurora e Malévola.

MODA FURIOSA

A história da origem da vilã clássica de *101 Dálmatas*, Cruella De Vil, retorna à época de juventude de Estella (Emma Stone), cuja mentalidade criativa, vida difícil e encontros fortuitos se misturam em um mundo de alta costura e crueldade em *Cruella* (2021). Partindo de sua juventude difícil na cena punk de Londres dos anos 1970, Estella se transforma em uma sensação sinistra com um olhar para o design e a malvadeza – e uma complicada história envolvendo dálmatas. Cruella desfila seu estilo fashionista no tapete vermelho para receber um Oscar® de Melhor Figurino em homenagem aos talentos da figurinista Jenny Beavan.

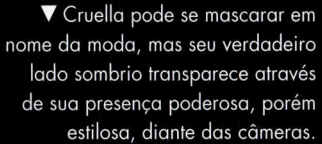

▲ O animador Marc Davis deu vida a Cruella De Vil de uma forma fascinante no filme animado de 1961.

▲ A jovem designer Estella tem grandes aspirações para sua carreira na moda… mas a que custo?

▼ Cruella pode se mascarar em nome da moda, mas seu verdadeiro lado sombrio transparece através de sua presença poderosa, porém estilosa, diante das câmeras.

▲ A saia de Cruella serve também como capa para o carro, e exigiu da atriz Emma Stone muito equilíbrio para subir graciosamente no veículo e ainda posicionar a saia no lugar.

Música e magia

A magia da Disney funciona tanto em animação quanto em *live-action*, como visto nas releituras de histórias cinematográficas favoritas que passaram pelo teste do tempo.

Quando *A Bela e a Fera* (2017) apareceu em *live-action*, o filme abraçou com grande entusiasmo a musicalidade de seu antecessor, adicionando quatro canções originais criadas pela lendária equipe formada por Alan Menken e *Sir* Tim Rice. Filmado em Londres e nos arredores, o filme exigiu a construção de 27 cenários físicos nos Shepperton Studios. Esses cenários foram digitalizados em um sistema de software para receber iluminação e filmagens que precisavam incorporar tanto atores reais quanto personagens e efeitos gerados por computador. Villeneuve, a vila de Bela na nova versão, foi um desses novos cenários, e recebeu o nome em homenagem a Gabrielle-Suzanne Barbot de Villeneuve, autora da primeira versão impressa do clássico *A Bela e a Fera*. O castelo fantástico da Fera foi outro cenário construído, e a estrutura foi influenciada por uma variedade de caprichados estilos arquitetônicos, incluindo o rococó francês, o teto de uma abadia beneditina na República Tcheca e uma biblioteca em Portugal. Até mesmo a floresta ao redor do castelo foi construída para o filme, e nela foram incluídas árvores reais, cercas vivas e um lago congelado cercado por um conjunto de portões de gelo de 8,8 metros de altura e quase 20 mil estalactites.

▲ A cena do salão de baile retrata uma romântica coreografia entre Bela (Emma Watson) e Fera (Dan Stevens) na adaptação *live-action* do clássico animado da Disney.

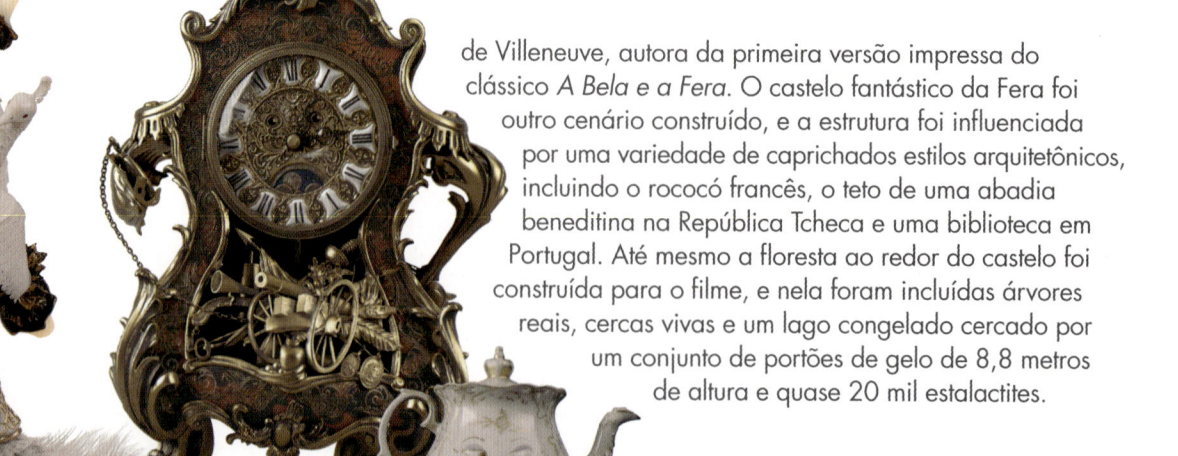

◄ A equipe do castelo exala vivacidade em suas formas de utensílios de cozinha, peças de mobília e estofamento.

MÚSICA E MAGIA 191

◀ O relacionamento de Dalia (Nasim Pedrad) e Jasmine (Naomi Scott) adiciona mais um nível de conexão e comunicação à história de *Aladdin*.

▶ Aladdin (Mena Massoud) e Jafar (Marwan Kenzari) se conhecem.

"Este é um musical em sua forma tradicional mais pura, e eu gostei do desafio." GUY RITCHIE (DIRETOR)

MAIOR QUE A VIDA

O Gênio continua a proporcionar risadas e a conceder desejos ao ser libertado de sua lâmpada em *Aladdin* (2019). Para encontrar a Jasmine e o Aladdin perfeitos, os cineastas passaram mais de um ano escalando os papéis, e promoveram audições com 2 mil atores ao redor do globo no processo. Com a inclusão de uma nova personagem na história, Dalia, o público teve a chance de conhecer mais sobre a perspectiva de Jasmine a partir dos diálogos entre a princesa e sua dama de companhia. Há também mais profundidade no personagem de Jafar, já que esta versão revela que a história do vilão não difere tanto assim da de Aladdin, sendo também ele um órfão que precisa encontrar seu próprio caminho no mundo. Um verdadeiro desejo concedido aos amantes de musicais, a sequência da música "Príncipe Ali" levou cinco dias e precisou de sete câmeras para ser filmada, 250 dançarinos e 200 figurantes.

▲ Aladdin, em sua *persona* de príncipe Ali, fala sobre experimentar o mundo com a princesa Jasmine.

DISNEY EM AÇÃO

Do campo de batalha ao grande azul

Personagens com força interior e magia ganham vida em ambientes épicos.

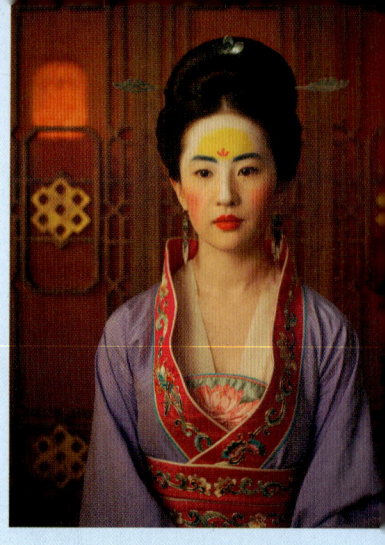

▲ Hua Mulan (Liu Yifei) está pronta para se encontrar com a casamenteira.

Embora Mulan, Ariel e Peter Pan tenham ganhado vida em animações cinematográficas ao longo de mais de quarenta anos, suas histórias clássicas de bravura e crença em si mesmos são inspiradoras e atemporais. O público tem a sorte de participar de seus mundos tanto em animações quanto em *live-action*.

HONRA OCULTA

O poder de uma guerreira brilha na escuridão da guerra no filme *live-action Mulan* (2020), baseado no poema chinês "A balada de Mulan". Para a produção em grande escala, complexas cenas de batalha exigiram uma enorme artilharia: foram fabricados cerca de 4 mil objetos de cena retratando armas, incluindo a espada detalhada do pai de Mulan, feita de bronze e aço com as palavras "Lealdade, Bravura, Verdade" gravadas na lâmina. Esse objeto vital também teve uma versão alternativa fundida em borracha leve e fibra de carbono, que pesava apenas 300 g, para facilitar as lutas de espadas de Mulan diante das câmeras.

▲ O design da sala do trono do imperador foi baseado em edifícios antigos que ainda existem, mas representado de maneira mais grandiosa e dourada para elevar a presença do imperador tanto aos olhos de Mulan quanto aos do público.

◀ Mulan empunha uma espada impressionante com seu espírito guerreiro inato.

DO CAMPO DE BATALHA AO GRANDE AZUL

A SABEDORIA DA JUVENTUDE

Crescer é difícil, e Wendy Darling não acredita que está pronta para isso quando o público a conhece em *Peter Pan & Wendy* (2023). Seu desejo juvenil de encontrar o amigo de contos de fadas Peter Pan se torna realidade, e Wendy embarca numa aventura marcante e única com seus irmãos Michael e John. Ela retorna ao mundo real com uma nova perspectiva sobre o que o futuro pode reservar, independentemente de encontrar ou não inimigos do mundo real que lembrem o Capitão Gancho.

▲ Peter Pan (Alexander Molony) e Wendy (Ever Anderson) se escondem no quarto de Peter na casa dos Meninos Perdidos.

▶ Os irmãos Michael (Jacobi Jupe) e John Darling (Joshua Pickering) divertem-se brincando com espadas.

AVENTURA COM OS PÉS NO CHÃO

A jovem sereia Ariel sempre foi fascinada pelo que acontece acima do nível do mar, e a releitura *live-action* de sua história clássica adiciona outro nível de realidade a seu conto. *A pequena sereia* (2023) reprisa as amadas canções, enquanto conduz o público com Ariel, que segue para a terra firme ao fazer um acordo com a vilã Úrsula, a bruxa do mar. Após vivenciar a vida no mundo humano, Ariel precisa equilibrar sua profunda curiosidade por tudo o que é humano e o custo de seu acordo com Úrsula, colocando em risco sua vida e os domínios do pai, o rei Tritão.

▲ O príncipe Eric (Jonah Hauer-King) percebe que Ariel (Halle Bailey) é a pessoa que o salvou depois de ele ter desmaiado debaixo d'água.

◀ Eric e Ariel examinam um mapa do mundo humano no castelo, enquanto ele descreve diferentes locais e conta a Ariel sobre suas viagens.

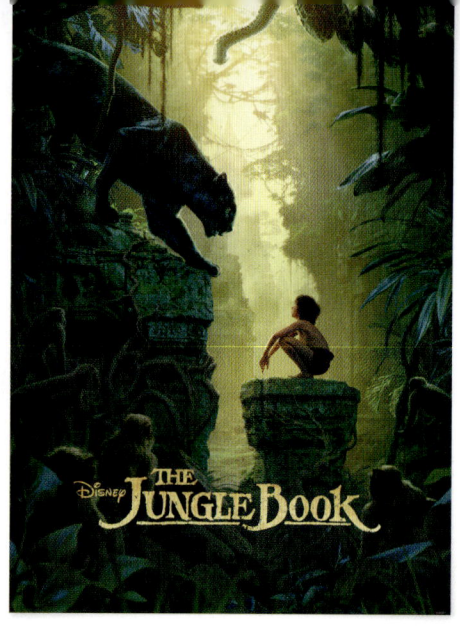

DISNEY EM AÇÃO

▲ A criação de um mundo cheio de animais em animação digital rendeu aos cineastas um Oscar® de Melhores Efeitos Visuais.

◄ Mogli e Balu cantam a música "The bare necessities" em meio a um paraíso verde em *Mogli: O menino lobo*.

◄ As estrelas caninas de *101 dálmatas* tinham sua própria residência de 186 m² climatizada no Shepperton Studios, em Londres.

Aventuras de quatro patas

Um novo nível de magia emerge quando animais reais e realistas interpretam papéis clássicos das animações da Disney.

O filme *Mogli: O menino lobo* (2016) reúne Mogli, Baguera e Balu mais uma vez como na história original e no filme de 1967, com momentos musicais para destacar a energia e a diversão de sua amizade. Nesta nova versão, a abertura do livro é mais dimensional, a ameaça de Shere Khan parece mais forte e Kaa tem a mudança de personalidade mais hipnotizante, tornando-se uma personagem com voz feminina.

O PODER CANINO

A fofura transborda em *101 dálmatas* (1996), filmado com uma mistura de cães reais e animatrônicos em Londres e seus arredores, com muita diversão repleta de latidos nos Shepperton Studios. A sensibilidade de Cruella De Vil para a alta costura foi bem capturada por Glenn Close, vestida por seu confiável colaborador da Broadway, o estilista Anthony Powell. Os filhotes voltaram à telona em *102 Dálmatas* (2000),

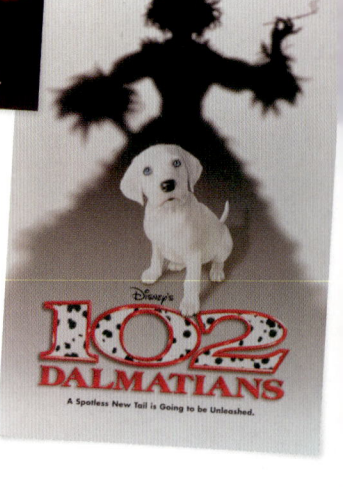

► Cruella acabou de sair da prisão em *102 dálmatas*, mas seu comportamento não tão redimido sugere que talvez seja necessário adestramento.

quando a prole de Rabão, um dos 101 dálmatas originais, fica na mira de Cruella.

AVENTURAS DE QUATRO PATAS 195

▲ O jovem Simba, Timão e Pumba encontram alegria em seguir o lema musical "Hakuna Matata" e não ter preocupações.

▶ Simba e Nala sentem o amor enquanto exploram a beleza da savana.

AS TERRAS DO REINO

A ascensão de Simba a sua posição real é representada vividamente em *O rei leão* (2019). O público respondeu com entusiasmo à beleza da savana, à amizade sempre divertida de Simba com Timão e Pumba, e à trilha sonora robusta que reúne os talentos de *Sir* Elton John, *Sir* Tim Rice e Beyoncé, bem como a música "He lives in you", advinda da produção teatral da Broadway.

▼ O casal de cães aproveita um jantar a dois estreitando seus laços em *A Dama e o Vagabundo*.

ENTRE DOIS MUNDOS

Quando uma cocker spaniel mimada e civilizada é expulsa de sua vida confortável, ela tem a sorte de encontrar um vira-lata esperto para lhe mostrar como se vive. Em *A Dama e o Vagabundo* (2019), os cães principais foram interpretados por Rose, de boa linhagem, e Monte, um vira-lata resgatado, que passaram três dias filmando a memorável cena do espaguete, feito com cordões de alcaçuz sem açúcar e sem cor cozidos em caldo de frango.

Dos parques às telas: vida de pirata

Inspirado na clássica atração da Disneyland, *Piratas do Caribe: A maldição do Pérola Negra* inaugurou uma poderosa série de filmes de aventura de piratas.

◀ Moedas das gravações dos filmes.

Quando o produtor Jerry Bruckheimer pediu a Gore Verbinski para dirigir *Piratas do Caribe: A maldição do Pérola Negra* (2003), Gore disse que se sentiu tão animado quanto um menino de nove anos. Esse entusiasmo foi tão contagiante que também fez o ator Johnny Depp voltar aos seus sonhos de infância.

O agora icônico traje excêntrico do capitão pirata Jack Sparrow ajudou Depp a dar vida ao personagem. Trabalhando com a figurinista Penny Rose, Depp foi paramentado com uma variedade de peças de época, que incluía chapéus, botas, cintos e uma pistola (uma antiguidade de 1760 de um fabricante de armas de Londres). Depp passou apenas 45 minutos no espelho antes de encontrar o visual perfeito de Jack Sparrow. Ele selecionou os enfeites para usar no cabelo, e o chapéu de pirata característico foi uma escolha instintiva – Depp recebeu um conjunto de sete chapéus e logo escolheu o tricórnio de couro.

◀ O capitão Jack Sparrow (Johnny Depp) empunha sua espada, uma relíquia do século XVIII.

▶ A bússola mágica de Jack não aponta para o norte, mas para o que ele mais deseja. Um ímã foi adicionado à bússola para que ela se comportasse a contento.

DOS PARQUES ÀS TELAS: VIDA DE PIRATA

NOVAS AVENTURAS
A tarefa de reunir exatamente as mesmas equipes criativas e técnicas para uma continuação era uma grande preocupação, e decidiu-se filmar dois filmes de uma vez para completar a trilogia inicial, *O baú da morte* (2006) e *No fim do mundo* (2007). O quarto filme, *Piratas do Caribe: Navegando em águas misteriosas* (2011), foi filmado em 3D para dar ao público uma maior sensação de imersão. *Piratas do Caribe: A vingança de Salazar* (2017) é uma história em que Jack deve encontrar o Tridente de Poseidon, conhecido por conceder ao seu dono poderes místicos sobre o mar.

BAÚ DA MORTE
No filme *Piratas do Caribe: O baú da morte*, o capitão Jack Sparrow se vê mais uma vez em uma situação de vida ou morte, incluindo na jogada o governante das profundezas do oceano, Davy Jones. Jack visita a misteriosa Tia Dalma, que lhe revela ser necessário encontrar o lendário Baú da Morte, que contém o coração de Davy Jones, para salvar sua própria vida. Muitos outros também estão procurando implacavelmente esse cobiçado item pirata, que acaba batendo para lá e para cá durante o filme. Johnny Depp teve de agir como se estivesse carregando um baú de ferro pesado, embora o objeto de cena propriamente dito fosse feito de borracha. O objetivo era fazer o baú místico parecer inquebrável, como uma frigideira de ferro fundido, enquanto apresentava detalhes dos temas do filme.

Um acabamento antigo na parte externa faz o baú parecer ter saído do mundo retratado no filme.

O baú de cena foi concebido para parecer pesado, como se feito de ferro fundido. Na verdade, era flexível e leve para suportar os repetidos manuseios durante as filmagens.

A fechadura pode ser aberta por uma chave especial de dois pinos.

O desenho da fechadura se assemelha a um coração quando fechado e a um caranguejo quando aberto.

Os motivos marinhos se assemelham ao Kraken e aos tentáculos no rosto de Davy Jones.

▶ As filmagens para *A maldição do Pérola Negra* incluíram pelo menos vinte ilhas diferentes, três grandes navios piratas e novecentas peças de roupa.

A expansão das aventuras

A criatividade dos parques temáticos da Disney continua a inspirar diversão à medida que as aventuras ganham vida nas telas.

Alguns dos filmes inspirados nas experiências favoritas dos parques da Disney incluem um filme para a televisão baseado na atração The Twilight Zone Tower of Terror, de 1997, um longa-metragem vagamente inspirado na atração Mission to Mars, pelo selo de filmes Touchstone, em 2000, e um filme de 2002 que retrata o que poderia acontecer se os membros reais do espetáculo *Country Bear Jamboree* se reunissem. Um dos projetos mais populares leva o público a um longa-metragem de aventura em *Jungle Cruise* (2021), baseado na atração homônima.

AÇÃO NA ÁGUA

Jungle Cruise acompanha a cientista dra. Lily Houghton e seu irmão MacGregor a bordo de um pequeno barco a motor pelo rio Amazonas em busca da Árvore da Vida, competindo contra outra expedição e conquistadores amaldiçoados de séculos passados para encontrá-la. Com um pouco mais de ação do que as pessoas experimentam na atração dos parques da Disney, as aventuras dos exploradores são repletas de reviravoltas, guinadas e um generoso suprimento de tiradas, cortesia do capitão do barco, Frank Wolff.

▲ Frank Wolff dedilha a vihuela.

◀ Frank Wolff (Dwayne Johnson) e a dra. Lily Houghton (Emily Blunt) estão a caminho pelo rio em *Jungle Cruise*.

▶ O capitão Frank Wolff e MacGregor Houghton (Jack Whitehall) conversam sobre a logística da viagem pelo rio.

A EXPANSÃO DAS AVENTURAS 199

◀ A bela Porto Velho, no Brasil, é o ponto de partida para *Jungle Cruise*.

"Primeiro, deixe-me parabenizá-lo pela excelente escolha de capitão." FRANK WOLFF

▶ Pode não parecer muito, mas La Quila é a embarcação do sucesso em *Jungle Cruise*.

O maravilhoso mundo da televisão

O entretenimento da Disney é bem-recebido nas telinhas das salas de estar e nos dispositivos móveis ao redor do mundo.

▲ Walt mudou o nome de sua série para *Walt Disney's wonderful world of color*, em 1961, e as vendas de televisões coloridas dispararam.

Walt Disney foi o primeiro grande produtor de Hollywood a entrar no mundo da televisão com seu especial *One hour in wonderland*, em 1950. Em 1954, ele lançou uma série antológica semanal de uma hora na ABC, intitulada *Disneyland*. O programa foi um sucesso, especialmente com os episódios do explorador "David Crockett". Sob vários títulos, a série do horário nobre – talvez mais conhecida como *The wonderful world of Disney* ("O maravilhoso mundo da Disney") – foi transmitida por 29 temporadas consecutivas. Em 1955, Walt estreou o inovador *Clube do Mickey Mouse*, um dos programas infantis mais famosos da história da televisão. O inovador programa diário de variedades contava com um talentoso grupo de jovens chamadas de "Mouseketeers". Outros *remakes* surgiram ao longo das décadas, alguns dos quais lançaram a carreira de futuras estrelas, incluindo Britney Spears, Christina Aguilera e Ryan Gosling.

ESPÍRITO JOVEM

No início do século XXI, o Disney Channel e o Disney XD tornaram-se os destinos preferidos para séries

◀ Walt Disney com parte do elenco do *Clube do Mickey Mouse*.

▶ Miley Cyrus arrasa como Hannah Montana.

O MARAVILHOSO MUNDO DA TELEVISÃO   201

"... as ideias, o conhecimento e as emoções que chegam através da tela da televisão até nossas salas de estar certamente moldarão o curso do futuro para nós e nossos filhos." WALT DISNEY

de sucesso que refletiam a vida cotidiana dos jovens, como *Mano a mano*, *As visões da Raven*, *Austin & Ally*, *Os feiticeiros de Waverly Place*, *Os guerreiros Wasabi*, *Liv e Maddie* e *Zack & Cody: Gêmeos em ação*, entre outros. Já *Lizzie McGuire* (Hilary Duff), que estreou em 2001, retratava uma adolescente tentando se encaixar na escola e se tornou um fenômeno mundial. Miley Cyrus alcançou o estrelato em *Hannah Montana*, em que interpretava uma adolescente comum durante o dia e uma superestrela da música à noite. Esses canais também ajudaram a lançar as carreiras musicais de estrelas como Demi Lovato e Jonas Brothers.

ATRAÇÃO DE CLASSE
O ano de 2006 marcou a estreia de *High School Musical*. Combinação de romance adolescente e teatro musical, o filme estrelado por Zac Efron e Vanessa Hudgens ficou conhecido por suas elaboradas coreografias de dança. *High School Musical 2* estreou no Disney Channel em 2007. *High School Musical 3: Ano da formatura* foi lançado nos cinemas em 2008.

▲ Vai, Wildcats! A voz dos estudantes ressoa nas canções em *High School Musical*.

VILÕES E SUA PROLE
Descendentes (2015) acompanha a vida dos filhos adolescentes de Jafar, Cruella De Vil, Malévola e Rainha Má. O público ficou tão fascinado que também curtiu mais duas continuações, além de uma série de animação digital de episódios curtos, *Descendentes: Mundo de vilões* (2015).

▲ Os vilões clássicos da Disney Jafar (Maz Jobrani), Rainha Má (Kathy Najimy), Malévola (Kristin Chenoweth) e Cruella De Vil (Wendy Raquel Robinson) têm muito trabalho quando se tornam pais de adolescentes em *Descendentes*.

▶ O espírito adolescente é forte entre a prole dos famosos vilões da Disney, que mostram suas personalidades fortes em *Descendentes*.

Magia dos Muppets

Os amados personagens criados por Jim Henson entretêm os fãs desde a década de 1970, e o *The Muppets Studio* expandiu esse sucesso para audiências mais amplas em tempos mais recentes.

Quando Jim Henson apresentou Kermit, o Sapo (antigamente, Caco), no programa *Sam and Friends*, uma série de televisão gravada em Washington D.C., em 1955, talvez fosse difícil imaginar que um legado inteiro pudesse ser construído a partir de um velho casaco e uma bola de pingue-pongue cortada ao meio. Se por um lado Kermit pode atestar o fato de que "não é fácil ser verde", por outro, claramente, sua aparição em *Vila Sésamo* ao lado de outros personagens de Henson traçou o caminho para que seus companheiros Muppets seguissem em direção às telas de todos os tamanhos, ao longo das gerações futuras.

SOB AS LUZES DO PALCO

Kermit e outros Muppets principais conseguiram sua primeira grande oportunidade em *O show dos Muppets*, série semanal transmitida em horário nobre entre 1976 e 1981. A premissa de *O show dos Muppets* era um programa de esquetes cômicos vistos de múltiplas perspectivas de produção, incluindo esquetes no palco, números musicais, confusões nos bastidores e vaias da plateia. O elenco regular incluía Kermit, o Sapo; Miss Piggy; Fozzie, o Urso; Gonzo; Scooter; Sam, a Águia; o Chef Sueco; a banda Desordem Elétrica, além de Statler e Waldorf na varanda. Eles eram acompanhados no show por convidados mais que especiais: uma lista de celebridades *humanas*. *Muppets Tonight* (1996) deu prosseguimento à diversão do programa original, mas foi da premissa de teatro para a de um programa de televisão. *Os Muppets* (2015) apresentou outra perspectiva de Miss Piggy, Kermit e o elenco de personagens ao apresentá-los no *set* para a produção do *talk show Bem tarde com Miss Piggy*. Em *Muppets e o caos elétrico* (2023), o público descobriu as origens fantásticas da amada banda da casa, Dr. Dentuço e a Desordem Elétrica, em *O show dos Muppets*, ao gravar seu primeiro álbum de estúdio depois de 45 anos de rock.

PEQUENOS FRASCOS

Os *Muppet Babies* foram representados tanto em versão animada tradicional (1984) quanto em versão digital (2018). O conceito da obra foi concebido em uma cena do filme *Os Muppets conquistam Nova York* (1984), quando Miss Piggy se pergunta como ela e Kermit seriam quando crianças pequenas.

▲ Os Mini-Muppets trouxeram um novo nível de fofura para o mundo em *Muppet Babies*.

◀ Kermit, Fozzie, Gonzo e um Rizzo pendurado no cesto de gávea se divertem com uma vista privilegiada do oceano grande e azul no longa-metragem *Os Muppets na ilha do tesouro* (1996).

MAGIA DOS MUPPETS   203

AVENTURAS E CANÇÕES DE NATAL

Os Muppets trouxeram sua energia oito vezes para produções de longa-metragem, começando com *Muppets: O filme*, de 1979. A produção é tanto uma história de origem dos personagens quanto um *road movie*, com Kermit em uma viagem pelo país para encontrar seu lugar no mundo do *show business*, no qual descobre companheiros que pensam como ele pelo caminho. "The rainbow connection" foi uma tocante *performance* musical feita por Kermit nesse filme, que alcançou status de grande sucesso nas rádios. Em *O Natal dos Muppets* (1992), o diretor Brian Henson buscou retratar Kermit de maneira ambiciosa ao caminhar em tela cheia como um verdadeiro fantoche, algo nunca feito. O esforço cinematográfico foi bem-sucedido, e utilizava um mecanismo de rolamentos sob os pés palmados do sapo. Entre os outros filmes estão os mais recentes *Os Muppets* (2011) e *Muppets 2: Procurados e amados* (2014). Os Muppets também estrelaram mais de duas dezenas de filmes e especiais para televisão, incluindo o projeto aterrorizante do Disney+: *Muppets Haunted Mansion: A festa aterrorizante* (2021).

▲ "Laboratório Muppet" foi um dos esquetes recorrentes mais amados em *O show dos Muppets*, apresentando Beaker, o dr. Bunsen Honeydew e muitos experimentos explosivos.

▲ Os estilos musicais da Desordem Elétrica são criados pelos talentos combinados do dr. Dentuço nos vocais e teclados, Animal detonando na bateria, Janice nos vocais e dedilhando na guitarra solo, Floyd Pepper nos vocais e no baixo, Lips no trompete e Zoot no saxofone.

▲ Em *Muppets Haunted Mansion: A festa aterrorizante*, Gonzo e Pepé são encarregados de passar a noite de Halloween no lugar mais assustador da Terra: a Mansão Mal-Assombrada. As equipes criativas se associaram à Walt Disney Imagineering para capturar todos os detalhes da atração da Disney, incluindo o design de versões Muppets dos papéis de parede icônicos e da decoração.

▶ Gonzo, Fozzie, Kermit, Miss Piggy, Rowlf e Scooter estão prontos e equipados para entreter em *Muppets 2: Procurados e amados*.

"O que eu desejo é que a Disneyland seja, acima de tudo, um lugar feliz – um lugar onde adultos e crianças possam experimentar juntos algumas das maravilhas da vida, da aventura, e se sintam melhor por causa disso."

WALT DISNEY

Excperiências Disney

Cartazes de atrações

De Alice in Wonderland a Matterhorn, as atrações dos parques temáticos da Disney em todo o mundo inspiraram uma variedade de cartazes. Como disse o veterano Imagineer Marty Sklar: "Os cartazes são peças cinematográficas que dão ao público uma prévia do que está por vir". Muitas vezes exibidos na entrada principal, esses cartazes instigam o público com gráficos estilizados e slogans animados. Todos os dias, dezenas de milhares de "convidados" passam pelos cartazes dos parques temáticos da Disney, que proporcionam uma experiência artística numa aventura visual.

MONORAIL, DISNEYLAND (1959)
O artista Paul Hartley utilizou-se de imagens das primeiras atrações com entrada do tipo "E Ticket" – Matterhorn Mountain e Monorail – neste clássico cartaz da Disneyland.

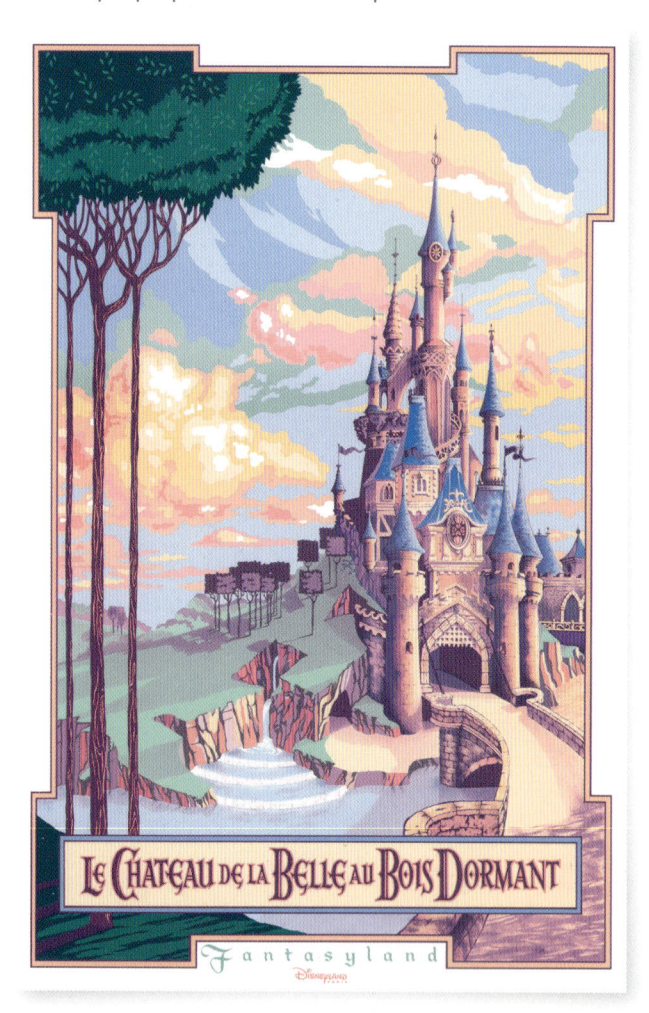

LE CHATEAU DE LA BELLE AU BOIS DORMANT, DISNEYLAND PARIS (1992)
Criado pelos artistas da Disney Tracy Trinast e Tom Morris, este cartaz define o tom para a Disneyland Paris, com a imagem de um dos castelos de fantasia mais icônicos da Disney.

SOARIN' OVER CALIFORNIA, DISNEY CALIFORNIA ADVENTURE (2001)
Este cartaz, desenvolvido por Greg Maletic, dá aos convidados o gostinho de uma atração emocionante – um passeio simulado de planador sobre as paisagens deslumbrantes da Califórnia.

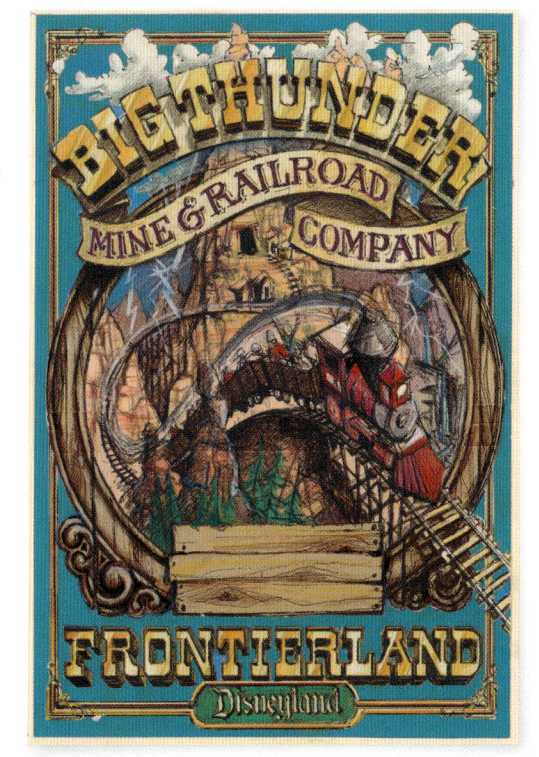

CARTAZES DE ATRAÇÕES 207

BIG THUNDER MOUNTAIN RAILROAD, DISNEYLAND (1977)
Este cartaz-conceito para o clássico Frontierland, de Jim Michaelson, captura graficamente a loucura da montanha-russa do trem desgovernado.

WORLD BAZAAR, TOKYO DISNEYLAND (2002)
O cartaz de Will Eyerman, adaptado do cartaz original de 1983 de Rudy Lord e Greg Paul, traduz a visão idealizada da cultura norte-americana de uma perspectiva vitoriana para um público internacional.

ORBITRON—MACHINES VOLANTES, DISNEYLAND PARIS (1992)
Tim Delaney e Jim Michaelson capturam o tom de ficção científica pulp das obras de H. G. Wells e Júlio Verne, com suas ilustrações grandiosas.

20,000 LEAGUES UNDER THE SEA EXHIBIT, DISNEYLAND (1955)
O artista Bjorn Aronson utilizou gráficos poderosos para o cartaz desta exposição – uma exibição dos cenários originais e da imponente lula gigante de *20.000 léguas submarinas* (1954).

A arte de Imagineering

Walt Disney e sua equipe estavam sempre explorando e experimentando. Ele chamava isso de *Imagineering*, uma combinação entre imaginação (*imagination*) e engenharia (*engineering*). É composto pelos *Imagineers*, que projetam e constroem os parques Disney e demais locais de entretenimento, e fundado em 1952, sob o nome de WED (Walter Elias Disney) Enterprises. Eles empregam uma variedade de habilidades. Muitas de suas histórias podem ser vistas e lidas no documentário do Disney+ e no livro complementar *A história do Imagineering* (2019), criado por Leslie Iwerks.

UMA PEQUENA FAÍSCA
Herb Ryman, um dos primeiros *Imagineers*, trabalhando em arte conceitual para a Disneyland Paris. Ryman trabalhou com Walt em um fim de semana histórico em 1953 para criar a primeira visualização do Disneyland Park.

ESCULTOR PRESIDENCIAL
Blaine Gibson, mestre escultor *Imagineer*, esculpe Jimmy Carter, em 1976, para o Hall of Presidents no Magic Kingdom Park, no Walt Disney World Resort. Desde a abertura do Walt Disney World, em 1971, uma réplica em *Audio-Animatronics*® foi feita de cada novo presidente eleito nos Estados Unidos.

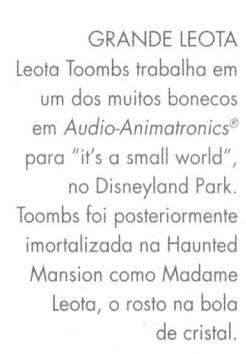

YO HO, YO HO!
Xavier "X" Atencio, escritor e letrista da atração Pirates of the Caribbean, trabalha no "pássaro pregoeiro" que dava boas-vindas aos convidados na atração do Walt Disney World Resort.

GRANDE LEOTA
Leota Toombs trabalha em um dos muitos bonecos em *Audio-Animatronics*® para "it's a small world", no Disneyland Park. Toombs foi posteriormente imortalizada na Haunted Mansion como Madame Leota, o rosto na bola de cristal.

FAZENDO O IMPOSSÍVEL
Bill Justice estuda atores de referência para programar os bonecos em *Audio-Animatronics*® da atração Pirates of the Caribbean.

A ARTE DE *IMAGINEERING*

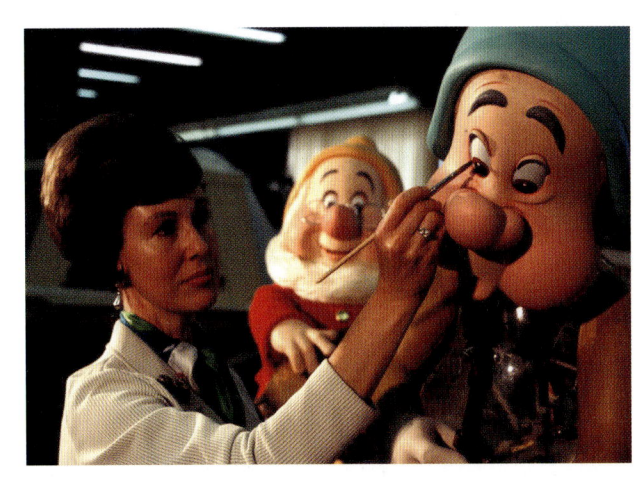

A FANTASIA SE TORNA REALIDADE
Harriet Burns, em 1971, trabalhando no Mickey Mouse Revue, Magic Kingdom, Walt Disney World. Um dos maiores sonhos de Walt ao criar a Disneyland era construir um lugar onde seus personagens animados pudessem interagir com os fãs.

TECENDO SONHOS
O Walt Disney Imagineering compreende uma variedade de disciplinas para criar ambientes autênticos. Lynne Itamura, Ellen Guevara e Kyle Barnes trabalham no Departamento de Interiores e são responsáveis por decorar parques com papel de parede, tapetes e outros materiais.

BELAS ARTES E ARTESÃOS
É necessária muita atenção aos detalhes para realizar as atrações da Disney. Elas requerem artistas habilidosos, como os pintores vistos aqui, que estão criando o mural no teto do restaurante Magellan's, no Mediterranean Harbor, no Tokyo DisneySea.

MUNDO EM MINIATURA
Ao projetar novas atrações, lojas e restaurantes, os *Imagineers* constroem maquetes. Aqui está Claude Coats com o modelo do Village Inn Restaurant (mais tarde chamado Red Rose Taverne), New Fantasyland, da Disneyland, em 1983.

ORNAMENTANDO O CASTELO
Os *Imagineers* desempenham um papel vital no planejamento das celebrações realizadas nos parques da Disney. Aqui, Owen Yoshino projeta decorações comemorativas para o 50º aniversário do Disneyland Park, em 2005.

EXPERIÊNCIAS DISNEY

CONCEITUANDO O PARQUE
Peter Ellenshaw criou esta visão aérea em cores do crescente Magic Kingdom de Walt, em 1954. O lendário artista da Disney pintou sua representação expansiva em um *storyboard* de 1,2 × 2,4 m – sobreposto com tinta fosforescente com o intuito de causar um efeito noturno – para que Walt o apresentasse em seu programa de televisão *Disneyland*.

DISNEYLAND
SCHEMATIC AERIAL VIEW
APPROX. 45 ACRES
WITHIN RAILROAD TRACKS
DESIGNED BY WED ENTERPRISES

O mapa do reino mágico

Nunca houve nada parecido com o "parquinho mágico" com o qual Walt vinha sonhando desde pelo menos o fim da década de 1930. Assim como em suas produções cinematográficas, ele sabia que a visualização era a melhor maneira de desenvolver e compartilhar conceitos, especialmente um tão revolucionário quanto o parque que viria a chamar de "Disneyland" (nome utilizado pela primeira vez no projeto em 1952). Além de castelos, barcos a vapor e foguetes, o inovador *layout* de Walt abrangia quatro "terras" temáticas dispostas em raios a partir de um polo central. O grande showman sabia que sua visão precisava ser detalhada, a fim de obter o apoio financeiro necessário para tornar seu sonho realidade.

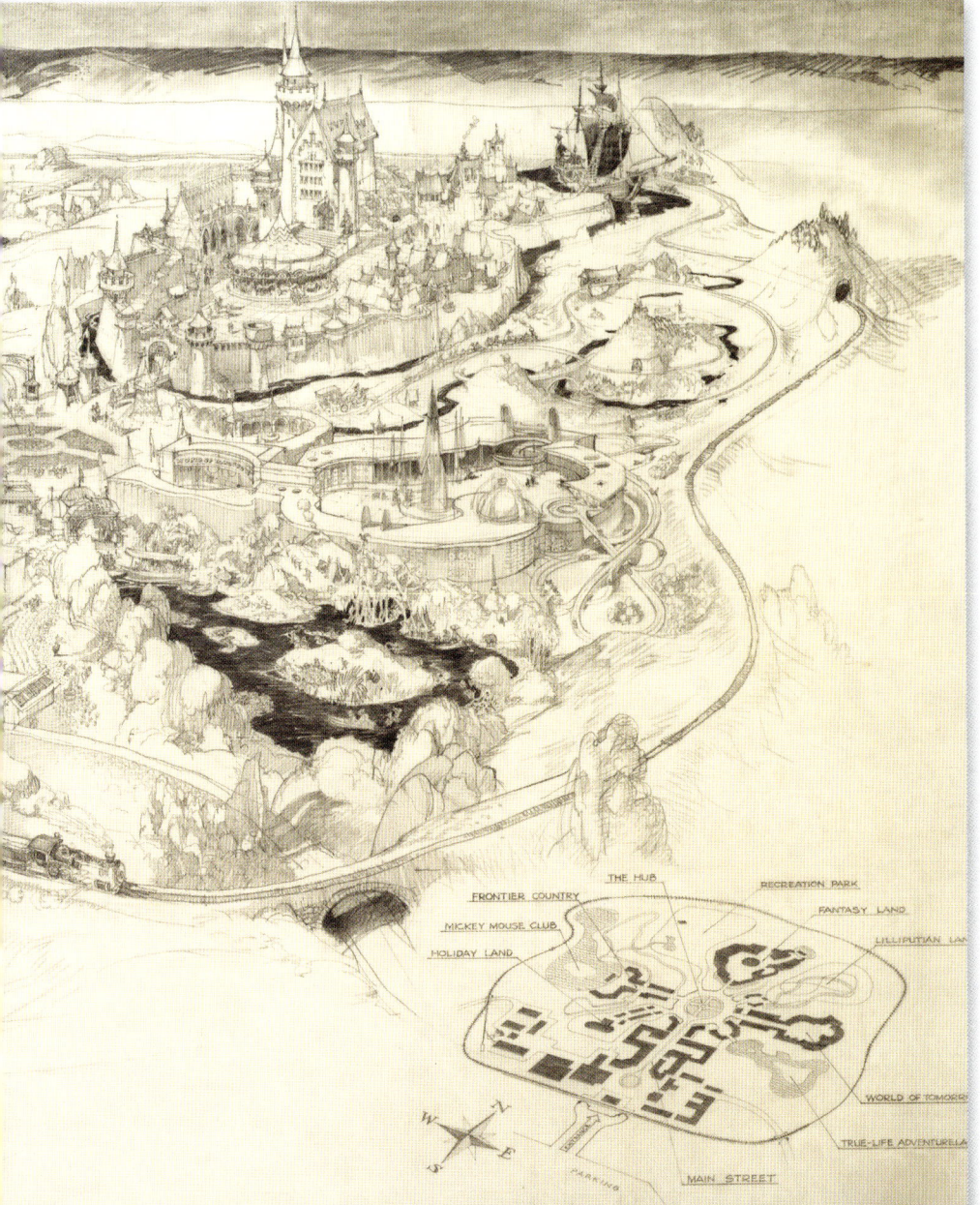

O PRIMEIRO OLHAR
Criado sob a supervisão direta de Walt Disney durante o fim de semana de 23 de setembro de 1953, este esboço conceitual a lápis feito pelo artista Herb Ryman é a primeira visualização verdadeira do que é agora reconhecido como o Disneyland Park.

O Magic Kingdom de Walt Disney

Um entretenimento familiar revolucionário sem precedentes, o Disneyland Park abriu as experiências Disney para convidados de todo o mundo.

▲ Em 1965, a primeira embaixadora da Disneyland, Julie Reihm, junto a Walt e ao *Imagineer* John Hench, revisam um modelo para o novo Plaza Inn durante a celebração do "Decenário" do parque.

O parque original criado por Walt Disney, o Disneyland Park, é uma parte tão importante da cultura mundial que é fácil se esquecer de que esse conceito em entretenimento familiar foi revolucionário. Walt sentia que os visitantes do estúdio deveriam ter algo para ver além de artistas sentados em mesas em salas pequenas. Foi durante os "dias do papai" – sábados em que ele levava suas duas filhas aos pequenos parques de diversões locais – que a inspiração surgiu. Walt frequentemente ficava sentado em um banco comendo amendoins enquanto as filhas andavam no carrossel e se divertiam, aproveitando esse tempo para sonhar. Mas sonhava com mais do que apenas outro parque de diversões, vislumbrava algo totalmente novo: um grande ambiente projetado em torno de temas. O local seria limpo, ordenado e acolhedor, com uma experiência tridimensional dos personagens, das histórias, dos conceitos e com muita diversão. Esse "parquinho mágico", como Walt se referia à sua criação, seria um *parque temático*.

UM NOVO ENTRETENIMENTO

Assim que Walt começou a dar forma às visões iniciais do Disneyland Park, convidou vários de seus animadores e diretores de arte mais versáteis para aplicar os princípios do cinema ao mundo tridimensional que criava. Mas foi o próprio Walt quem inovou a ideia. Ao contrário de outros parques de diversões, feiras ou museus de uma única entrada, o seu direcionaria os visitantes pela Main Street, U.S.A. para vários "reinos" fantásticos da Disney, incluindo a história dos Estados Unidos e a promessa otimista do futuro a partir de um núcleo central.

O LEGADO DE WALT

O Disneyland Park abriu em 17 de julho de 1955, apresentando 18 atrações principais no dia de inauguração, incluindo o agora clássico Jungle Cruise, Autopia e Mark Twain Riverboat. Os *Imagineers* que mantêm o legado criativo de Walt continuaram a ser pioneiros nas atrações extraordinárias (nunca "brinquedos"), que só podem ser experimentadas por "convidados" (nunca "clientes") na Disneyland e em outros parques Disney – porque, como Walt prometeu, "a Disneyland nunca estará completa, ela [...] crescerá enquanto houver imaginação no mundo".

◀ Dois símbolos icônicos do Disneyland Park: o Castelo da Bela Adormecida e o Mickey Mouse.

▲ Mark Twain Riverboat, com 32 m, o primeiro barco a vapor construído nos Estados Unidos em cinquenta anos.

◀ Em 1959, foram introduzidas três atrações inovadoras: Matterhorn Bobsleds, Submarine Voyage e o Monorail.

> *"Acreditávamos na nossa ideia – um parque familiar onde pais e filhos pudessem se divertir juntos."*
>
> WALT DISNEY

▼ O Disney California Adventure Park foi inaugurado em 2001, como parte do Disneyland Resort. A atração Sun Wheel se tornou posteriormente a Mickey Fun Wheel (mostrada aqui), e agora é conhecida como Pixar Pal-A-Round.

▲ Desde 1955, a Tomorrowland oferece aventuras futuristas, como esta atração icônica, Rocket to the Moon (1955-1961).

▲ Um grupo de personagens da Disney – liderado por Mickey Mouse e seus amigos – pode ser visto saudando os visitantes por todo o Disneyland Park.

EXPERIÊNCIAS DISNEY

Um novo mundo

Na Flórida, Walt encontrou um espaço grande o suficiente para encapsular sonhos, ideias e imaginação.

▲ Junto ao então governador da Flórida, W. Haydon Burns, Walt e Roy Disney anunciam o projeto que se tornaria o Walt Disney World Resort.

Após o sucesso do Disneyland Park, na Califórnia, Walt Disney começou a considerar um novo projeto para a empresa. Já em 1959, ele estava procurando opções para um novo "desenvolvimento de destino" em locais a leste do rio Mississippi, incluindo a Flórida. Muitos fatores foram considerados, como custo do terreno, densidade populacional e facilidade de acesso. O clima quente da Flórida parecia o melhor para operar o ano todo, e, por volta de 1964, agentes da Disney começaram a garantir o que se tornaria um lote perto de Orlando, com mais de 11.088 hectares no total – o dobro do tamanho da ilha de Manhattan. Walt declarou que o "Projeto Flórida" seria um mundo Disney repleto de ideias e entretenimento – um mundo novo e diferente.

O INÍCIO DO PLANEJAMENTO

Walt e Roy anunciaram seus planos para a Flórida publicamente em 15 de novembro de 1965, mas Walt Disney morreu de repente, um ano depois, em dezembro de 1966. Roy, que tinha 73 anos à época, estava pronto para se aposentar, mas se manteve determinado a permanecer no cargo por tempo suficiente para ver o projeto final de Walt ser concluído. Liderada por Roy,

"Há terra suficiente aqui para conter todas as ideias e planos que pudermos imaginar." WALT DISNEY

▲ O Magic Kingdom Park é dividido em seis áreas temáticas: Main Street, U.S.A., Adventureland, Tomorrowland, Fantasyland, Frontierland e, exclusivo da Flórida, Liberty Square, lar da atração Hall of Presidents.

▶ Roy O. Disney dedica o Walt Disney World Resort à memória de seu irmão Walt. Apenas dois meses depois, em 20 de dezembro de 1971, Roy faleceu.

a equipe que Walt havia formado continuou a sonhar, imaginar e planejar. A construção começou em 1969, e mais de 8 mil operários da construção civil trabalharam dia e noite para que o Magic Kingdom abrisse as portas, em 1971. Lagos cintilantes e praias artificiais surgiram onde antes havia pântanos turvos e florestas de pinheiros. Um sistema de monotrilho de última geração foi construído, com os elegantes trens deslizando diretamente pela estrutura em "A" do hotel Contemporary Resort, da Disney.

UM SONHO REALIZADO

Em dia com o cronograma – pois em 1966 Walt Disney afirmara à imprensa que o novo resort abriria em cinco anos –, o Magic Kingdom Park, primeiro dos quatro parques temáticos, abriu em 1º de outubro de 1971. Quando Roy presidiu a cerimônia de inauguração, dedicou o Walt Disney World Resort como um tributo à filosofia e à vida de Walter Elias Disney. Ele insistiu que o novo resort fosse chamado de Walt Disney World, para que todos sempre conhecessem o sonhador por trás do sonho realizado.

▲ A pintura do *Imagineer* Herb Ryman de 1969, em tinta acrílica, transmite a majestade imponente e a sensação fantasiosa do Castelo da Cinderela, com 58 metros de altura, no centro do Magic Kingdom Park.

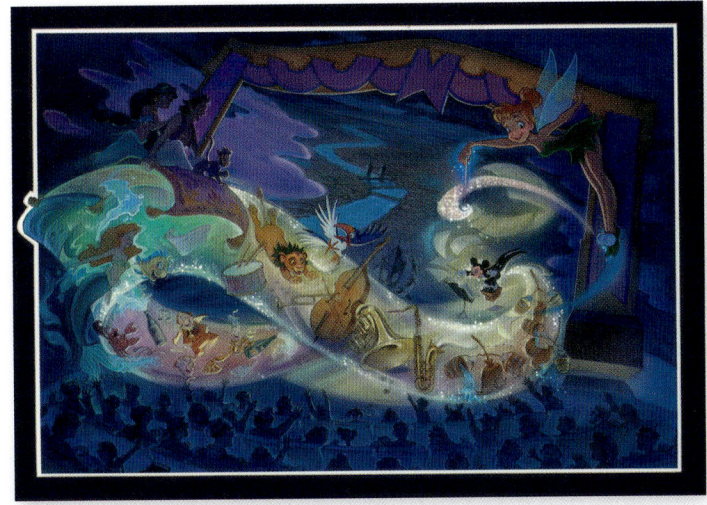

▶ Arte conceitual de Nina Rae Vaughn do Mickey's PhilharMagic, um filme em 3D com personagens da Disney, na Fantasyland.

▲ Os convidados podem explorar as minas repletas de pedras preciosas, igualzinho ao Dunga, no Seven Dwarfs Mine Train, inaugurado em 2014.

▲ Arte conceitual da New Fantasyland, por Greg Pro. A expansão foi a maior da história do Magic Kingdom Park, quase dobrando o tamanho da Fantasyland ao ser concluída em 2014.

▶ Slinky Dog Dash (inaugurado em 2018) acrescenta uma dose divertida e sinuosa à Toy Story Land no Disney's Hollywood Studios, no Walt Disney World.

Slinky® Dog© Just Play LLC

Maravilhas da natureza

A Disney criou um parque especial para aproximar os animais dos corações humanos.

▲ Situado em um antigo depósito de trens, o Harambe Market recebe os visitantes para aproveitar o clima e a comida de uma vibrante vila queniana.

Ao criar o parque temático Disney's Animal Kingdom para o Walt Disney World Resort, em 1998, os *Imagineers* enfrentaram um desafio incomum. Eles tiveram que desenvolver uma peça central semelhante a um castelo em um reino onde a arquitetura é secundária diante da paisagem exuberante, das plantas em flor e dos incríveis animais (o parque conta com cerca de mil animais, representando duzentas espécies) vivendo em ambientes naturais. A solução foi uma árvore imensa chamada Árvore da Vida, que não apenas representaria esse reino singular, mas também abrangeria toda a natureza e a própria vida. Esse ícone extraordinário eleva-se na Discovery Island.

▶ Nesta magnífica pintura conceitual de Tom Gilleon, o artista imaginou a Árvore da Vida – uma visão de como o símbolo expressa poderosamente o intrincado equilíbrio da natureza.

DIVERSÃO COM FILMES E MOVIMENTO

A experiência típica dos parques temáticos da Disney inclui atrações criativas, shows ao vivo e aventuras cinematográficas, e o Animal Kingdom oferece uma variedade de opções para seus convidados aproveitarem. Alguns exemplos incluem o filme 3D *It's Tough to Be a Bug!*, que proporciona entretenimento e educação sobre insetos fascinantes do mundo; o show musical ao vivo *Festival of the Lion King*; e a atração Kali River Rapids, que convida os visitantes a se divertirem com uma aventura de *rafting*.

CONSERVAÇÃO É FUNDAMENTAL

Honrar e cuidar do planeta, incluindo todos os seus habitantes peludos, emplumados e interativos, é fundamental na filosofia do Animal Kingdom. Por meio de expedições, shows educacionais e experiências interativas envolvendo animais, como porcos e cabras na Affection Section, os convidados humanos constroem conexões mais profundas com seus co-habitantes animais da Terra e, quem sabe, levarão consigo memórias alegres e o desejo de proteger a vida selvagem e a natureza ao redor do mundo.

▲ A emoção de um passeio de trem em alta velocidade e um vislumbre do Yeti proporcionam muita diversão na Expedition Everest – Legend of the Forbidden Mountain.

▶ ▼ Girafas, hipopótamos e tigres são apenas alguns dos animais que podem ser encontrados ao fazer uma caminhada na Gorilla Falls Exploration Trail ou ao vivenciar a atração Kilimanjaro Safaris.

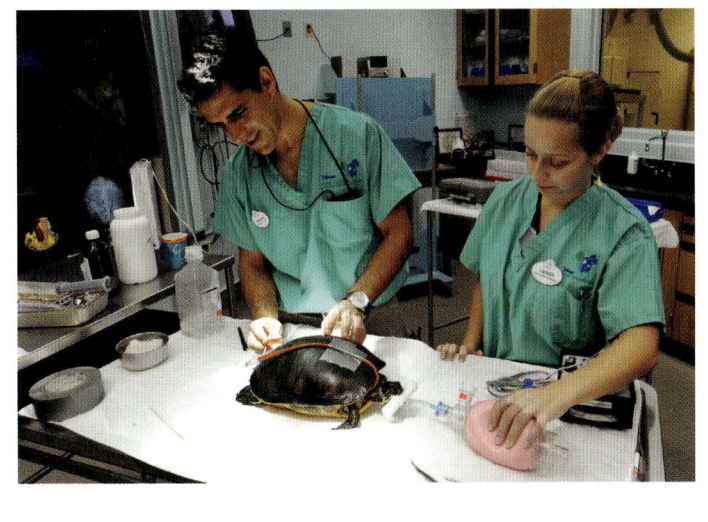

◀ Veterinários altamente treinados fornecem cuidados especiais aos animais residentes na Conservation Station.

▶ Rafiki, de *O rei leão* (1994), dá as boas-vindas aos visitantes do Rafiki's Planet Watch.

O parque das descobertas

Celebração das conquistas humanas e das nações ao redor do mundo, o EPCOT se baseia na visão inovadora de Walt Disney.

Celebrando o espírito humano, a imaginação e a engenhosidade, o EPCOT, que ocupa 137 hectares no Walt Disney World Resort, é dividido em quatro bairros distintos. O World Discovery leva os convidados a conhecerem histórias sobre tecnologia, ciência e aventuras intergalácticas. O World Showcase é um local global para experiências internacionais de perspectivas arquitetônicas, culinárias e culturais. O World Nature convida os visitantes a apreciarem a beleza do mundo natural, com experiências terrestres e aquáticas do nosso planeta. O World Celebration é um lugar que impele os visitantes a se conectarem entre si e com o mundo de modo mais amplo.

UM NOVO ESTILO DE VIDA

Ao sonhar com o local que viria a ser chamado de EPCOT (Experimental Prototype Community of Tomorrow, ou "Comunidade Experimental de Protótipo do Amanhã"), Walt Disney imaginou um espaço para a inovação onde a tecnologia ajudaria a desenvolver novas soluções para uma vida ideal. No fim de sua vida, ele se interessou pelos desafios apresentados pelas cidades modernas, estudou livros sobre planejamento urbano e, com sua experiência no desenvolvimento do Disneyland Park e de sistemas de transporte como o Monorail, acreditava que ele e seus *Imagineers* poderiam colaborar com soluções. Sem intenção de apenas criar "outra" Disneyland na Flórida, Walt fez um filme em 1966 que explicava algumas de suas ideias para uma comunidade planejada. Ele queria construir um lugar onde as pessoas pudessem viver em um ambiente único. Com a grande quantidade de hectares que Walt estava acumulando na Flórida, o local ideal para o conceito estava disponível dentro do projeto que em breve seria conhecido como Walt Disney World.

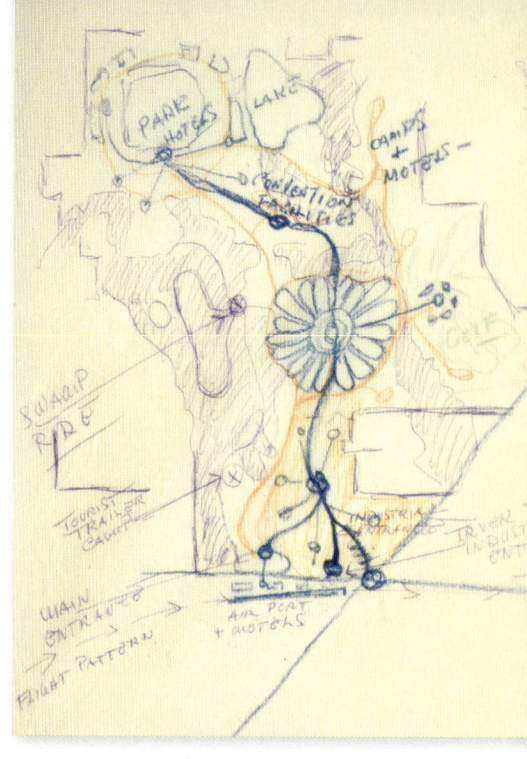

▲ Em uma reunião de 1966, Walt apresentou este esboço desenhado à mão da propriedade na Flórida. O desenho permaneceu como o modelo básico para o Walt Disney World Resort, que acabou por incluir o EPCOT, o parque temático.

▼ Arte conceitual do "Projeto X", pintada por Herb Ryman, do centro de transporte embaixo do centro da cidade. "Projeto X" era o nome provisório original do EPCOT.

O PARQUE DAS DESCOBERTAS 219

▲ Os *Imagineers* Terry Palmer e Berj Behesnilian trabalham no modelo mestre do EPCOT Center, em 1980, adicionando detalhes finais ao modelo de madeira compensada, papel e papelão da Alemanha.

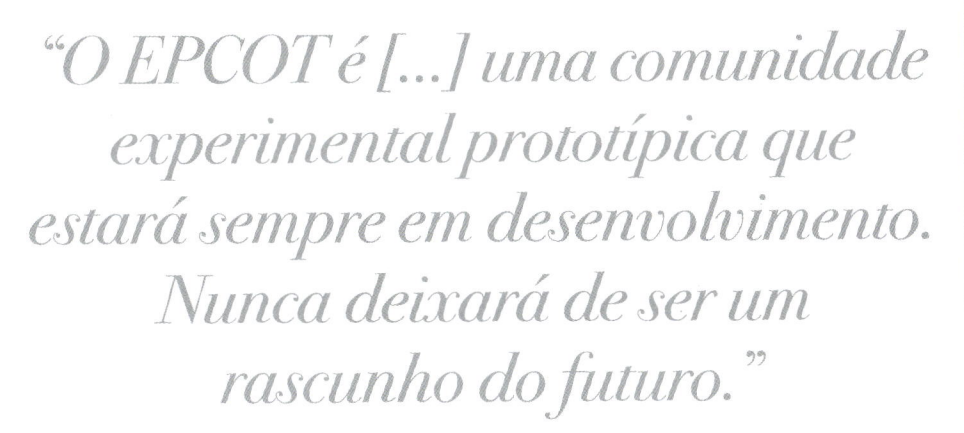

▲ O símbolo de todo o EPCOT, a geosfera independente de 18 andares Spaceship Earth, tem 55 metros de altura e 50 metros de diâmetro.

"O EPCOT é [...] uma comunidade experimental prototípica que estará sempre em desenvolvimento. Nunca deixará de ser um rascunho do futuro."

WALT DISNEY

▲ Um modelo conceitual inicial mostra uma seção do World Showcase, onde os convidados podem experimentar culturas, produtos e culinárias internacionais em uma passarela que cerca uma lagoa.

VISÃO INOVADORA

Walt Disney faleceu em 1966, muito antes que ele e seus artistas pudessem explorar os conceitos preliminares que tinha em mente. Mas os *Imagineers* continuaram, inspirados pela visão de seu líder. Em 1º de outubro de 1978, Card Walker, CEO da Walt Disney Productions, revelou os planos para o EPCOT, um parque temático inspirado nas filosofias de Walt. Uma cerimônia de inauguração foi realizada um ano depois, e o EPCOT Center foi inaugurado em 1º de outubro de 1982. Como Card expressou na dedicatória, o EPCOT é um lugar de alegria, esperança e amizade, e foi inspirado pela visão criativa de Walt Disney.

▲ Elsa, Anna e Olaf celebram o Dia de Neve no Verão na atração Frozen Ever After no pavilhão da Noruega do World Showcase.

EXPERIÊNCIAS DISNEY

Disneyland global

As torres do Castelo da Cinderela se elevam sobre a Baía de Tóquio, um tributo à visão atemporal de Walt.

▲ Localizado em Urayasu, o Tokyo Disney Resort é lar de dois parques temáticos: Tokyo Disneyland e Tokyo DisneySea.

"Que a Tokyo Disneyland seja uma fonte eterna de alegria, risos, inspiração e imaginação para os povos do mundo." DEDICATÓRIA DA TOKYO DISNEYLAND, 15 DE ABRIL DE 1983

Conhecido como o Reino da Magia e dos Sonhos para seus convidados japoneses, o Tokyo Disney Resort abriu as portas em 15 de abril de 1983, trazendo a magia da Disney para o Japão e estabelecendo o seu primeiro parque temático fora dos Estados Unidos. Não é só o destino familiar mais popular do Japão, mas é também um dos parques temáticos mais visitados do mundo.

PLANOS DO PARQUE TEMÁTICO
A história do Tokyo Disney Resort remonta a muito antes de 1983, com a ideia de um parque temático no Japão originando-se em 1974. Naquela época, havia dois destinos Disney: o Disneyland Park, na Califórnia, e o Walt Disney World Resort, na Flórida. Este último tinha apenas três anos e consistia em um único parque, o Magic Kingdom Park. Foi nesse ponto que tiveram início os planos para um parque fora do território continental dos EUA. Em 1974, a Keisei Electric Railway Co., Ltd., a Mitsui & Co., Ltd. e a Mitsui Fudosan Co., Ltd. enviaram um convite para executivos da Walt Disney Productions solicitando que visitassem o Japão. Em 1977, o nome "Tokyo Disneyland" foi oficialmente anunciado, seguido pelo envio de membros do elenco japonês para treinamento na Disneyland.

◀ Mickey e Minnie Mouse recebem os convidados na Tokyo Disneyland desde 1983.

▲ Desfiles festivos, procissões e festivais coloridos são uma característica permanente no parque no estilo do Magic Kingdom.

DISNEYLAND GLOBAL   221

▲ O Castelo da Cinderela abriga o Grande Salão, onde os hóspedes podem ver obras de arte que contam a história da princesa.

▶ A atração Meet the World na Tomorrowland, na Tokyo Disneyland, era um espetáculo que explorava a herança cultural do Japão em um teatro giratório.

Em dezembro do mesmo ano, o terreno foi inaugurado com uma dedicatória ao local e a cerimônia de inauguração de 1983 foi programada como meta.

A TOKYO DISNEYLAND HOJE

A tremenda popularidade dos filmes e suvenires da Disney no Japão tornou o país o local perfeito para o primeiro parque da Disney fora dos Estados Unidos. Há muito tempo os japoneses admiravam o que havia sido alcançado na Califórnia e na Flórida, e queriam que muitas das atrações de seus parques ao estilo do Magic Kingdom fossem recriadas para a Tokyo Disneyland. O parque foi aberto conforme o cronograma, com mais de trinta atrações em cinco áreas temáticas, incluindo World Bazaar (uma adaptação de Main Street, U.S.A.) e Westernland. Hoje, os reinos do parque incluem Critter Country e Toontown. Em 2001, o Tokyo DisneySea, um parque temático aquático de 40 hectares, foi inaugurado ao lado da Tokyo Disneyland. Ao entrar e visualizar uma AquaSphere única, os hóspedes podem visitar sete portos temáticos distintos – Mediterranean Harbor, Mysterious Island, Mermaid Lagoon, Arabian Coast, Lost River Delta, Port Discovery e American Waterfront.

◀ The Fortress, no Explorers' Landing, é um marco dourado no Tokyo DisneySea, e o vulcão na Mysterious Island adiciona outra intrigante camada ao cenário.

▼ Os convidados exploram um novo nível do planeta em Journey to the Center of the Earth, na Mysterious Island do Tokyo DisneySea.

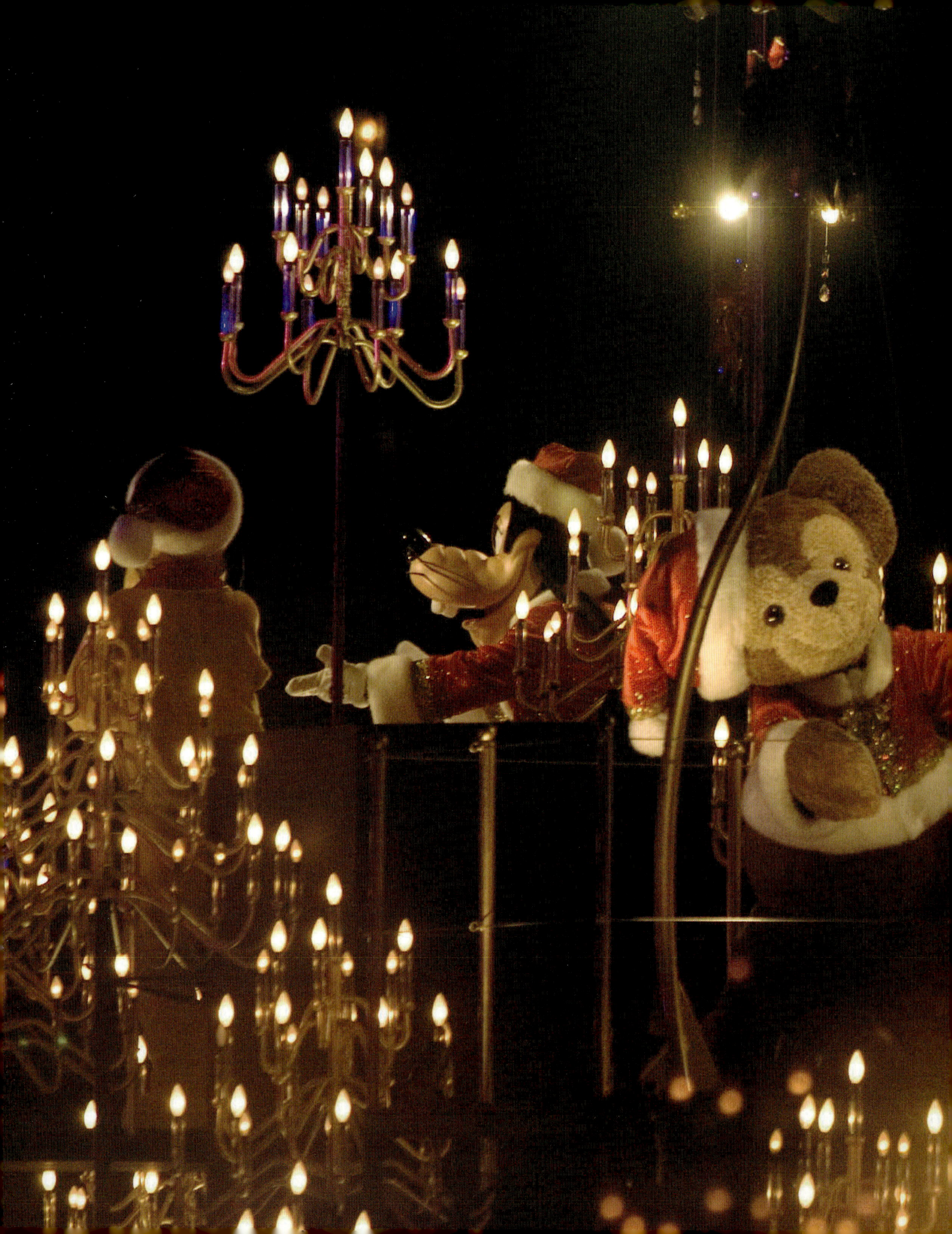

Algumas das atrações mais inesquecíveis dos parques da Disney são os desfiles, que dão aos visitantes a chance de ver carros alegóricos espetaculares transportando seus personagens favoritos. Os desfiles são sempre impressionantes, mas aqueles que ocorrem durante a temporada de Natal são particularmente especiais. No desfile de Natal no Tokyo Disney Resort, Mickey Mouse, Minnie Mouse e Pateta são acompanhados por Duffy, o ursinho da Disney. Criado em 2002, tornou-se muito popular entre os fãs japoneses da Disney.

A INSPIRAÇÃO

Para o castelo da Disneyland Paris, os *Imagineers* abraçaram uma imaginativa interpretação da magnífica cidadela que é uma presença constante de encantamento ao longo de *A Bela Adormecida* (1959), como mostrado nesta montagem de celuloide para divulgação.

LE CHÂTEAU DE LA BELLE AU BOIS DORMANT NA DISNEYLAND PARIS

A arquitetura espiral ascendente do Mont St. Michel, o famoso marco histórico francês, foi uma influência fundamental no Le Château de la Belle au Bois Dormant, que se eleva a 45 metros rumo ao céu. As árvores quadradas do filme e da arte conceitual são evidentes.

ARTE CONCEITUAL DESLUMBRANTE

Neste quadro conceitual onírico, o artista Frank Armitage – que havia trabalhado lado a lado com o designer de produção Eyvind Earle pintando à mão os cenários para o filme original – reimaginou o castelo de conto de fadas. Ele incorporou alguns detalhes estilizados de *A Bela Adormecida* na paisagem circundante, incluindo as árvores quadradas características de Earle.

Castelo dos sonhos mágicos

Le Château de la Belle au Bois Dormant é um dos castelos mais distintos dos parques temáticos da Disney – e também o mais fantasioso. Para essa estrutura encantadora da Disneyland Paris, os *Imagineers* buscaram construir um castelo diferente de qualquer uma das muitas fortalezas reais que podem ser vistas na Europa – que tivesse uma aparência mais fantástica. Com uma fusão habilidosa de arquitetura, natureza e fantasia, os designers criaram uma fortaleza fabulosa e onírica que desafia a realidade. Como em todos os projetos de *Imagineering*, começou com uma peça de arte conceitual bonita e inspiradora.

Pequeno coro

A atração dos parques Disney "it's a small world" permite que os visitantes viajem ao redor do mundo a bordo de barcos em um passeio musical suave. Walt pediu aos compositores Richard M. Sherman e Robert B. Sherman que criassem uma música simples que pudesse ser repetida várias vezes, em diferentes idiomas. O resultado: uma das canções da Disney mais conhecidas de todos os tempos. Muitas regiões do mundo são representadas na atração, e há mais de 300 bonecos incríveis em *Audio-Animatronics*®.

PEQUENO MUNDO, GRANDE ESTREIA
Inagurada em 22 de abril de 1964, "it's a small world" foi uma das quatro atrações que Walt criou para a Feira Mundial de Nova York de 1964–65, e rapidamente se tornou uma das mais populares. Mais de 10 milhões de visitantes experimentaram o cruzeiro musical na feira.

O ESTILO DE MARY BLAIR
Uma das artistas favoritas de Walt, Mary Blair (à direita com Walt e, à esquerda, o *Imagineer* Marc Davis) trabalhou de forma intensa em "it's a small world". A bonequinha loira de botas pretas e poncho mostrada aqui é uma homenagem a Mary e pode ser vista no meio da Torre Eiffel.

UMA LINDA COLAGEM
Walt escolheu a artista Mary Blair para desenvolver o estilo e o esquema de cores da atração, como visto nesta colagem de arte conceitual. A ilustração retrata interpretações de marcos europeus, como a Torre Eiffel, a Torre de Pisa e um moinho de vento holandês.

AO REDOR DO MUNDO
Mary Blair forneceu esboços conceituais para ambientes de todo o mundo, incluindo este baseado em uma paisagem gelada.

PEQUENO CORO 227

DEDICATÓRIA DA DISNEYLAND
Quando Walt levou "it's a small world" para o Disneyland Park, em 1966, ele fez uma dedicatória, acompanhado por crianças, despejando água que havia sido coletada dos oceanos do mundo no canal Seven Seaways.

AO REDOR DO MUNDO
Mary Blair projetou a fachada cinética da atração para o Disneyland Park. Ela possui um "Portal Internacional" com torres estilizadas e acabamentos giratórios cobertos de folha de ouro de 22 quilates.

BOAS-VINDAS A MAIS VOZES
A atração da Disneyland recebeu duas novas cantoras cadeirantes em 2022, uma na seção latino-americana da atração e outra no *grand finale*. Foram mais de seis meses para projetar e criar os belos personagens e suas cadeiras de rodas.

Bem-vindos, reles mortais

Uma das atrações mais populares de todos os tempos dos parques temáticos da Disney, a Haunted Mansion está localizada nos limites da New Orleans Square, no Disneyland Park, desde 1962-1963, embora o espetáculo interno só tenha estreado seis anos depois. Originalmente, seria uma atração pela qual o convidado caminharia, mas com o desenvolvimento do sistema Omnimover, veículos "doom buggies" foram inventados para transportar os convidados. A Haunted Mansion tem sido o lar de 999 espectros extraterrenos desde sua abertura, em 1969 – e sempre há espaço para mais um. As visões e os sons sinistros dentro da mansão são apresentados com um tom divertido e irônico, pois, como o próprio Anfitrião Fantasma da atração declara, a mansão tem calafrios quentes e frios e arrepios de parede a parede.

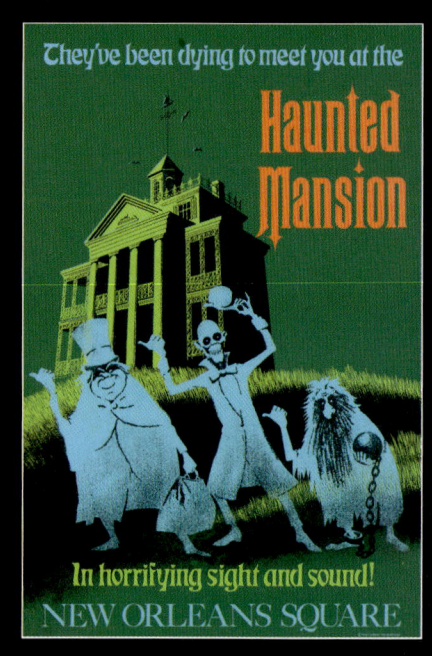

CUIDADO!
Apresentando os Hitchhiking Ghosts, este cartaz original de 1969 dos *Imagineers* Ken Chapman e Marc Davis – um dos criadores mais significativos da atração – permanece no Disneyland Park.

MORRERIAM POR UMA DANÇA
Um dos efeitos mais impressionantes da atração é a cena da sala de baile, que apresenta fantasmas valsando pelo espaço, desaparecendo e reaparecendo diante dos olhos dos convidados!

EFEITOS MORTAIS
O *Imagineer* Yale Gracey com o famoso Hatbox Ghost. Ele foi removido da atração logo após a abertura devido a dificuldades técnicas. Com a ajuda de tecnologia mais recente, o Hatbox Ghost reapareceu em maio de 2015.

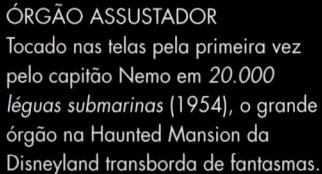

ÓRGÃO ASSUSTADOR
Tocado nas telas pela primeira vez pelo capitão Nemo em *20.000 léguas submarinas* (1954), o grande órgão na Haunted Mansion da Disneyland transborda de fantasmas.

MÚSICOS MACABROS
No Graveyard, espectros animados cantam a música tema assombrada "Grim grinning ghosts".

BEM-VINDOS, RELES MORTAIS   229

LAR ASSOMBRADO LAR
A Haunted Mansion (vista aqui com sua decoração sazonal) foi criada no elegante estilo sulista de sua nova localização na New Orleans Square. Walt não queria um prédio tradicionalmente decrépito na Disneyland, dizendo que manteria o exterior e deixaria os fantasmas cuidarem do interior.

SUSTOS FESTIVOS
Introduzida em 2001, a Haunted Mansion Holiday redecora a clássica atração do Disneyland Park durante as temporadas de Halloween e Natal com personagens de *O estranho mundo de Jack* (1993).

CARRUAGENS FANTASMAS
A Haunted Mansion utiliza o sistema Omnimover. Os veículos ovais da atração se movem continuamente ao redor da mansão, girando para mostrar a casa a cada convidado – e lhe dar alguns sustos.

BELA SAUDAÇÃO
Jack Esqueleto, o herói de *O estranho mundo de Jack*, recebe os convidados quando entram na fila para o Haunted Mansion Holiday.

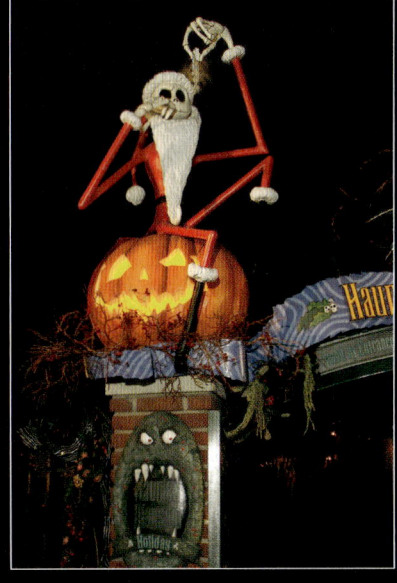

MANSÃO FANTASMA
A Haunted Mansion é conhecida como Phantom Manor na Disneyland Paris. Aqui está o *Imagineer* Bob Baranick com um modelo da atração.

Ei, marujos!

A atração Pirates of the Caribbean foi originalmente concebida como um percurso a pé com bonecos de cera, mas logo evoluiu para um espetáculo de narração em *Audio-Animatronics®*, e foi um dos usos mais elaborados dessa tecnologia. Walt Disney trabalhou extensivamente na atração, mas faleceu pouco antes de sua estreia na Disneyland, em março de 1967. Em 2006, ela foi aprimorada com personagens da franquia *Piratas do Caribe*, incluindo o capitão Jack Sparrow, que haviam sido inspirados na atração clássica. Mais de quatrocentos *Imagineers* trabalharam por três anos em pesquisa, planejamento e instalação desses aprimoramentos.

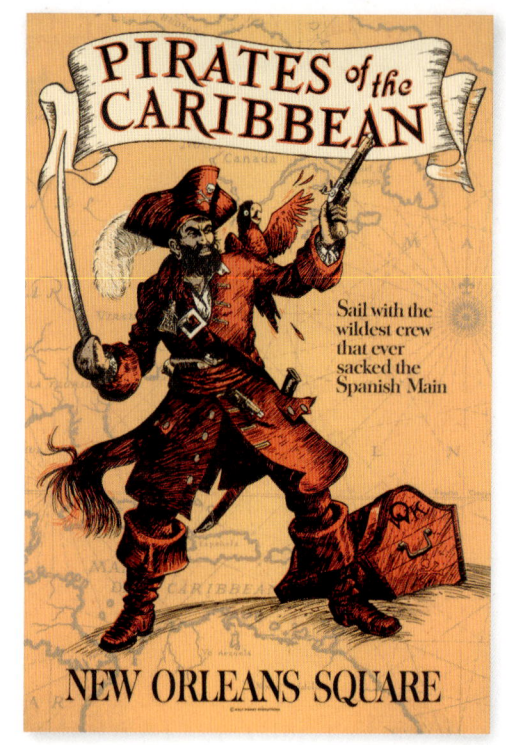

AVANTE, MARUJOS!
O pirata neste cartaz é um autorretrato do artista e *Imagineer* da Disney Collin Campbell, que trabalhou no design da atração original de Pirates of the Caribbean.

TESOURO ENTERRADO
Os convidados viajam em barcos por cenas de tesouros piratas e navios fantasmas. Mais de 400 mil moedas de ouro aparecem nesta cena do tesouro.

MAPA DO TESOURO
Esta obra de arte conceitual de Marc Davis é da época em que Pirates of the Caribbean estava sendo desenvolvida como uma atração para ser percorrida a pé, e retrata piratas conspirando em uma taverna atmosférica.

IMITAÇÃO DA VIDA
A atração é povoada por 53 mamíferos e aves em *Audio-Animatronics®* e 75 piratas e aldeões feitos com o uso da avançada tecnologia de animatrônicos.

EI, MARUJOS! **231**

BANDEIRA PIRATA
Esta obra de arte conceitual imagina a primeira vez que os visitantes veem os piratas em ação. Eles devem navegar entre os navios piratas e se desviar dos canhões que caem perigosamente perto de seus barcos.

ATAQUE PIRATA
Este estudo evocativo da "cena de perseguição" é do lendário *Imagineer* Claude Coats, que foi em grande parte responsável pelas configurações intrincadas da atração.

EM CHAMAS
Uma das sequências mais elaboradas da atração acontece quando um ataque pirata é frustrado e uma vila à beira-mar é incendiada. Como chamas reais não eram uma opção, os *Imagineers* desenvolveram efeitos que utilizavam iluminação e projeções inteligentes para simular o incêndio.

MOTINS ABUNDANTES
Hector Barbossa é um inimigo lendário do capitão Jack Sparrow nas telas, e ele começou a assombrar as atrações dos parques ao redor do mundo em 2006. Uma versão mais macabra apareceu no Disneyland Park Paris, em 2017.

Atrações favoritas: decolar!

A Space Mountain leva os viajantes em uma emocionante viagem galáctica, passando por meteoritos, estrelas e outros efeitos do espaço sideral. A atração de montanha-russa *indoor* fez sua estreia no Magic Kingdom Park, no Walt Disney World, em 15 de janeiro de 1975. Walt idealizou o conceito no início dos anos 1960, mas foram necessários 11 anos até que a tecnologia acompanhasse sua visão. O astronauta norte-americano Gordon Cooper juntou-se à equipe criativa como consultor da *Imagineering*, utilizando informações obtidas nas primeiras missões espaciais da NASA para fazer a experiência parecer um voo espacial real.

FRONTEIRA GALÁCTICA
A Space Mountain da Disneyland abriu em 1977, dois anos após a atração homônima do Walt Disney World. Os convidados viajam em veículos com duas fileiras de assento cada, em vez dos veículos de fila única da atração do Walt Disney World.

DA TERRA À LUA
Os *Imagineers* Victoria Aguilera, Pat Doyle e Tim Stone ajudaram a reinventar a atração para sua estreia na Disneyland Paris, em 1º de junho de 1995, conferindo-lhe uma estética inspirada em Júlio Verne.

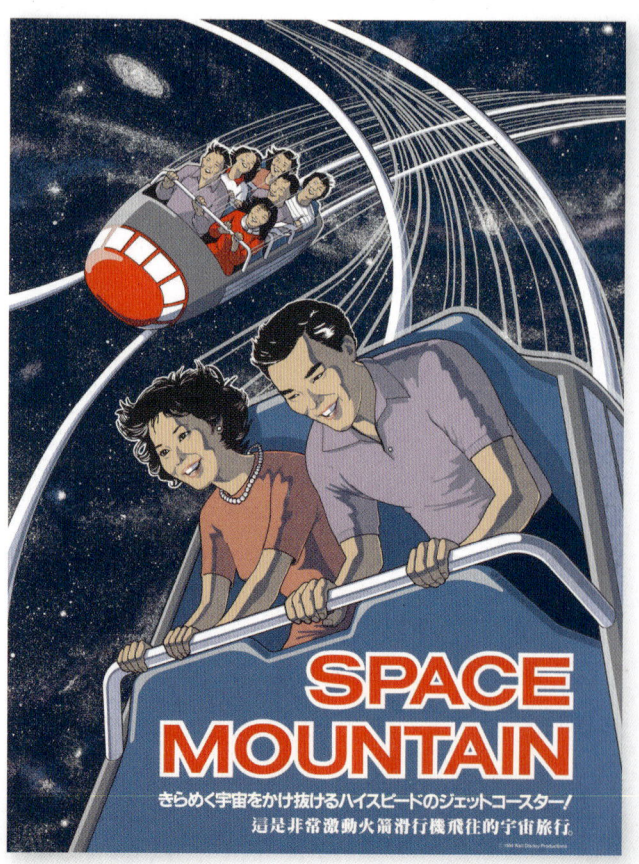

ÍCONE DO FUTURO
Este cartaz de 1983 enfatiza a experiência de velocidade dos convidados no espaço sideral para a atração na Tokyo Disneyland. Esta foi a primeira Space Mountain a estrear simultaneamente com a abertura do parque.

ATRAÇÕES FAVORITAS: DECOLAR!   233

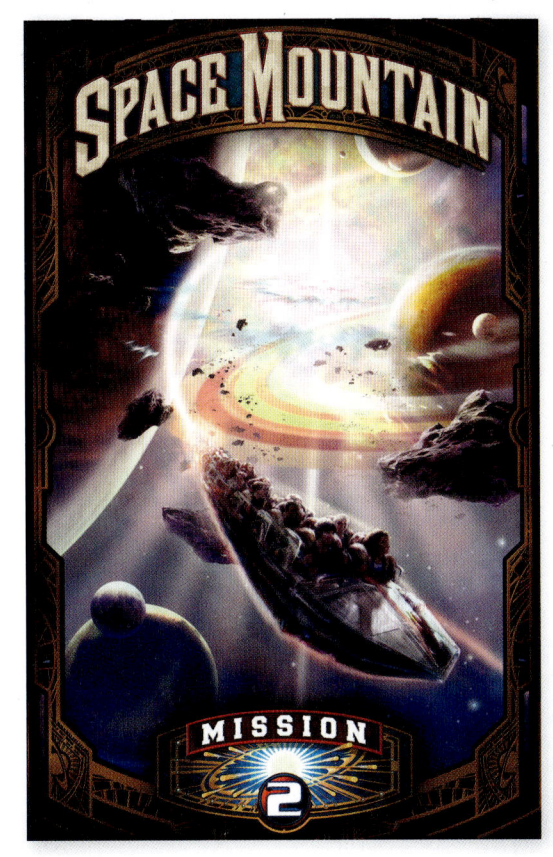

SPACE MOUNTAIN: MISSÃO 2
A Space Mountain: De la Terre à la Lune, na Disneyland Paris, passou por uma grande reforma no início dos anos 2000 e tornou-se a Space Mountain: Mission 2. Greg Pro e Owen Yoshino criaram este cartaz em 2004 para celebrar a atração relançada.

MONTANHA FUTURISTA
Os *Imagineers* utilizaram artes conceituais como esta, de Christopher Smith, para projetar a montanha futurista brilhante e tecnológica da Tomorrowland na Tokyo Disneyland.

EMOÇÃO UNIVERSAL
O brilho da Space Mountain à noite atrai os convidados para experimentarem uma atração fora deste mundo na Tokyo Disneyland.

Um show de luzes

Os parques da Disney brilham após o anoitecer com efeitos mágicos espetaculares.

▲ Por mais de meio século, o desfile *Main Street Electrical Parade* ilumina os olhos e os corações dos visitantes da Disneyland e de outros parques da Disney.

Uma nova fase de diversão começa assim que o sol se põe nos parques da Disney. De desfiles e espetáculos a pirotecnias no céu, a noite é iluminada.

NA RUA
O desfile *Main Street Electrical Parade* iluminou pela primeira vez a Disneyland na Califórnia em 1972, e permaneceu em cartaz até 1996. Apresentando carros alegóricos, artistas ao vivo e mais de 600 mil luzes LED na versão atual, o desfile reapareceu em apresentações limitadas em seu espaço original, bem como no Disney California Adventure. Versões alternativas iluminaram os outros parques da Disney ao redor do mundo: ao longo dos anos, esses desfiles foram intitulados *SpectroMagic*, *Fantillusion*, *Light Magic*, *Tokyo Disneyland Electrical Parade Dreamlights*, *Paint the Night Parade* e *Disney's Electric Parade*.

▲ A *Electrical Water Pageant* brilha e flutua na Seven Seas Lagoon, no Disney's Polynesian Villas & Bungalows.

ESPETÁCULOS ESPECTACULARES
Fantasmic! estreou em 1992 na Disneyland, um espetáculo multissensorial que retrata a imaginação do Mickey Mouse e inclui personagens, música, *lasers*, efeitos de água, pirotecnias, projeções em telas de neblina e outros elementos mágicos. Os parques Disney's Hollywood Studios e Tokyo DisneySea também hospedaram o espetáculo. O Tokyo DisneySea apresentou uma série de espetáculos de luzes, incluindo o *DisneySea Symphony*, o *BraviSEAmo* e o *Disney Light the Night*, todos coreografados com espetáculos de fogos de artifício ao som de músicas da Disney. Resorts na Flórida também

▼ Todos os olhos estão voltados para as festividades que celebram a Mickey's Halloween Party, na Disneyland.

apresentaram o *Fantasmic!*, além de espetáculos chamados *Disney Enchantment*, *Harmonious*, *Electrical Water Pageant*, *Tree of Life Awakenings* e *Wonderful World of Animation*, enquanto a Disneyland Paris ofereceu o *Disney D-Light*, utilizando tecnologia de drones.

SOBRE O CASTELO

A exibição de fogos de artifício sobre os castelos dos parques da Disney tornou-se tão icônica que há muito tempo faz parte da tela de título de vários filmes da Walt Disney Studios. Essa tradição compõe um belo fechamento de um dia mágico passado nos lugares mais felizes da Terra.

▲ Mais de 240 artistas culturalmente diversos reuniram histórias e pessoas da Disney de todo o mundo em *Harmonious*, no EPCOT, como parte das celebrações do 50º aniversário do Walt Disney World.

▼ Uma apresentação espetacular de fogos de artifício e tecnologia de projeção ilumina o Castelo da Cinderela em *Happily Ever After*, no Magic Kingdom Park.

Magia por terra e por mar

Ampliar a diversão da Disney para além dos parques temáticos e rumo ao setor de hotelaria acrescenta um nível completamente novo às férias.

▲ A Casa da Praia, acima, fica a uma rápida viagem de ônibus da área principal do Disney's Hilton Head Island Resort.

A ideia de hospedar seus convidados na Disney remonta aos lançamentos dos parques, quando Walt percebeu que dirigir até a então remota Anaheim poderia ser mais proveitoso com uma estadia em um hotel local. Ele convenceu seu amigo Jack Wrather a construir e administrar um pequeno hotel perto do parque temático, e assim surgiu o Disneyland Hotel, inaugurado em 1955. O estabelecimento era de propriedade da Wrather Corporation, até que a The Walt Disney Company adquiriu a empresa em 1988, que, desde então, passou por uma série de expansões e atualizações para se tornar o que agora é conhecido como o Disneyland Resort.

▲ O Disneyland Hotel é conectado diretamente à Disneyland por meio de uma estação de monotrilho adicionada em 1961. Dois tobogãs com o tema do monotrilho serpenteiam ao redor da piscina do hotel.

◀ O Aulani, A Disney Resort & Spa, fica localizado em Ko Olina, Oahu, Havaí. O resort celebra as lendas e tradições da cultura havaiana por meio de música, arte e narrativas.

MAGIA POR TERRA E POR MAR   237

DIVERSÃO FLUTUANTE

A Disney Cruise Line foi a primeira empresa do setor a encomendar navios especialmente projetados para hospedar acomodações familiares. Até 2023, cinco navios da Disney exploram uma ampla variedade de destinos oceânicos, sendo o *Disney Magic* lançado em 1998; o *Disney Wonder*, em 1999; o *Disney Dream*, em 2011; o *Disney Fantasy*, em 2012; e o *Disney Wish*, em 2022. Um dos portos mais exclusivos visitados pela Disney Cruise Line é Castaway Cay, uma ilha particular nas Bahamas anteriormente conhecida como Gorda Cay, onde a Disney criou um refúgio mágico ao longo de 18 meses.

▶ O *Disney Wonder* e outros navios de cruzeiro da Disney têm uma buzina especialmente criada para tocar os primeiros sete acordes do tema "When you wish upon a star", de *Pinóquio* (1940).

RESORTS SEM ATRAÇÕES

Algumas regiões dos Estados Unidos oferecem incríveis experiências de férias na Disney sem um parque temático. Esses locais se concentram na beleza natural e nas opções recreativas únicas de cada região, e cada *resort* abre suas portas com a calorosa recepção familiar da The Walt Disney Company.
O Disney's Vero Beach Resort foi inaugurado na Treasure Coast da Flórida em 1995. Com design inspirado nas pousadas de férias das planícies litorâneas do sul da Carolina do Sul da década de 1940, o Disney's Hilton Head Island Resort foi inaugurado na costa da Carolina do Sul, em 1996.
O Aulani, A Disney Resort & Spa, foi inaugurado em 2011, em Oahu, Havaí, na costa sudoeste, e é conhecido por receber Mickey Mouse e outros personagens em trajes de férias.

▲ Castaway Cay oferece um belo lugar para ancorar o *Disney Dream*. Ele oferece um ambiente de praia para Mickey Mouse e seus amigos, bem como para os convidados a bordo dos cruzeiros.

Terra de "fã-tasia"

Embora haja devotos a tudo relacionado à Disney há mais de um século, um fã-clube oficial para compartilhar a alegria é um conceito relativamente novo e empolgante.

Lançado em 2009, o D23 ("D" para Disney e "23" em homenagem ao ano de 1923, quando Walt chegou à Califórnia e fundou a empresa que leva seu nome) centralizou a paixão e a energia dos fãs da Disney. Esse clube oficial oferece aos fãs acesso a eventos especiais, pré-estreias, notícias de última hora e colecionáveis exclusivos de todos os aspectos das fontes criativas da empresa.

TUDO O QUE É VELHO SE TORNA NOVO OUTRA VEZ

Parte do que torna o D23 especial é a profundidade da história que ele celebra – curada com a ajuda dos Arquivos Walt Disney. Nesse lugar mágico, objetos históricos são preservados e compartilhados com as gerações posteriores, e aniversários marcantes são reconhecidos. Os arquivos têm até seu próprio documentário no Disney+, chamado *Adventure Thru the Walt Disney Archives*, apresentado pela lenda da Disney Don Hahn.

EVENTOS EMPOLGANTES

O D23 leva a diversão da Disney a diferentes cidades, em vários cantos do mundo. Os membros podem ser convidados para assistir a uma performance teatral ao vivo de *O rei leão* e depois ouvir os membros do elenco falarem sobre suas experiências após o show na Broadway, em Nova York; podem entrar no espírito natalino com uma exibição de trinta anos de *O Natal dos Muppets*, no Walt Disney World, perto de Orlando, Flórida; ou podem participar de uma convenção como a D23 Expo. A Expo foi o evento original que lançou o D23 e, desde a primeira convenção de quatro dias em Anaheim, Califórnia, em 2009, tem incluído apresentações sobre a história da Disney, aparições de celebridades, um concurso de fantasias de fãs e as primeiras prévias de próximos filmes, jogos de videogame e atualizações de atrações. Também apresenta lojas pop-up com mercadorias exclusivas, exposições, centros de troca de colecionáveis e o Disney Legends Awards.

▲ Os esforços do arquivista original da empresa e lenda da Disney Dave Smith continuam por meio de uma equipe incrível e da liderança de Rebecca Cline, vista acima.

◀ Uma vitrine de exibição curada pelos Arquivos Walt Disney, apresentada na D23 Expo Japan 2018.

▼ A terceira D23 Expo Japan foi realizada no Tokyo Disney Resort, em 2018.

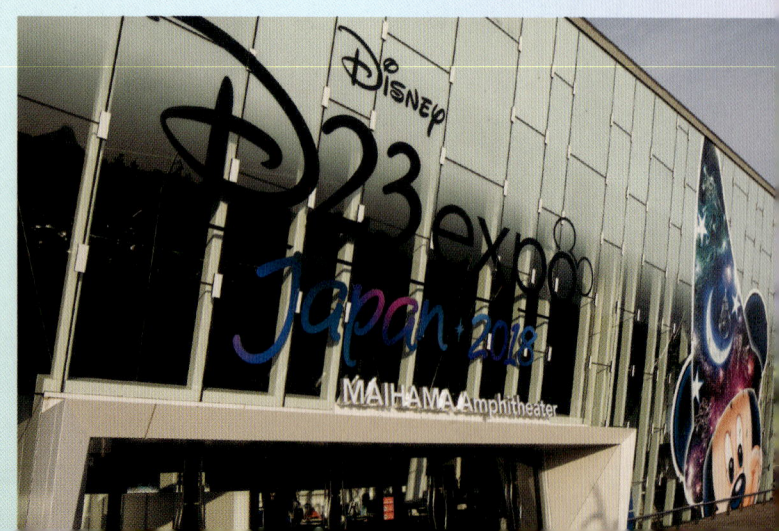

TERRA DE "FÃ-TASIA" 239

◀ Em junho de 2019, os convidados do D23 celebraram o 40º aniversário do álbum *Mickey Mouse Disco* com uma noite de patinação retrô em Glendale, Califórnia. Eles também foram presenteados com uma apresentação de patinação feita por Mickey e Minnie Mouse em seus trajes dos anos 1970.

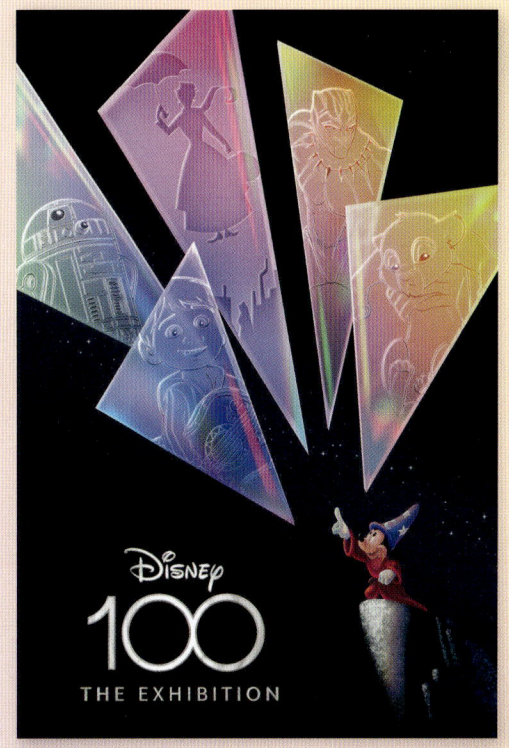

◀ *Disney100: The Exhibition* é um evento especial itinerante que celebra o centenário da The Walt Disney Company. Os membros do D23 foram convidados a participar de um café da manhã especial e da cerimônia de abertura na Filadélfia, em fevereiro de 2023.

MEMORABILIA DE MEMBROS

Os fãs da Disney frequentemente são ávidos colecionadores de memorabilia divertida, desde itens temáticos de personagens até suvenires específicos de um local. Embora os relógios do Mickey Mouse e os chapéus de orelhas talvez sejam os itens colecionáveis mais reconhecidos, alguns itens populares recentes incluem troca de pins e bonequinhos Funko Pop!, com milhares de opções para escolher e trocar.

◀ Os bonequinhos Funko Pop! apresentados no D23 Spooktacular Fanniversary de *O estranho mundo de Jack*.

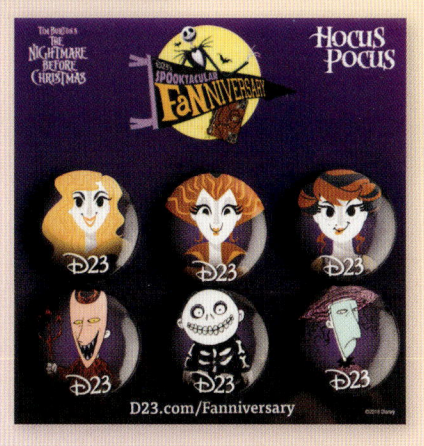

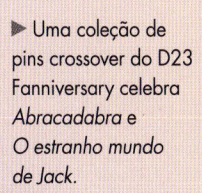

▶ Uma coleção de pins crossover do D23 Fanniversary celebra *Abracadabra* e *O estranho mundo de Jack*.

HOMENAGEANDO OS GRANDES

Desde 1987, a The Walt Disney Company reconhece os indivíduos que contribuíram profundamente para sua rica história nomeando-os como "Lendas da Disney". Os homenageados são imortalizados por meio de placas de bronze que podem apresentar impressões digitais e assinaturas, abrigadas na Legends Plaza, perto do edifício Team Disney em Burbank, Califórnia. Em 2009, a D23 Expo começou a promover a cerimônia de honra como parte de seus encontros bienais.

▶ Roy E. Disney no Disney Legends Awards de 2006.

Diversão virtual

Os videogames permitem que os fãs da Disney vivenciem seus mundos e personagens favoritos.

▲ Em *Kingdom Hearts III*, Pateta, Sora e Pato Donald enfrentam as forças malignas dos Heartless, que desejam espalhar sua escuridão por todo o universo.

▲ Tinker Bell, Mike Wazowski, Merida e Stitch se unem no modo Toy Box para aventuras em *Disney Infinity*.

▶ Em *Disney Tsum Tsum*, os jogadores reorganizam os brinquedos que caíram das prateleiras em uma loja da Disney.

Foi na década de 1980 que a Disney iniciou o primeiro desenvolvimento interno e o lançamento de jogos de computador e de consoles tradicionais. Alguns dos primeiros títulos foram softwares da Disney que permitiam aos fãs personalizar seus próprios cartões de aniversário ou datas comemorativas com o brasão do Mickey em *Mickey & Minnie's Fun Time Print Kit*, ou aprender a ler com a ajuda de seus personagens favoritos em *Follow the Reader*. Desde então, os jogos da Disney evoluíram para as plataformas tecnológicas mais recentes. De softwares de computador a consoles de videogame, sistemas multiplataforma e fliperamas, os personagens continuam a se aventurar.

SORA E AMIGOS

Sora está determinado a salvar sua terra natal dos vilões maléficos conhecidos como Heartless, e viaja por diversos mundos notáveis da Disney, como Timeless River e Beast's Castle, nas várias versões de *Kingdom Hearts*. A série foi lançada em 2002 e conta uma história épica original que envolve alguns dos personagens mais icônicos da Disney, como Pato Donald e Pateta.

UM BAÚ DE BRINQUEDOS INESGOTÁVEL

Com o lançamento de *Disney Infinity*, em 2013, fãs e jogadores são imersos em um mundo de narrativa de ação e aventura, onde versões em miniatura de personagens de diferentes mundos da Disney e da Pixar coexistem. No modo Play Set, a jogabilidade é temática para uma única história, enquanto no modo Toy Box os jogadores podem criar sua própria jornada singular, sem regras.

DIVERSÃO MULTIDIMENSIONAL

O *Disney Tsum Tsum* (sendo *tsum* um termo inspirado no verbo japonês "*tsumu*", que significa "empilhar") foi lançado

DIVERSÃO VIRTUAL   241

▲ Riddle Rosehearts atua como Guardião do Dormitório de Heartslabyul em *Disney Twisted Wonderland*.

▲ Maui, Minnie Mouse e outros guardiões estão prontos para a batalha em *Disney Mirrorverse*.

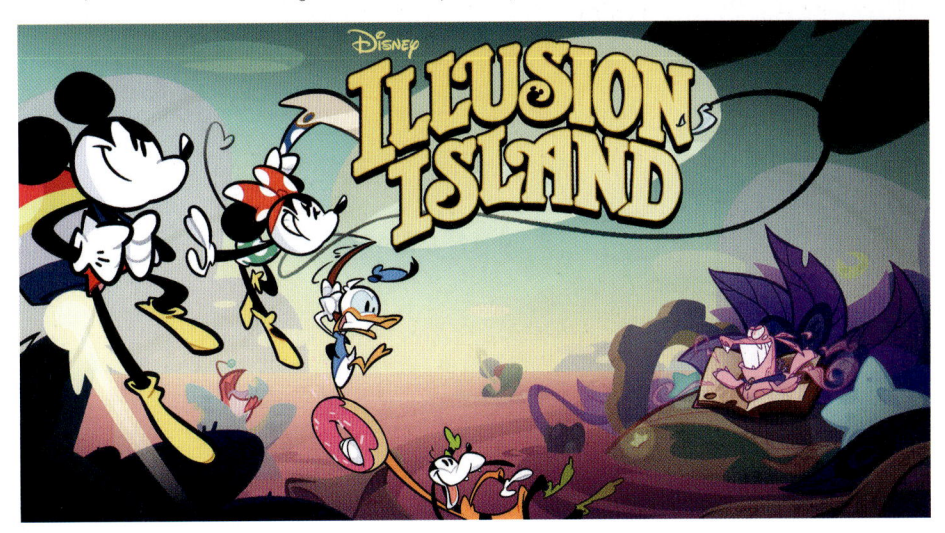

▲ Mickey Mouse e seus amigos pulam, escalam, nadam e entram em ação de várias maneiras animadas e divertidas em *Disney Illusion Island*.

no Japão em 2013 para experiências de fliperama e dispositivos móveis, desafiando os jogadores a empilhar brinquedos. A diversão de Tsum Tsum mais tarde chegou ao mundo real com versões empilháveis populares de pelúcias de personagens da Disney, e também se expandiu para o mundo dos consoles de videogame por meio do *Disney Tsum Tsum Festival*, em 2019.

EDUCANDO OS MALFEITORES
Quando os jogadores entram no mundo de *Disney Twisted Wonderland*, eles são teleportados para Night Raven College, uma escola inspirada nos vilões da Disney. Experimentando as lições, histórias e testes da vida universitária, os jogadores encontram personagens alojados em vários dormitórios inspirados nos clássicos vilões, como Heartslabyul, baseado na Rainha de Copas e suas cartas, ou Savanaclaw, baseado em Scar. Lançado em 2020, *Twisted Wonderland* conquistou uma base de fãs tão grande que versões em mangá e livros também vieram mais tarde.

REALIDADE ALTERNATIVA
Em *Disney Mirrorverse*, personagens evoluídos da Disney e da Pixar, de Aladdin a Zurg, tornam-se guardiões em uma realidade divergente. Lançado em 2022, esse jogo para dispositivos móveis convida os jogadores a montar equipes de guardiões para defender o Mirrorverse e seus mundos – reflexos dos familiares mundos da Pixar e da Disney que foram amplificados pela magia – contra uma ameaça traiçoeira.

LIVROS PARA O RESGATE
No jogo *Disney Illusion Island*, de 2023, os jogadores podem escolher o papel de Mickey desenhado à mão ou de um de seus amigos clássicos de desenhos animados enquanto salvam a misteriosa ilha de Monoth e seus habitantes peludos, recuperando três livros místicos roubados. Os jogadores podem se divertir com até três outros nesta aventura ilustrada.

"... a curiosidade continua nos conduzindo por novos caminhos." WALT DISNEY

Disney tudo

Memorabilia do Mickey Mouse

Por volta de 1929, o Mickey Mouse era uma verdadeira estrela das bilheterias, e seu público queria mais. Embora possa ter parecido simples lógica permitir que todos tivessem Mickey Mouse em sua própria casa, o *boom* de mercadorias na verdade começou com um encontro fortuito em um saguão de hotel em Nova York. Um homem pediu permissão a Walt Disney para produzir uma lousa infantil com o Mickey, e foi então que nasceu a febre dos produtos do personagem. Desde esse dia, seu sorriso apareceu em um número infinito de produtos de alta qualidade.

MEMORABILIA DO MICKEY MOUSE 245

1 Cadeira dobrável, Crawford Furniture Mfg. Co. (1934) **2** Fivela de cinto na embalagem, Cervantes, edição limitada (1976) **3** Jogo de tabuleiro Coming Home game, Marks Brothers (1930s) **4** Luzinhas de Natal, Noma Electric Corp. (década de 1930) **5** Telefone castiçal, N. N. Hill Brass Co. (década de 1930) **6** Regador de lata, Ohio Art Co. (década de 1930) **7** Big Little Books, Whitman Publishing Co. (década de 1930) **8** Máquina de goma de mascar, Hasbro (década de 1970) **9** Bonequinho flexível de madeira, Nifty/Flex-E-Flex Toys para George Borgfeldt Corp. (década de 1930) **10** Trenzinho, Lionel Corporation (década de 1930) **11** Calculadora do Mickey, Omron para Alco. (1975) **12** Trapézio, George Borgfeldt Corp. (década de 1930) **13** Mousegetar Jr., Marx (década de 1960) **14** Porta-guardanapo, Hermann Handkerchief Co., Inc. (1930s) **15** Prendedor de gravata, D.H. Neumann Co. (década de 1930) **16** Relógio, Ingersoll-Waterbury Co. (década de 1930) **17** Baralho de jogo da memória, Whitman Publishing Co. (década de 1930) **18** Mickey the Musician, Louis Marx & Co. Inc. (década de 1960) **19** Bandeja de chá, Ohio Art Co. (década de 1930) **20** Fonógrafo do Clube do Mickey Mouse (por volta da década de 1950) **21** Telefone, American Telecommunications Corp. (1977) **22** Corneta, Marks Brothers Co. of Boston (década de 1930) **23** Boneco Mickey Mouse caubói, Knickerbocker Toy Co. (1936) **24** Rádio em *art déco*, Emerson Radio and Phonograph Corp. (1934)

Colecionáveis Disney

Quando os portões do Disneyland Park abriram pela primeira vez, em 1955, Walt Disney queria garantir que os convidados pudessem levar para casa um pouco da magia e revivessem sua experiência. De lembranças tradicionais a inovadoras, os suvenires da Disneyland foram criados com um toque único. Itens de memorabilia dos primeiros dias da empresa que foram preservados com carinho são cobiçados pelos colecionadores. Aqui, há um tesouro de artefatos preservados do Disneyland Park.

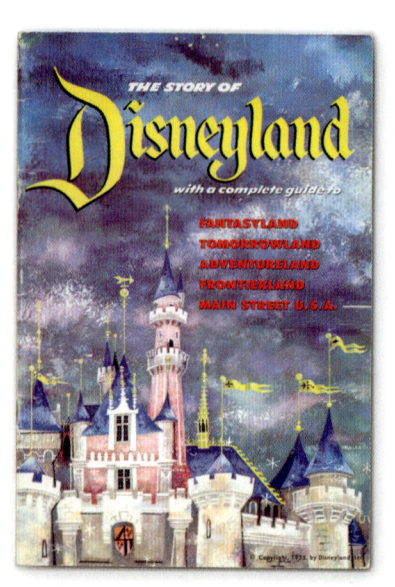

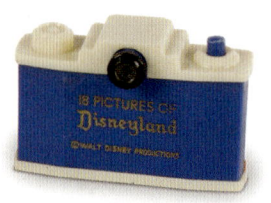

COLECIONÁVEIS DISNEY 247

1 Ingresso para a visita prévia de imprensa (17 de julho de 1955) **2** Ingresso nº 1, comprado por Roy O. Disney (18 de julho de 1955) **3** Ingresso para o "Mickey Mouse Club Circus" (1955) **4** Guia *The Story of Disneyland* [capa] (1955) **5** Guia *The Story of Disneyland* [contracapa] (1955) **6** Apontador de lápis do Mickey Mouse (1955) **7** Distintivo de xerife "Pequeno homem da lei" **8** Máquina fotográfica em miniatura (década de 1950) **9** Varinha mágica da Tinker Bell, "Brilha no escuro" (década de 1950) **10** Boné de plástico Keepy Kap (década de 1950) **11** Óculos Space Specs para "Proteção contra o brilho do sol" **12** Conjunto de borrachas (década de 1960) **13** Abotoaduras e prendedor de gravata Pirates of the Caribbean (década de 1960) **14** Caderneta de ingressos [capa] (décadas de 1950/1960) **15** Caderneta de ingressos [ingressos B, C, D, E] (décadas de 1950/1960) **16** Tatuagens da Disneyland (década de 1950) **17** Bandeirinha de feltro **18** Chaveiro do Matterhorn Bobsleds (década de 1960) **19** Gravata "*bolo tie*" Mickey Mouse, da Disneyland **20** Boneca guia turística (década de 1960) **21** Fotos estereoscópicas View-Master® da Fantasyland (década de 1960) **22** Miniatura do "Dimetrodon" do Primeval World (1964) **23** Canetas-tinteiro "Floaty": Monorail (topo, verde) e Submarine Voyage (inferior, vermelha) **24** Pulseira com pingentes (década de 1950)

Um brinquedo raríssimo

O Pato Donald foi uma explosão de sucesso (termo apropriado ao seu próprio temperamento) desde o momento em que deu seus primeiros passos nas telonas, em 1934. Em 1935, como testemunho do sucesso instantâneo do personagem, sabonetes, gravatas, lenços e outros itens de memorabilia do Pato Donald enchiam as prateleiras das lojas.
No início, Donald tinha um pescoço longo e fino e um bico estendido e estreito. Esse estilo inicial durou apenas um ano ou dois, o que tornou os bonecos, brinquedos e demais itens "de bico longo" fabricados entre 1934 e 1936 muito procurados pelos colecionadores. Os produtos dessa época frequentemente apresentavam um dos olhos do pato briguento fechado, como se ele estivesse piscando, remetendo à sua natureza travessa.

MODEL SHEET ORIGINAL
Esta página com modelos originais do Donald de 1934 foi criada pelo designer de personagens Ferdinand Horvath para a primeira aparição do pato em *A galinha espertalhona* (1934). O estilo foi mantido até 1936, quando o personagem foi redesenhado com a aparência mais fofa que conhecemos hoje.

UM BRINQUEDO RARÍSSIMO 249

DONALD DE BICO LONGO
Esta peça *vintage* é um dos muitos brinquedos de Donald "de bico longo" fabricados entre 1934 e 1936. Ela foi feita no Japão para distribuição nos Estados Unidos.

O bico longo característico indica que esta é uma memorabília da era inicial de Donald.

A pintura captura a gravata vermelha e a blusa azul do uniforme de marinheiro característico de Donald.

Durante esse período inicial, os famosos pés palmados de Donald eram mais cheios e pronunciados. Eles foram posteriormente redesenhados para serem mais planos.

O pescoço longo é outra indicação dessa era muito cobiçada de produtos do Donald.

Os artistas da Disney deram a Donald um uniforme de marinheiro porque o viam como um garoto levado – e porque Walt apontou que os patos gostam de água!

Embora não visíveis aqui, os dedos de Donald eram originalmente destinados a serem penas, mas logo evoluíram para dedos de verdade.

Peças marcantes

Os colecionadores da Disney têm buscado pins da marca desde a década de 1930, mas foi em 1999 que a Troca de Pins da Disney tornou-se um fenômeno, quando os parques inauguraram uma nova tradição com o início da Millennium Celebration, no Walt Disney World Resort. Desenhados por artistas da companhia, cada pin de metal em *cloisonné*, *semi-cloisonné* e esmalte duro passa por um processo minucioso de montagem manual, moldagem, pintura, polimento e queima para criar um emblema brilhante da história da Disney. Chamados de *"pin pals"*, os colecionadores podem reunir milhares de peças diferentes.

PEÇAS MARCANTES 251

1 Olaf: Disney Parks, 2014 **2** Tokyo Disney Resort 30º Aniversário **3** Professor Ludovico 40º Aniversário: Walt Disney World Resort, 2001 **4** Assistência de transporte: The Walt Disney Studios, 1998 **5** Walt Disney Animation Studios 90º Aniversário, 2013 **6** Disneyland Mouseorail: Disney Decade Pin: Disneyland Resort, 1990 **7** Walk in Walt's Footsteps Tour: Disneyland Resort, 1990 **8** Disney Cruise Line: 2º aniversário da viagem inaugural do navio, 2002 **9** Equipe de design/construção da Star Tours, 1994 **10** Mariachi Minnie: Disneyland Resort, 2001 **11** Pop Century Resort: inauguração da *Mickey's PhilharMagic Mission: Space*, 2003 **12** *O corcunda de Notre Dame*: Edição limitada, 2014 **13** Tigrão: Disney Parks, 2014 **14** Gateway to Dreams: Disneyland Resort, 2005 **15** Epcot: Spaceship Earth: Walt Disney World Resort, 2005 **16** Oswald, o coelho da sorte: Disney Parks, 2013 **17** "it's a small world": Blast to the Past: A Celebration of Walt Disney Art Classics, 2004 **18** Rainha Má: série de pins Villains: Disneyland Resort, 1991 **19** Réplica de crachá de membros de 1955: Disneyland Resort, 2004 **20** Celebre os 75 anos de diversão de Mickey: The Walt Disney Studios, 2003 **21** Porco Peter: série de pins Surprise: Disney Parks, 2014 **22** Cerimônia de posse do Disney Legends, D23 Expo, 2009 **23** Walt's Legacy Collection: Walt Disney Resort, 2005 **24** Equipe de inauguração da Euro Disney: Frontierland, 1992 **25** Chandu: Tokyo DisneySea, 2013 **26** Branca de Neve: Distribuído no Radio City Music Hall, em Nova York, 1987 **27** Lanterna de abóbora do Mickey Mouse **28** Club 33: comemoração de 33º aniversário, Disneyland Resort, 2000 **29** Duffy, o ursinho da Disney: Aulani (Disney Resort & Spa), 2014 **30** Loja Disneyana: Disneyland Resort, 1992 **31** Mickey Mouse Weekly, Inglaterra, Mickey Mouse Chums, 1936 **32** Disney's California Adventure: The Twilight Zone Tower of Terror™: Rose Parade, Edição limitada, 2004 **33** Equipe de inauguração da Euro Disney: Exclusivo para o elenco, 1992 **34** Mickey Feiticeiro: The Walt Disney Company, lançamento canadense, 1989 **35** The Walt Disney Company Annual Report, presente ao elenco da Disneyland, no 50º Aniversário, 2005 **36** Parabéns, Pato Donald: Disney Channel: Distribuído no NTCA Trade Convention, Las Vegas, 1984 **37** Galinho Chicken Little: Pin Trading University: Walt Disney Resort, 2008 **38** Lobo Mau: série de pins Villains: Disneyland Resort, 1991 **39** Pato Donald: Stitch's High Sea Adventure, Scavenger Hunt: Disney Cruise Line, 2005 **40** Fantasyland: Disneyland Resort Give Giver Extraordinaire, 1986 **41** Mickey Mouse Health Brigade, c.1934

Índice

A

Abracadabra 178–79
Adventure Thru the Walt Disney Archives 238
Aladdin (filme *live-action*) 191
Aladdin 80–81, 122, 137
Alice Comedies 24, 154, 160
Alice no País das Maravilhas (filme *live-action*) 184
Alice no País das Maravilhas 61, 128
Alice's Wonderland 160
Altieri, Kathy 80, 81
Anderson, Ken 67, 68, 69
animação 20–157
   Burbank Studio 124–27
   Combinação com *live-action* 160–69
   prancheta do animador 126–27
   processo de 128–31
   versões em *live-action* da 184–87
Animal Kingdom, parque temático 216–17
Arca de Noé 138
Aristogatas 68
Armitage, Frank 224
Arquivos Walt Disney 238, 246
Atencio, Xavier "X" 138, 164, 208
Atlantis: O reino perdido 93
Audio-Animatronics® 163, 165, 208, 213, 226, 230
Aulani Resort 237
aventura congelante de Olaf, A 109
aventura na Terra dos Brinquedos, Uma 106, 138, 175
avião de papel, O 135, 155
Aviões 105, 111
Aviões 2: Heróis do fogo ao resgate 105
Azadani, Rasoul 81

B

Bambi 52–53, 95, 131, 132–33, 137
Banquete, O 135, 155
Bao 155
Bela Adormecida, A 64–65, 74, 106, 123, 188, 224
Bela e a Fera, A (filme *live-action*) 190
Bela e a Fera, A 76–79, 122, 123, 168
Blair, Mary 54, 55, 56, 60, 61, 226, 227

Bolt: Supercão 99
bom dinossauro, O 147
Branca de neve e os sete anões 38–41, 42, 67, 124, 131
Buck, Chris 106, 109
Burbank Studio 45, 88, 99, 124–27, 137, 239
Burns, Harriet 209
Burton, Tim 72, 138–39, 184, 229

C

caldeirão mágico, O 73, 134
câmera multiplano 130–33
cão e a raposa, O 72, 73
Carros 142, 143, 153
cartazes 206–207
Castaway Cay 237
castelos 224–25, 235
Cento e um dálmatas 63, 122, 189
101 Dálmatas (filme *live-action*) 194
102 Dálmatas 194
Château de la Belle au Bois Dormant, La 224–25
Christopher Robin: Um reencontro inesquecível 186
Cinderela (filme *live-action*) 185
Cinderela 54–55, 61, 168
CinemaScope® 62, 172
Clarabela, a vaca 36, 37
Clements, Ron 96, 122, 123
Clube do Mickey Mouse, O 29, 30, 175, 200
Coates, Nelson 178, 179
Coats, Claude 209, 231
Colvig, Pinto 33
Como é bom se divertir 161
corcunda de Notre Dame, O 88, 122
Cruella 189
curtas 154–55

D

D23 238
Dama e o Vagabundo, A (filme *live-action*) 195
Dama e o Vagabundo, A 62, 122
dança dos esqueletos, A 34
Davis, Marc 54, 58, 64, 72, 188, 226, 230
DeBlois, Dean 94, 95, 123
Descendentes 201

Desencantada 168, 169
Detona Ralph 104, 123
Dinossauro 92
Disney, Walt 123
   Burbank Studio 124, 125
   carreira inicial 22–25
   cria o Mickey Mouse 26–27, 29
   entra na TV 200
   filmes *live-action* 160–61, 170
   morte 67, 214, 219
   Parques temáticos 210–13, 214, 218, 226, 230, 232, 246
   primeiro filme de animação longametragem 38–39
   Silly Symphonies 34–35
Disney Afternoon, The 156
Disney California Adventure 206, 213, 234
Disney Channel 30, 101, 200–201
Disney Channel Original Movie (DCOM) 201
Disney Cruise Line 14, 237
Disney Digital 3D 16
Disney Fadas 58, 59
Disney Illusion Island 241
Disney Infinity 240
Disney Junior 30
Disney Legends 239
Disney Mirrorverse 241
Disney Software 240
Disney Tsum Tsum 240–41
Disney Twisted Wonderland 241
Disney XD 200–201
Disney, Roy E. 48, 123, 239
Disney, Roy O. 24, 125, 214–15
Disney+ 18, 31, 37, 203
Disneyland (ABC show) 200
Disneyland Hotel 236–37
Divertida Mente 147
Dois irmãos: Uma jornada fantástica 149
Doutora Brinquedos 157
dragão relutante, O 124, 126
DuckTales: Os caçadores de aventuras 36, 156
Duffy, o ursinho da Disney 223
Dumbo 50–51, 95

E

Earle, Eyvind 64, 224
Easter Eggs 152–53
Eisner, Michael 156

Elementos 151
Elena de Avalor 157
Ellenshaw, Peter 170, 180, 210
Encantada 168
Encanto 117
Enrolados 101–103, 123
EPCOT (Comunidade Experimental de Protótipo do Amanhã) 218–19
estranho mundo de Jack, O 138–39, 229

F

família do futuro, A 99
família Radical, A 157
Fantasia 2000 48–49
Fantasia 29, 46–47, 48, 50, 137
Fantasmic! (atração) 234–35
Fantasound 137
fantástico super-homem, O 176
Felpudo, o cachorro promotor 176
Ferguson, Norm 32
filmes *live-action* 158–203
Flores e árvores 34–35
Frankenweenie 139
Frozen II 108–109
Frozen: Febre congelante 109
Frozen: Uma aventura congelante 106–107, 108, 123, 134

G

galinho Chicken Little, O 98, 134
gerado por computador (CG) 134
Giaimo, Mike 106
Gibson, Blaine 208
Giraud, Jean "Moebius" 180
Goff, Harper 172, 173

H

Hahn, Don 188
Hannah Montana 201
Haunted Mansion (atração) 228–29
Henn, Mark 81, 90, 100
Hércules 89, 122
High School Musical 201
Hilton Head Island Resort 237
história do Imagineering, A 208
Hora de viajar! 30
Horácio, o cavalo 36, 37
Hurter, Albert 42–43

I

iGroom 135
ilha do tesouro, A 170–71
imagens geradas por computador (CGI) 16
Imagineering 208–209, 212, 214, 216, 218, 219, 225, 230, 232
Incríveis, Os 142, 143
Irmão urso 96
"it's a small world" (atração) 226–27
Iwerks, Ub 24, 25, 26

J

Jake e os piratas da Terra do Nunca 57
jogo de Geri, O 154
Johnston, Joe 182
Johnston, Ollie 53, 67, 72
Jones, Bob 44, 45
Jungle Cruise 198–99
Justice, Bill 70, 138, 164, 208

K

Kahl, Milt 43, 56, 64, 67, 71, 72
Keane, Glen 75, 76, 87
Kimball, Ward 43, 50, 72, 167
Kingdom Hearts 240
Kosinski, Joseph 181

L

Larson, Eric 54, 67, 72, 129
Lebrun, Rico 52
Lee, Jennifer 106, 109
lenda dos anões mágicos, A 174–175
Lilo & Stitch 94–95, 123
Lima, Kevin 168
linha do tempo 8–19
Lisberger, Steven 180–81
Lizzie McGuire 201
Looney Tunes 34
Lounsbery, John 50, 72
Luca 150, 153
Luxo Jr. 140

M

Main Street Electrical Parade (atração) 234
Malévola 188
Manny, mãos à obra 157
máquina Xerox 63
Mary Poppins 162–63, 164–65, 166, 170, 175
Matterhorn 134
Meander 135
Melton, Kent 183
Meu amigo, o dragão 168
Meu papai é Noel 177
Mickey: A história de um camundongo 31
Mickey Mouse 26–33, 34, 35, 36, 46, 48, 122, 125, 154, 156, 213, 223, 234, 239
  memorabilia 244–45
  Mickey Mouse Club 29, 30, 175, 200
  Mickey Mouse Disco 29
  Mickey Mouse Magazine 27
Mignola, Mike 93
Minnie Mouse 32, 36, 223
Mintz, Charles 24, 25
Moana: Um mar de aventuras 114–15, 123, 135
Mogli: O menino lobo (filme *live-action*) 194
Mogli: O menino lobo 66–67, 136
Monstros S.A. 142
muitas aventuras do Ursinho Pooh, As 70
Mulan (filme *live-action*) 192
Mulan 90–91, 123
Mundo estranho 118–19
mundo maravilhoso de Disney, O 200
mundo maravilhoso de Mickey Mouse, O 31
Muppets, Os 16, 202–203
Musker, John 72, 96, 114, 122, 123

N

Nash, Clarence "Ducky" 32, 136
Nem que a vaca tussa 97
nova onda do imperador, A 92–93
novas aventuras do Ursinho Pooh, As 156
Nove Anciãos, Os 68, 72, 127

O

O'Connor, Ken 55
"O Laboratório Secreto" 92
Oliver e sua turma 73
One Hour in Wonderland 200
Operação Big Hero 110–11, 123, 135
Oreb, Tom 64
Oswald, o coelho da sorte 24–25, 26

P

Parques Disneyland 10, 12, 14, 204–37
  cartazes 206–07
  colecionáveis 246–47

como inspiração para filmes 196–99
Disney California Adventure 206, 213, 234
Disneyland Paris 206, 207, 208, 224--25, 229, 231, 232, 233, 235
Tokyo Disneyland 14, 207, 220–23, 232,233
Tokyo DisneySea 209, 234
Walt Disney World Resort 12, 208, 209, 214–19, 220, 232
Pateta 33, 36, 122, 154, 223, 240
Pato Donald 32–33, 35, 36, 37, 48, 122, 136, 153, 154, 240, 248–49
Peet, Bill 50
Penner, Ed 62
pequena sereia, A 74–75, 122, 123, 134,136
pequena sereia, A (filme *live-action*) 193
Perkins, Bill 81
Peter Pan: De volta à Terra do Nunca 56–57, 58, 61
Peter Pan & Wendy 57, 193
Phineas e Ferb 157
Pinóquio 42–45, 128, 131, 136
Pinóquio (filme *live-action*) 187
Piratas do Caribe 196–97, 230
Pirates of the Caribbean (atração) 230–31
Pixar Animation Studios 16, 140–53, 154, 240
Planeta do tesouro 96
Pluto 32, 33, 154
Pocahontas 86–87
Pollyanna 175
Powell, Sandy 185
princesa e o sapo, A 100, 123
Princesinha Sofia 157
Procurando Dory 142
Procurando Nemo 142, 153

Q

Querida, encolhi as crianças 177

R

Ratatouille 144
Raya e o último dragão 116
Red: Crescer é uma fera 151
rei leão, O 82–85, 92
rei leão, O (filme em animação digital) 195
rei leão, O (teatro musical) 153, 238
Reitherman, Woolie 38, 67, 72

Robin Hood 69
Rocketeer 182–83
Ryman, Herb 50, 208, 211, 215

S

Sanders, Chris 94, 95, 123
Scarfe, Gerald 89
Se a minha cama voasse 166–67
SeExp 134
Selick, Henry 139
Sheppard, Anna B. 188
Sherman, Richard e Robert 162, 166, 226
Silly Symphonies 34–35, 131, 154, 164
Sistema de produção de animação por computador (CAPS) 134
Smith, Webb 164
som 136–37
Soul 149
Space Mountain (atração) 232–33
Stalling, Carl 34
Stevens, Dave 182, 183
storyboards 164–65

T

técnica de *stop-motion* 138–39
televisão 156–57, 200–203
Tenggren, Gustaf 42–43
Thomas, Frank 45, 53, 56, 72
Tico e Teco: Defensores da Lei 37, 156, 169
Tinker Bell 58–59
Tio Patinhas 36–37, 156
Toca 155
Tokyo Disneyland 14, 207, 220–23, 232, 233
Tokyo DisneySea 209, 234
Toombs, Leota 208
Toy Story 141,152
três porquinhos, Os 34, 35, 164
troca de pins da Disney 250–51
Tron: O legado 181
Tron: Uma odisseia eletrônica 180–81
True-Life Adventures 172
Tytla, Bill 50

U

Universidade Monstros 142, 153
Up: Altas aventuras 145, 152
ursinho Pooh, O 70–71, 186

V

Valente 146, 152
Vance-Straker, Marilyn 183
Vander Wende, Richard 81
vapor Willie, O 27, 29, 32, 136, 154
Vero Beach Resort 237
Vida de inseto 142, 153
videogames 240–41
Vincent 138
20.000 léguas submarinas 172–73, 228
Viva: A vida é uma festa 148

W

Walker, Card 219
WALL•E 145
Walt Disney Animation Studios 20–157
Walt Disney Imagineering (WDI) 208, 214, 216, 218, 219, 225, 230, 232
Walt Disney World Resort 12, 208, 209, 214–19, 220, 232
Walt nos bastidores de Mary Poppins 124, 163
Weber, Kem 127
WED Enterprises 208
Wells, Frank 156
WiFi Ralph: Quebrando a internet 104, 135
Williams, Chris 110
Wish: O poder dos desejos 120–21
Wong, Tyrus 52–53
Wrather, Jack 236

X

XGen 135

Y

Yoshino, Owen 209

Z

Zootopia: Essa cidade é o bicho 112–13, 123, 135

Créditos

"O ESTRANHO MUNDO DE JACK" (1993)
O filme *O estranho mundo de Jack*, história e personagens de Tim Burton.
Copyright © 1993 Disney Enterprises, Inc.

FRANKENWEENIE (2012)
Copyright © 2012 Disney Enterprises, Inc.

Os personagens de O URSINHO POOH são baseados nas obras *Ursinho Pooh*, de A. A. Milne e E. H. Shepard.

101 DÁLMATAS é baseado no livro *Os cento e um dálmatas*, de Dodie Smith, publicado pela The Viking Press.

ARISTOGATAS é baseado no livro de Thomas Rowe.

BERNARDO E BIANCA e BERNARDO E BIANCA NA TERRA DOS CANGURUS apresentam personagens do filme da Disney inspirado nos livros de Margery Sharp, *The Rescuers* e *Miss Bianca*, publicados pela Little, Brown and Company.

O filme A PRINCESA E O SAPO
Copyright © 2009 Disney, história inspirada em parte no livro THE FROG PRINCESS, de E.D. Baker, Copyright © 2002, publicado por Bloomsbury Publishing, Inc.

O REI LEÃO (1994)
Canção: "Hakuna Matata"
© 1994 Wonderland Music Company, Inc.

MARY POPPINS (1964)
O filme da Disney *Mary Poppins* é baseado nas histórias de Mary Poppins, de P. L. Travers.

PIRATAS DO CARIBE
© Disney Enterprises, Inc.
A maldição do Pérola Negra (2003)
Baseado no roteiro de Ted Elliot e Terry Rossio e Jay Wolpert
Produzido por Jerry Bruckheimer
Dirigido por Gore Verbinski

O BAÚ DA MORTE (2006)
Baseado no roteiro de Ted Elliot & Terry Rossio
Baseado nos personagens criados por Ted Elliot & Terry Rossio, Stuart Beattie e Jay Wolpert
Baseado em Pirates of the Caribbean, de Walt Disney
Produzido por Jerry Bruckheimer
Dirigido por Gore Verbinski

NO FIM DO MUNDO (2007)
Baseado no roteiro de Ted Elliot & Terry Rossio
Baseado nos personagens criados por Ted Elliot & Terry Rossio, Stuart Beattie e Jay Wolpert
Baseado em Pirates of the Caribbean, de Walt Disney
Produzido por Jerry Bruckheimer
Dirigido por Gore Verbinski

NAVEGANDO EM ÁGUAS MISTERIOSAS (2011)
Baseado em personagens criados por Ted Elliott & Terry Rossio, Stuart Beattie e Jay Wolpert
Baseado em Pirates of the Caribbean, de Walt Disney
Sugerido no romance de Tim Powers
História e Roteiro por Ted Elliott & Terry Rossio

HANNAH MONTANA (SÉRIE DE TV)
Baseado na série criada por Michael Poryes e Rich Correll & Barry O'Brien

HIGH SCHOOL MUSICAL 1, 2
Baseado no filme original do Disney Channel *High School Musical*, escrito por Peter Barsocchini

Walt Disney World® Resort

Disneyland® Resort
Disneyland® Park
Disney California Adventure® Park
Disneyland® Paris
Tokyo Disney Resort®
Tokyo Disneyland® Park
Tokyo DisneySea® Park
Magic Kingdom®
Main Street, U.S.A.®
Adventureland®
Frontierland®
Fantasyland®
Tomorrowland®
Epcot® Theme Park
Disney's Animal Kingdom® Theme Park

AS PERIPÉCIAS DO RATINHO DETETIVE (1986)
Baseado na série de livros "Basil of Baker Street", de Eve Titus e Paul Galdone.

Slinky® Dog © Just Play LLC

Créditos das fotos

Todas as imagens © Disney

p. 145 tl Foto de Deborah Coleman/Pixar;
p. 145 bl Foto de Deborah Coleman/Pixar;

Todas as imagens de arte não creditadas especificamente a um artista identificado são atribuídas ao Disney Studio Artist.

Fontes

p. 63: "Os animais têm personalidades…" ("Animals have personalities…") https://d23.com/walts-quotes-category/nature/
p. 89: "Ele tem um poder…" ("He has a power…") *The Art of Hercules: The Chaos of Creation*, de Stephen Rebello e Jane Healey, p. 101
p. 99: "Continue seguindo." ("Not only was…") *The Art of Meet the Robinsons* by Tracey Miller-Zarneke, p. 58
p. 109: "A música é…" ("The music is…") Press kit de *Frozen II*, p. 18
p. 113: "Desde os rascunhos iniciais" ("Even in an early…") *The Art of Zootopia*, de Jessica Julius, p. 31
p. 114: "o oceano nos conecta…" ("the ocean connects…") *The Art of Moana*, de Jessica Julius e Maggie Malone, p. 70
p. 115: "A conexão com o passado…" ("This connection to…") *ibid.* p. 13
p. 116: "… é muito raro que…" ("… it's so rare that…") Conferência de imprensa de *Raya e o último dragão*, 2021
p. 119: "Este mundo imaginado…" ("It's an imagined…") *The Art of Strange World*, de Juan Pablo Reyes Lancaster Jones e Kalikolehua Hurley, p. 16
p. 148: "Sempre soubemos…" ("We always knew…") Jason Katz, *The Art of Coco*, p. 158
p. 149: "Quase todo momento…" ("Almost any moment…") press kit de *Soul*, p. 2
p. 150: "É uma carta de amor…" ("It's a love letter…") Press kit de *Luca*, p. 1
p. 151: "Todos nós somos imperfeitos…" ("We're all imperfect…") Press kit de *Red*, p. 6
p. 187: "Tudo se resumia à…" ("The yearning of…") Press kit de *Pinóquio*, p. 4
p. 191: "Este é um musical…" ("This is a musical…") Press kit de *Aladdin*, p. 11
p. 242: "… a curiosidade continua nos…" ("… curiosity keeps leading…") https://d23.com/walts-quotes-category/technology/

Dados Internacionais de Catalogação na Publicação (CIP)
(Câmara Brasileira do Livro, SP, Brasil)

O Grande livro da Disney: [Disney Enterprises]; tradução Monique D'Orazio. – São Paulo: Editora Melhoramentos, 2024.

Título original: The Disney book
ISBN 978-65-5539-722-2

1. Cinema – Estados Unidos – História 2. Disney, Walt, 1901-1966 3. Walt Disney Company – História I. Disney Enterprises.

24-212004 CDD-791.430973

Índice para catálogo sistemático:
1. Walt Disney Company : História 791.430973
Cibele Maria Dias – Bibliotecária – CRB-8/9427

Projeto gráfico copyright © 2023 Dorling Kindersley Limited
Uma companhia da Penguin Random House
Copyright © 2024 Disney Enterprises, Inc. Todos os direitos reservados.
Propriedades Pixar © Disney/Pixar
Baseado nas obras *Ursinho Pooh*, de A. A. Milne e E. H. Shepard
Título original: *The Disney Book*

Direitos de publicação:
© 2024 Editora Melhoramentos Ltda. Todos os direitos reservados.
Gerente de produtos: Diêgo Sanches Ramos
Coordenação editorial: Joice Castilho
Editora: Vanessa Oliveira Benassi
Assistente editorial: Luiza Badra
Designer: Carla Almeida Freire
Tradução: Monique D'Orazio
Preparação: Vitor Donofrio
Diagramação: Amarelinha Design Gráfico
Revisão: Mônica Reis e Sérgio Nascimento

1ª edição, novembro de 2024
ISBN: 978-65-5539-722-2

Atendimento ao consumidor:
Caixa Postal 169 – CEP 01031-970
São Paulo – SP – Brasil
www.editoramelhoramentos.com.br
sac@melhoramentos.com.br

Obra conforme o Acordo Ortográfico da Língua Portuguesa

Siga a Editora Melhoramentos nas redes sociais:
/editoramelhoramentos

Impresso na China

AGRADECIMENTOS

A DK gostaria de agradecer a Tracey Miller-Zarneke por sua expertise e entusiasmo autoral; Jim Fanning e Barbara Bazaldua por seus textos na edição original; Chelsea Alon, Kellee Hartman, Fox Carney, Doug Engalla, Ann Hansen, Jackie Vasquez, Kevin Kern, Michael Buckhoff, Hope Mackenzie, Dale Kennedy, Emily Shartle, Danielle Song, Erin Glover, Elise Aliberti, Kyle Zabala, Matthew Bergeron, Christopher Painter, Jackson Kaplan, Alison Giordano, Jennifer Spring, Chuck Wilson, Nicole Spiegel, Wendy Lefkon, Elizabeth Ansfield, Carlotta Quattrocolo, Heather Knowles, Emily Budin, Patricia Van Note, Joe Sullivan, Miriam Ogawa, Gregory Lee e Holly Rice na Disney; Jay Ward na Pixar Animation Studios; Sadie Doherty e Brandi Pomfret na Tim Burton Productions; Kate Sayer e Marta Bescos pela assistência na pesquisa de imagens, Victoria Taylor pela revisão; Matt Jones pela assistência editorial; Raven Kameenui-Becker, Omar Ramadan-Santiago, Antara Dutt, Dee Hudson, Johanie Martinez-Cools e Vida Cruz-Borja pela leitura sensível; e Vanessa Bird pela indexação.

O editor também gostaria de agradecer às seguintes pessoas pelo trabalho na edição original: Chelsea Alon, Justin Arthur, Amy Astley, Simon Beecroft, Alex Bell, Holly Brobst, Michael Buckhoff, Fox Carney, Jo Casey, Sumedha Chopra, Rebecca Cline, Debby Coleman, Kristie Crawford, Beth Davies, Stephanie Everett, David Fentiman, Julie Ferris, Christine Freeman, Mik Gates, Amanda Ghobadi, Ann Hansen, Michael Jusko, Sol Kawage, Dale Kennedy, Kevin Kern, Lisa Lanzarini, Wendy Lefkon, Julia March, Myriam Megharbi, Betsy Mercer, Lynne Moulding, Jennifer Murray, Lauren Nesworthy, Alissa Newton, Obinna Ogbunamiri, Beatrice Osman, Edward Ovalle, Scott Piehl, Anna Pond, Joanna Pratt, Frank Reifsnyder, Alesha Reyes, Mark Richards, Sam Richiardi, Lisa Robb, Anna Sander, Diane Scoglio, Anne Sharples, Rima Simonian, Dave Smith, Sadie Smith, Ron Stobbart, Victoria Taylor, Shiho Tilley, Jackie Vasquez e Mary Walsh.